종교의 정치학

최한수 지음

명인문화사

종교의 정치학

제1쇄 펴낸 날 2012년 11월 23일
지은이 최한수
펴낸이 박선영
펴낸곳 명인문화사

디자인 김초롱, 한울림

등 록 제2005-77호(2005. 11. 10)
주 소 서울시 송파구 석촌동 58-24 미주Bldg. 202호
이메일 myunginbooks@hanmail.net
전 화 02-416-3059
팩 스 02-417-3095

ISBN 978-89-92803-49-6
가 격 18,000원

ⓒ 명인문화사

간략 목차

서문 9

1장 서론: 왜 '종교의 정치학' 인가? 17

2장 종교의 본질 25

3장 두 종교의 경전 구약성서 43

4장 그리스도교와 신약성서 탄생의 정치학 71

5장 역사-정치사적 예수 91

6장 예수 출현의 정치학 107

7장 예수 행적의 양면 135

8장 예수 메시지의 내용과 형식 167

9장 예수 수난의 정치학 191

10장 죽음과 부활신화의 정치학적 함의 221

11장 기독교의 탄생과 발전: 종교정치와 정치종교 253

12장 결론 279

세부 목차

서문　9

1장　서론: 왜 '종교의 정치학'인가?　17
　　패러다임　17
　　정치적 패러다임　18
　　정치학적 패러다임의 종교　20
　　정치학의 예수　21

2장　종교의 본질　25
　　신(神)의 존재　25
　　신화　27
　　'종교'의 어원　30
　　종교의 특성　32
　　종교의 기원　35
　　원시종교　36
　　종교와 미신　37
　　종교와 과학　38

3장　두 종교의 경전 구약성서　43
　　경전과 성서(경)의 의미　43
　　유대교의 경전: 타나크와 구약　44

구약성서의 역사　46
유대인의 역사-정치사적 배경　47
이스라엘의 건국신화와 유대교　50
'야훼'와 '하늘님' 그리고 '하느님'　54
구약성서 창세기의 탄생　57
구약성서의 인간창조　60
천지창조설과 수메르문학　61
인간의 원죄　67

4장　그리스도교와 신약성서 탄생의 정치학　71

신약성서의 언어　71
신약성서의 원본과 사본　73
신약성서의 정치적 배경　75
신약성서는 누가 썼는가?　77
성서는 언제 씌어졌는가?　79
공관복음은 어떻게 씌어졌는가?　81
바울서신의 영향　83
신약의 정경과 외경　86
성서의 무오설　88

5장　역사-정치사적 예수　91

예수의 역사-정치성　91
신학과 종교학적 예수　94
정치사적 예수　96
신화의 예수와 만들어진 신의 예수　98
예수 출현의 역사-정치상황적 배경　99
유대교와 예수　103

6장 예수 출현의 정치학　107

　　유대인 예수　107
　　예수잉태의 정치학: 마태복음　109
　　예수잉태의 정치학: 누가복음　112
　　예수탄생의 정치학: 마태복음　114
　　예수탄생의 정치학: 누가복음　116
　　예수는 언제 어디에서 탄생했나?　119
　　예수의 부모　121
　　예수의 의부, 왜 요셉일까?　124
　　동정녀잉태설의 정치학　126
　　설화로서의 예수의 탄생배경　130

7장 예수 행적의 양면　135

　　예수 행적에 관한 접근인식　135
　　비유적 기술(記述)　136
　　성장기의 행적　137
　　공생애의 시작　140
　　세례요한　141
　　예수에 대한 세례와 신격화　143
　　하늘나라와 하느님나라　146
　　하느님의 아들　149
　　하느님의 아들에 대한 증언　154
　　베드로의 처신　159
　　예수 기적의 실체　160
　　말로 이루는 기적　163

8장 예수 메시지의 내용과 형식 167

평등사상 167
사랑과 용서 171
평등적 낙관주의 173
교조적 리더십 177
야누스적인 메시지 180
동문서답과 양시양비 183
재림의 예언 185

9장 예수 수난의 정치학 191

예루살렘 입성 191
유월절과 최후의 만찬 193
유다의 배신스토리 196
유다의 배신과 예수의 체포 197
돈 때문에 예수를 팔았다? 198
유다는 배신자인가? 200
유다 배신의 정치적 함의 202
산헤드린의 재판 206
성전정화사건 207
심문 209
판결 212
총독의 예수심문 215

10장 죽음과 부활신화의 정치학적 함의 221

죽음의 역사적 사실 221
하나의 십자가─다른 모습의 예수 222
구약성서로 읽는 예수의 처형 224

예수의 십자가처형의 메시지 229
구약성서를 따른 장례묘사 231
장례에 나타나지 않은 제자들 235
예수는 무덤에서 살아나왔나? 239
부활현시 242
예수 부활신화의 정치학적 함의 245

11장 기독교의 탄생과 발전: 종교정치와 정치종교 253

기독교의 기원 253
기독교의 성립 256
기독교의 특성 258
사도신경 259
주기도문 261
주기도문의 배경 265
기독교의 발전 267

12장 결론 279

참고문헌 283

저자 약력 287

서문

 이 책은 신약성서의 공관복음(마가복음, 마태복음, 누가복음)과 요한복음을 중심으로 성서의 내용과 특히 예수의 일생과 행적을 정치학적 패러다임으로 고찰한 것이다. 종교적 텍스트를 종교나 신학이 아닌 정치학의 관점에서 접근하여 종교에 담겨있는 정치적 속성을 찾아 해석하고자 기술한 것이다.
 종교에 대한 인식은 초월적 신의 존재를 믿고 그 신에 대한 의존과 예배의식을 의미하는 관점에서부터 아편으로 인식하는 마르크스의 관점에 이르기까지 다양하다. 세계의 5대 종교 중에서 기독교는 우리가 하느님이라 부르는 유대인의 신인 야훼와 이스라엘 출신의 예수를 교주로 하는 종교다.
 종교에 대한 객관적 접근은 아주 미묘하고 난해한 문제다. 특히 기독교는 계몽주의 시대 이전까지 분석대상이 아니라 절대적인 믿음과 찬미의 대상이었다. 계몽주의는 기독교에 대한 객관적 접근의 시작이다. 그러나 기독교는 신앙의 문제로 성역시 되었다.
 기독교는 그들만의 공간에서 다양한 모습을 가졌다. 대표적인 변화가 물질숭배, 기복신앙, 조직 내의 위계화, 정치적 영향력 등이다. 다른 모든 종교도 마찬가지지만 이제 기독교는 종교로서 신학적 접근대상에서 사회적 집단으로서 그 본질과 기능에 대한 객관적 분석의 대상이 되어야 한다. 기독교에 대한 다면적 접근과 평가는 기독교의 본질을 찾고 종교적 의의를 구현하는데 필요하고 바람직한 과제다.
 기독교의 비신학적 접근은 기독교 성서에 나타나 있는 비현실적인 이야기들에 대한 토론이 출발점이다. 대표적인 대상은 구약성서의 창세기에 나타나는 '천지창조'와 '예수의 존재와 행적'에 관한 문제다. 기독교의 입장에서는 이 대상들에 대한 비신학적 관점의 토론이 부담스러울 수 있지만 필요한 과제다. 기독교의 토대는 비현실적 이야기에 대한 믿음의 고수(固守)가 아니라 비현실적 이야기가 가지고 있는 상징성의 함의에 대한 현대적 해석으로 더 강화될 수 있다. 불확실하기 때문에 믿는다는 식의 변증은 자칫 괴변으로 치부될 수 있다.

종교에서 비현실성, 비객관성, 비이성적 특성은 배제될 수 없다. 이러한 신화적 특성은 사실을 전달하기보다는 상징적 기능을 수행한다. 상징에서는 함의된 의미를 발견해야 한다. 상징을 사실과 혼동하고 믿는 것은 경계되어야 한다. 성서는 지구가 평면이고 파란 대기권을 벗어나면 또 다른 평면의 하늘나라가 있으며, 태양이 지구주의를 돈다고 생각하던 시대에 씌어졌다. 눈, 비, 바람이 신의 작용이며 인간의 목숨도 신이 주관한다고 생각하는 시대의 사람들이 그런 사고를 바탕으로 쓴 성서를 현대적 사고로는 어떻게 받아들여야 하는가. 2,000년 전의 타임머신에 2,000년 전의 성서를 넣어 현대로 돌려서 현대의 타임머신에 넣는다면 2,000년 전의 내용을 현대적 사고로 해석할 수 있지 않을까?

예수는 어떤 존재인가? 신약성서에는 예수가 동정녀가 성령으로 잉태해 낳은 하느님의 아들로, 많은 기적을 행했고 유대교 지도자들에 의해 빌라도총독에게 넘겨져 십자가에 처형된 뒤 다시 부활해서 하늘로 올라갔으며 앞으로 이 땅에 다시 올 존재다. 예수에 대한 이러한 내용은 기독교신자에게는 믿음의 대상이지만, 비신자에게는 비현실적인 신화이며 전설이다.

신(神)이 초월적 존재라면 나는 신을 받아들이지 않지만, 신이 개인의 마음을 지배하고 주관하는 개인의 자아와 관계되는 존재라면 신을 받아들인다. 나는 자아는 육체를 바탕으로 한다고 본다. 육체가 기능하지 않으면 자아는 존속할 수 없다. 자아는 죽음과 함께 소멸된다고 생각하기 때문에, 이른바 "영혼"의 존재도 나는 이해하지 못한다. 나에게 종교는 이러한 자아의 정신으로서의 신의 본질과 작용을 들어내고 촉진시킨다는 점에서 나름의 기능을 수행하며 필요하다고 생각한다.

이러한 관점에서 나는 구약성서의 창세기나 예수의 일생에 대한 비현실적 이야기를 신화와 전설인 동시에 목적적인 상징적 기술로 이해한다. 상징적 기술(記述)과 표현은 저자의 정교한 의도의 반영일 것이다. 상징성은 성서의 저자들이 그러한 비현실적 내용을 기술한 배경과 예수의 언행을 통해 나타낸 메시지의 의도가 담겨있을 것이다. 나는 예수의 일대기를 기술한 공관복음(마가복음, 마태복음, 누가복음)과 요한복음이 예수에 대한 이러한 상징적 메시지를 전달하는 성서로 인식한다.

예수는 기원전 3년 경에 출생해 기원후 30여년 경에 처형된 것으로 추정된다. 예수의 추종자들은 곧 예수를 교주로 하는 교회를 창시한다. 이 과정에서 바울이라는 인물이 지도적 역할을 수행하면서 각 교회에 편지를 보낸다. 이 편지들은 예수의 사역, 죽음과 부활, 성령의 임재, 재림의 기대 등을 상징적 메시지들이 포함한다. 이로부터 20여년이 흐른다. 예수가 죽고 40여년 후인 70년경이다. 이때부터 100년경 사이에 미상의 저자들에 의해 성서가 저술된다. 마가-마태-누가-요한복음 순으로 알려져 있다.

이 네 복음서는 사실상 예수를 중심으로 하며 그의 전설적인 일대기다. 한 인물에 대한 전설적인 일대기는 저자의 관점, 선택, 구성과 표현방식에 따라 차이가 있을 수 있다. 이 네 복음서는 예수를 중심으로 기술되었지만 내용 및 구성과 표현 등은 차이가 있다. 예수 스스로 어떤 기록도 남기지 않았기 때문에 전승에 따라서 달라질 수도, 누락될 수도 있다. 그러나 사실 자체를 바꿀 수는 없으며 누락되어서는 안 되는 필수적 사항도 있다.

기독교교주로서 예수의 다른 종교와 다른 배타적 특징은 '성령에 의한 동정녀출생', '부활'이다. "동정녀가 아기를 낳다"는 이야기는 인류역사에 전무후무한 톱뉴스다. 그럼에도 마가복음과 요한복음은 이 톱뉴스가 낙종되었다. 예수의 출생이야기는 마태복음과 누가복음에 나타나지만 본질이 다른 이야기로 구성되어 있다. 예수의 처형과 부활에 대한 이야기도 이 네

성서가 다르다.
　신약성서들은 헬라어로 씌어졌다. 공관복음이 저술되기 전에 이미 히브리어를 헬라어로 번역한 구약성서가 있었다. 바울의 서신들도 돌았다. 마가복음의 저자가 마가복음을 쓸 때는 구약성서와 함께 이 문서들이 참고자료가 되었을 것이다. 다음의 마태복음, 누가복음, 요한복음들도 미리 나온 문서들이 참고대상이었을 것이다.
　복음서 저자들이 복음서를 쓴 것은 그리스도교가 창시되어 유아기에 접어들었던 때다. 정치적으로는 로마의 식민지배 상태였다. 66-73년에 걸쳐 팔레스타인에서 일어난 유대인의 대로마 항쟁으로 수십만 명이 죽은 것으로 알려진다. 로마의 주둔군이 늘어나고 유대인의 종교적 자율권도 축소되었다. 전쟁의 상흔으로 땅은 황폐해졌고 일할 사람도 줄었다. 유대인 수천 명이 노예로 팔리거나 광산으로 징발되었다. 살아남은 민중들은 신분차별과 경제적 궁핍, 가렴주구에 허덕이고 있었다. 종교적으로는 기존의 유대교로부터 질시와 견제를 받았다. 이 질곡의 상황에서 성서의 저자들이 정치적 위험으로부터 얼마나 자유로운 마음으로 성서를 저술했을까? 유대교를 극복하고 그리스도교를 공고히 다지며 널리 전파해야 한다는 목적에 얼마나 집착했을까? 성서에 비유와 은유 그리고 반어적 표현이 많은 반면에 유대교에 대한 직설적 공격이 많은 것은 무엇을 의미하는가?
　유아기의 종교가 기반을 다지고 성장하려면, 정치, 사회, 경제 및 경쟁종교에 대해 맞춤형 전략과 전술이 필요하다. 이러한 전략·전술은 생존과 발전의 지혜. 성서의 저자들은 성서를 저술하면서 그 문서가 가져올 반응에 깊은 고뇌를 했을 것이다. 로마당국, 유대교 지도자와 유대교인, 그리고 로마의 신을 섬기는 이방인, 기독교로 회심한 그리스도인, 그리고 그리스도인들 가운데에서도 경쟁적인 여러 집단들, 로마에 저항적인 민족주의자, 로마에 적응하려는 현실주의자 등등 …. 이 모두를 염두에 두면서 어떤 메시지를 어떤 표현으로 전할 것인가의 고심 속에 한 줄 한 줄 써나갔을 것이다.
　마가복음의 뒤를 이은 마태복음의 저자는 나름의 새로운 내용이 필요했을 것이고 다음의 성서 저자들도 같은 입장이었을 것이다. 이렇게 쓰여진 성서들이 그대로 전해지는 것도 아니다. 원본은 간데없고 필사본과 필사본의 필사본들만 전해진다. 필사과정의 오류나 첨삭가필도 불가피하다. 이것이 오늘날 우리 앞에 놓인 공관복음과 요한복음의 실체다.

나는 예수의 출생과 처형 그리고 부활에 이르기까지의 과정과 3년여의 짧은 활동기간의 행적들은 대부분 성서저자들의 생각이 상징적 구성과 표현으로 기술된 것이라는 관점에서 성서를 접근한다. 저자들은 당시의 상황에 대한 예리한 진단을 토대로 그리스도교에 민심과 신심(信心)을 담을 수 있는 메시지를 찾았을 것이다. 바로 시대정신의 발현(發現)이다. 성서가 발현하는 시대정신은 인류의 보편적 정신으로 자리 잡았다.

형극(荊棘)의 절규보다 더 진솔한 외침은 없다. 성서는 바로 이러한 외침이기 때문에 인류의 정신을 지배하는 성스러운 책이 되었다. 다만 성서는 2,000년 전의 사고와 지식을 바탕으로 한 고대의 종교문서다. 성서의 내용이 역사적이거나 과학적인 내용과 구별되어야 하는 이유다.

정치학은 정치현상을 분석대상으로 한다. 정치현상 즉 정치는 다양한 개념을 갖는다. 정치는 일반적으로 공적권력의 공적 획득 및 행사와 관련된다. 그러나 넓은 의미로는 사람들과의 관계에서 자신의 언행에 대한 모든 고려까지도 '정치적', 즉 정치의 성격을 갖는다고 말한다. 부부간의 대화도 서로 자기의 입장을 고려한다. 이 '입장의 고려'가 정치적인 것이다. 사람과의 관계에서 자신의 입장을 고려하는 것은 자기의 이기적 욕망의 작용이다. 이기적 욕망이 개인의 욕망일 수도, 개인이 속한 집단의 욕망일 수도 있으며 그 범위가 넓을수록 공공적 가치를 갖게 되면 정치학 교과서가 말하는 정치와 관련된다.

성서의 저자들도 이러한 '입장의 고려' 즉 정치적 고려가 있었을 것이다. 성서의 구성과 표현은 바로 이러한 '정치'가 담겼다고 볼 수 있다. 정치학은 이러한 정치적 현상에 대한 분석이다. 2천 년간 인류에게 막대한 영향을 미쳐온 성서를 정치학적으로 접근하는 것은 종교에 담겨있는 정치적 속성의 발견을 통해서 인간의 본질, 특히 종교에 담겨있는 인간의 본질에 더 가까이 다가가기 위한 것이다. 인간의 정치적 속성에 대한 사회적 인간과 종교의 소망스런 방향을 찾아내는 길이다.

성서의 비역사적이고 비과학적이며 비현실적인 내용이 역사적이고 과학적이며 현실적인 사실과 혼동되는 현실에서 성서내용의 본질을 정치학적으로 바라보는 일은 성서를 이성적으로 접근하고, 종교의 올바른 길을 찾으며, 성서저자들이 난세를 헤쳐 나온 지혜를 음미하는 길이다. 특히 나는 성서에 저자들의 비현실적이며 문학적인 상상물이 혼합되어 있다고 해도 그 이면에는 당시의 사실들을 전승해주는 일말의 역사가 담겨 있다고 생각 한다. 그렇다면 성서의 내용과 예수의 이야기는 문학이고 신화인 동시에 전설이며 역사라고 할 수 있다. 다만 그 역사는 상징으로 각색되고 포장 속에 묻혀 있는 역사다. 그 포장 속에서 역사적 사실을 발견하고 해석하는 것은 우리의 몫이다. 따라서 성서와 예수에 대한 정치학적 접근은 문학적 상상물이나 신화 또는 전설에서 현실성과 역사성을 정치학적으로 조망할 것이다.

내가 이 책을 쓰게 된 동기는 바로 이 길을 가고자 한 것이다. 신학자들은 성서에서 신의(神意) 즉 신의 뜻을 찾지만 나는 성서에서 정치적 의의와 속성을 찾고자 한다. 성서의 저자들은 광의든 협의든 정치적 고려가 개재되었을 것이라는 전제다. 기독교의 입장에서는 이러한 접근에 동의하기가 어려울 수도 있다. 그러나 이러한 문제의 노정과 제기는 기독교를 더 강고하게 만드는 계기가 될 수 있다. 성서에 대한 비종교적, 비신학적 문제제기는 기독교 스스로가 기독교를 새로운 관점에서 진단하고 처방할 수 있는 계기가 되기 때문이다.

나의 목표는 의미는 있다고 생각되지만 능력은 아주 제한적이다. 성서에 대한 지식이 아주 짧고, 기독교 교육배경은 아주 보잘 것 없지만 관심은 오래고 높다.

나는 신앙과 종교에 대해 방황했다. 신앙심과 지적 호기심 모두를 가지고 기독교-천주교-불교를 넘나들었다. 나의 이런 행태에 대해 부정과 긍정의 양면적 시각이 있을 것이다. 내가 대학교수가 아니었다면 아마 또라이(?)로 보였을 지도 모른다. 나는 어떤 일이 손에 잡히면 그 일에 폭 빠지는 성격이다.

여러 종교에 대한 섭렵도 결국 이런 나의 탐닉에 대한 성격 때문일 것이다. 사람들은 왜 종교에 귀의하는가? 종교는 어떤 힘을 가지고 있는가? 그렇다면 종교의 본질은 무엇인가? 이런 호기심이 나를 여러 종교에 대한 관심으로 이끌었고, 대학생들도 이러한 이해가 필요하겠다고 생각해서 대학에 '정치와 종교' 과목을 설강했다. 이 책은 바로 강의교재 중에서 기독교에 관한 내용을 정리한 것이다. 이제 내가 이어서 할 일은 불교와 불경을 정치학적으로 접근하는 일이다.

어떤 현상이나 대상에 대한 전문적인 지식도 중요하지만 어떤 관점에서 접근하느냐의 문제도 아주 중요하다. 전문적 지식이 그 현상에 대한 깊이 있는 이해에 유용하다면 새로운 패러다임의 접근은 그 현상의 새로운 면을 찾아준다. 신학적 접근에서 정치학적 접근은 종교가 내포한 정치적 속성을 찾아내는 것이다.

정치학적 입장에서는 당연하지만 신학적 입장에서는 비판적 접근으로 인식될 수도 있다. 비판은 사실상 협력이다. 언론의 본분을 비판에 두고, 기자에게 비판이 생명인 이유는 비판은 소금인 동시에 자양분이기 때문이다. 비판은 새로운 관점에서 출발한다. 나의 젊은 시절 기자경험은 내 정신을 비판으로 채웠다. 긍정은 쉽고 편하지만 비판은 어렵고 불편하다. 긍정은 안정에 도움이 되지만 비판은 발전의 동력이다. 이 책에는 나의 비판적 성정(性情)이 담길 수밖에 없다.

성서에 대한 깊은 지식이 없다보니 이 책을 쓰는데 여러 문헌에 의존했다. 구체적 내용을 인용할 때는 출전을 밝혔다. 포괄적 지식이나 정보를 제공한 문헌은 최대한 그 문헌을 표시하려고 했지만, 누락된 문헌도 있을 것이다. 이 자리를 통해 이 분야의 연구에 헌신하는 분들에게 사의를 표한다. 성서의 구절은 인터넷의 한글개역개정본과 한영성경, 헬라어성경 등을 참고했다.

나의 성서 본문의 이해의 부족함으로 인해 성서본문의 해석에 억지가 있을 수 있다. 그러나 정치학자의 성서분석은 모험적 도전이다. "시작은 미약하나 끝은 창대하리라"(욥기 8:7)는 성서의 구절에 용기를 얻고 이 책을 낸다. 독자 제현의 질책과 지도를 바란다. 끝으로 이 책에 관심을 갖고 바쁜 시간을 쪼개어 읽고 교정과 귀한 의견을 제시해 준 친구인 고지석 박사의 도움에 감사한다. 어려운 여건에서도 명인문화사의 박선영 사장과 직원들에게 감사한다. 어려운 여건에서도 『한국민주주의 대전환』(2011)에 이어 이 책도 적극적으로 출판에 나서주었다. 소중한 인연을 깊이 간직한다.

2012년 가을
최한수

1장
서론: 왜 '종교의 정치학'인가?

패러다임

우주 만물은 최소한 두 가지 이상의 속성이 상호작용한다. 이 상호작용의 모습을 '현상'이라고 묘사한다. 자연현상은 전문가들의 연구를 통해서 실험과 증거를 바탕으로 내용이 정해지고 명칭이 부여되기 때문에 누구나 공통적인 인식을 갖는다. 반면에 인간과 인간들의 구성체인 사회를 토대로 이루어지는 모든 현상들은 각자의 생각에 따라 다른 이해와 다른 해석, 다른 전망을 하게 된다. 사람들이 하나의 사회적 현상을 놓고 다른 입장을 갖는 것은 각자의 사고체계가 다르기 때문이다. 사고체계가 다른 것은 천부적인 본성, 삶의 체험, 처해 있는 상황, 교육, 추구하는 가치 등과 그 밖의 그 사람만의 독특한 배경 차이 때문이다.

각자가 어떤 현상을 접근하고 이해하며 규정하는 각각의 인식 또는 관점을 패러다임(paradigm)으로 부른다.[1] 패러다임은 일반적으로 '관념적 틀',

---

[1] Thomas S. Kuhn, *The Structure of Scientific Revolutions* (Illinois: The University of Chicago Press, 1970).

'사고의 틀', '관점의 틀' 등의 의미로 사용된다. 여기에서는 이에 준해서 '관점의 틀'이라는 의미로 사용한다. 하나의 현상을 놓고 사람들이 각각의 다른 해석과 다른 이해를 하는 것은 곧 각자의 패러다임 차이에서 비롯되는 것이다. 패러다임을 결정하는 토대는 그 사람의 사고체계다. 현상의 변화 즉 진화와 발전에 따라 패러다임도 변화할 수 있다. 월터 리프맨이 찾아낸 인간의 고장관념은 현상의 변화에도 불구하고 패러다임이 고정되는 경우도 있음을 알려준다. 이를 흔히 보수 또는 반동적 이념으로 부르기도 한다.

사회현상들의 이해에는 철학자들이나 사상가들의 지식과 패러다임이 중요하다. 인류역사에는 플라톤과 아리스토텔레스에서 비롯되어 중세의 홉스나 마키아벨리 그리고 로크, 몽테스키외, 루소, 흄, 버크, 스미스, 헤겔, 마르크스, 근대의 롤스 등 수 많은 사상가들이 각자의 패러다임으로 인간사회를 해석하고 나가야할 방향을 제시했다. 홉스나 마키아벨리의 패러다임이나 루소의 패러다임 그리고 로크나 버크 등 다른 철학자들의 패러다임은 모두 인간과 인간사회를 보고 해석하며 방향을 제시하는데 각각의 공통점과 상이점을 가지고 있다.

정치적 패러다임

정치현상은 곧 정치를 말한다. 정치현상은 넓은 의미로는 "2명 이상의 사람들이 함께 살아가는데 권력을 매개로 해서 나타나는 서로간의 관계를 나타내는 표현"이다. 그러나 정치현상이 그렇게 단순한 것은 아니다. 우리가 두 사람사이의 관계를 정치라고 인식하지도 않는다. 다만 그 서로간의 권력이 매개되는 관계라면 정치적 속성이 들어있다. 이런 점에서 '정치를 닮은', '정치적 성격'인 것으로 이해하기 때문에 '정치적'이라고 이해하여 정치적 현상이라고 부른다. 이러한 인식은 정치를 아주 넓은 의미로 보는 광의적 관점이다. 우리가 정치라고 할 때는 아주 특별한 속성을 가진 일련의 현상, 예를 들면 선거나 정당과 국회의 활동, 대통령의 선출과 활동 등을 나타낸다.

정치가 무엇인가에 관한 주장들은 플라톤(Plato)과 아리스토텔레스(Aristotle) 이래 계속되는 논쟁의 대상이다. 정치학 교과서에는 정치가 무엇인가에 대한 여러 학자들의 다양한 주장들이 소개되고 있다. 이러한 주장들에 거의 공통적으로 담긴 요소가 '권력'이다. 보다 포괄적으로는 '영향력'이라는 용어도 동원된다. 권력은 '다른 사람에 대해 기대되는 행동을 하도록 하는 힘'이다. 여기에서 '힘'은 '강제성'을 띤다. 반면에 '영향력'은 권력에 비해 강제성이 약한 대신에 '자발성'이 강하다. 정치를 광의적으로 이해하면 개인 간의 힘도 권력이라고 볼 수 있지만 일반적으로 정치의 권력은 국가와 국가의 법률을 배경으로 하는 힘이다.

정치권력이 국가를 배경으로 하는 힘이라면, 이 힘은 국가의 법률에 의해 작용하게 된다. 민주국가에서 정치는 국민의 선거절차를 거쳐 권력을 위임받는 대표들이 그 권력을 매개로 하여 국가자원을 통해 정책을 수립하고 집행하는 작용이다. 이 과정에서 정치는 권력을 매개로 사회의 다양한 사람들이 원하는 가치를 적절히 조정하고 분배한다. 이스튼이라는 정치학자는 이를 '사회적 가치의 권위적 배분'이라는 구절로 압축했다. 정치에 대한 이러한 정의를 정치의 기능적 관점이라고 한다. 반면에 정치에 대한 규범적 관점은 정치는 '인간사회의 선을 실현하기 위한 행위'라는 철인정치론이나 '인간의 행복을 위한 사회질서유지를 위한 행위'의 질서론, '지도자들이 국민을 위한 봉사행위'의 봉사론 등 장밋빛으로 칠해져 있다.

그러나 정치의 본질은 기능적인 측면만 있는 것도 아니고 규범적이거나 고상한 것이 아니다. 인간과 정치를 현실적 관점에서 갈파한 대표적인 정치사상가는 홉스와 마키아벨리다. 특히 마키아벨리의 관점은 아주 세속적이다. 정치현상을 규범적으로 보는 입장에서 마키아벨리의 관점은 오히려 천박하고 비속하게 평가된다.

마키아벨리에게 정치는 '권력으로 자신의 야망을 실현하기 위한 술수'다. 권력은 '타인을 자신의 뜻대로 움직이는 복종을 유발하고 추종자로부터 존경을 일반 시민들로부터는 명예를 차지하는 힘'이다. 정치인들은 이 권력의 힘이 증대할수록 복종, 존경, 명예 그리고 돈이 더 강화되는 것으로 인식한다. 권력이 약화되거나 상실되면 이러한 것들이 약화되거나 소멸되기 때문에 권력을 둘러싼 투쟁과정에서 전략과 전술이 필요하다. 전략과 전술은 항상 마키아벨리의 갈파처럼 독수리와 힘과 여우의 간교함이 필요하다. 이러한 전략전술은 최대한 은폐되어야 하는 교활함도 따라야 한다. 권력투쟁에서 모든 말과 행동은 전략적이다. 이것은 겉으로 들어나는 말과 행위가 의도와 일치되지 않을 수 있다는 것이다. 상황별로 전략에 따라 생각하고 전술에 따라 말하기 때문에 그 말과 행동의 진의를 알기위해서는 여러 측면의 검토가 필요하다.

정치학은 정치현상이 갖는 이러한 속성을 본질적이고 당연한 것으로 간주하고 이런 전제에서 그 속성과 속성들 간의 상호작용관계를 분석하고 설명한다. 정치현상은 정치현상을 접근하는 사람들의 패러다임에 따라 다른 해석, 다른 예측이 도출될 수 있다. 정치학의 이런 특성으로 인해 '정치학적' 또는 '정치적'이라는 용어를 다른 분야에 적용하면 그 분야에 세속적인 정치적 속성이 담겨있다는 의미를 전달한다. 결국 '정치학적 패러다임'도 '정치적', '정치'라는 용어보다는 더 광의적이고 중립적인 의미를 지닌다. 즉 정치학적 패러다임은 정치현상에 대한 관점이나 다른 분야에 차용했을 때 정치현상과 유사한 현상이라는 의미를 나타낸다.

∽ 정치학적 패러다임의 종교

정치현상과 종교현상은 본질적으로는 다른 속성이지만 관점에 따라서는 공통점을 찾을 수 있다. 정치와 종교는 유권자와 신도라는 인간으로서의 공통적인 요소를 갖는다. 정치에서 권력을 창출하는 것은 유권자다. 추종하는 유권자가 많을수록 그 정치세력의 권력은 증대한다. 종교에서 교세

(敎勢)의 바탕은 신도다. 신도수가 늘어날수록 그 종교의 세력은 커진다. 정치의 이념은 종교에서 교리다. 정치에서 대표는 종교에서 성직자다.

　종교에 대한 정치학적 패러다임은 종교행위를 정치현상의 관점에서 분석하고 이해하며 설명하는 것이다. 정치학적 패러다임으로 보면 여러 종교들의 상당수 경전들이 정치적 속성을 가진 문건으로 인식된다. 정치학적 패러다임에서 특히 마키아벨리즘의 패러다임으로 보면 정치적 문건은 국민과 경쟁상대를 대상으로 하는 선전메시지다. 정치적 메시지는 유권자와 경쟁상대 즉 공격이나 방어대상을 고려하여 전략적 사고와 전술적 측면에서 정교한 표현으로 만들어진다. 이를 종교에 적용하면 성서도 종교가 존재하는 당시의 정치사회적 배경과 또 다른 경쟁종교 그리고 신도들의 상황을 고려해서 문건 즉 성서를 만들었을 것으로 보는 것이다. 정치의 메시지를 선전이라고 하면 종교에서의 메시지는 선교로 불린다. 유대교나 불교, 힌두교, 이슬람교도 마찬가지다.

정치학의 예수

정치학의 예수는 기독교의 교주인 예수의 일생과 행적을 정치학적 패러다임으로 고찰한다는 의미다. 이 책은 기독교의 성서인 신약성서의 공관복음서 및 요한복음과 이와 밀접히 관련된 일부 성서를 대상으로 그 내용 그리고 예수의 언행을 데카르트적 사고를 토대로 정치학적 패러다임 가운데 특히 홉스나 마키아벨리의 패러다임으로 조망하고 해석하고자 한다.

　정치학적 관점은 당연히 정치현상을 보는 틀이지만 반드시 정치현상만을 대상으로 보는 것을 의미하는 것은 아니며, '정치적'이라면 정치현상 이외의 다른 현상이 정치적 속성을 가진 것을 의미할 수 있다는 점은 이미 위에서 언급했다. 정치학적 관점, 또는 정치학적 패러다임은 정치 이외의 현상을 정치학 패러다임으로 해석하고 이해하고자 하는 것이다.

이 책은 성서에 나타나 있는 예수의 출생과 그의 활동 그리고 그가 십자가에 처형 된 후 부활의 과정을 거쳐 승천하는 이야기를 중심으로 예수의 일생이 기술된 공관복음서와 요한복음을 중심으로 예수를 정치학적 관점에서 더 합리적이고 현실적으로 이해하고자 하는 것이다. 성서들은 당시의 유대철학자 또는 종교인 그리고 민중들의 생각들이 모아지고 선별되고 다듬어지고 또 새롭게 창작되어 시대정신으로 표현되었을 것이다. 이러한 이야기들과 예수에 대한 전승들이 유대교와 헬라철학에 깊은 지식을 가진 성서의 저자들에 의해 초대교회의 복음서로 나타났을 것이다.

정치학적 패러다임은 예수의 일생과 행적을 기술한 일부 신약성서를 종교문서가 아닌 정치적 종교문서의 관점에서 보는 것이다. 신학적 패러다임에서 예수는 하느님의 아들인 동시에 하느님이다. 신의 아들로 태어나 기적을 행하고 하느님의 뜻에 따라 처형되었으며 부활해 승천했고 다시 재림할 것이다. 반면에 정치학적 패러다임에서 예수는 한 사람의 인간이다. 그는 불우한 어린 시절을 딛고 정치적, 종교적으로 운신의 폭이 아주 제한된 상황에서 비범한 선지자로서 활동하다가 유대교의 질시와 로마 당국의 우려로 처형되었다. 예수가 처형된 후 그를 따르던 사람들을 중심으로 그를 추모하는 집단이 기독교로 발전한다.

정치학적 패러다임은 이 집단이 예수를 교주로 하는 종교로 발전하면서 예수를 중심으로 하는 여러 신화들, 즉 동정녀의 성령잉태, 기적의 수행, 처형과 부활승천 등의 이야기를 성서로 집대성한다. 성서는 왜 예수를 하느님의 아들로 설정했을까? 왜 동정녀의 성령잉태이야기를 구성했을까? 기적이야기는 왜 필요했는가? 죽은 예수가 다시 부활하여 제자들 앞에 나타나는 드라마틱한 장면이 등장하게 된 배경은 무엇인가?

신학적 입장에서 공관복음 등은 저자들이 신 즉 기독교에서 말하는 하느님의 영감을 받아 기록한 것이다. 반면에 정치학적 입장에서는 당시 신생 그리스도교를 지도하던 지식인이 저술한 것이다. 정치학적 관점은 성서의 저술과정에서 여러 정치적 고려를 했을 것이라는 입장이다. 정치학적 패러다임은 예수의 선지자로서의 활동에서 정치적 속성을 찾아 분석하고 해석하는 것이다. 이런 측면에서 이 책의 제목을 '종교의 정치학'으로 한 것은 종교에 정치적 속성이 담겨있다는 것을 전제로, 이들을 정치학적 관점으로 접근하여 이해하고자 하는 것이다.

종교에 대한 정치학적 패러다임의 접근에 대해 종교적 입장에서는 당연히 수용할 수 없을 것이다. 종교의 신성을 세속화하고 경건성을 일반화하며 종교가 추앙하는 신을 비현실적 대상으로 삼기 때문이다. 그러나 여기에서 유의할 것은 종교의 정치학적 패러다임이 종교에 대한 비판과는 다르다는 점이다. 오히려 신비한 상징으로 가려진 종교의 본질을 현실적 인간관계의 한 현상으로 이해함으로서 종교를 인간의 삶의 한 부분으로 자리매김 할 수 있도록 하는 것이다. 이것은 오히려 종교의 허상을 털어내고 종교에 대한 허망한 기대를 걷어내어 종교에 대한 본질의 올바를 이해를 통해 종교의 사회적 기능이 적절하게 수행되도록 하는 것이다.

2장
종교의 본질

신(神)의 존재

원시사회는 물론이고 아주 최근까지 사람의 생사는 물론, 지상에서 일어나는 모든 일들을 신의 작용이라고 생각했다. 우리 자신의 생로병사(生老病死)는 물론이고 모든 인류의 역사 그리고 자연의 존재나 변화도 신에 의해 만들어 지고 변화되는 것으로 인식했다. 이런 생각들이 사실과 전혀 관계없는 잘못된 생각으로 확인된 것은 근대의 일이다.

현대는 과학과 이성이 지배한다. 과거에는 이유를 알 수 없었던 일, 신들의 작용으로 여겼던 일들을 오늘날에는 과학과 이성의 판단으로 그 실체를 점차 알 수 있게 되었다. 모든 일들이 과학적으로 입증되는 것은 아니다. 과학으로 입증되지 않는 이른바 불가사의 하거나 우연적인 일들도 일어난다. 이런 일들을 우연 또는 기적이라든가 신의 작용이라고도 한다. 특정 종교는 그들의 신의 영향이라고도 한다. 그러나 과거에 신의 작용으로 분류되던 일들도 시간이 지나면서 그 이유가 밝혀졌고 결국 신과는 무관했다. 이런 점에서 현재 불가사의 하거나 우연적인 일도 신의 작용이라고 할 수는 없다.

　현재는 이유를 알 수 없는 일들도 앞으로 시간이 지나면서 점차 그 실체가 밝혀질 가능성은 더 높아질 것이 분명하다. 세상에서 일어나는 여러 가지 현상들에 대한 이유가 과학의 힘으로 밝혀짐에 따라, 신의 영역이 좁아지고, 더 나아가서 신의 존재 자체에 대한 회의론이 확대되고 이제 신에 대한 부정론, 즉 '신'은 없다는 무신론적 관념이 널리 자리 잡아 가고 있다.

　신의 실체를 본 사람은 아무도 없다. 인간은 자신이 직접 신을 상상하거나 또는 신을 상상한 사람들의 기록이나 전언에 의해 신을 마음 속에 담을 뿐이다. 신은 본질적으로 심정의 존재로 환상이나 상상력의 존재, 인간 마음의 존재이기 때문에 신앙 속에서만, 상상력 속에서만, 인간의 마음속에서만 발견할 수 있다.[1] 신은 "인간의 삶과 우주에 기능하는 — 개인의 육신과 자연에 기능하는 — 동기를 부여하는 힘, 혹은 가치체계의 화신(化身)[2]"으로 실체는 없는 것이다.

　신은 영혼과도 관계된다. 많은 사람들은 인간이 육체와 정신으로 구성되어 있고 이 정신을 혼(魂)으로 부른다. 사람이 죽는 것은 그 사람으로부터 혼이 나간다는 것이다. 신의 존재를 믿는 사람들에게 사람으로부터 떨어져 나간 혼은 혼령 즉 일종의 신으로 변한다. 인도나 네팔, 티베트 등지에는 특히 이러한 혼령에 대한 믿음이 강하다.[3]

　신의 역사는 인간의 역사와 궤를 같이 하지만 신이 인간의 탐구대상으로 된 것은 오래된 것이 아니다. 무조건적으로 신성시하던 종교를 하나의 분석대상으로 삼은 것은 계몽주의 이후의 일이다. 신에 대한 세속적이고 합리적인 접근방법은 계몽주의 산물로서, 정통교리를 강조하는 그리스도교

---

[1] 루트비히 포이어바흐, 강대석 역, 『종교의 본질에 대하여』 (서울: 한길사, 2006), p. 381.
[2] 조셉 캠벨, 빌 모이어스, 이윤기 역, 『신화의 힘』 (서울: 고려원, 1992), p. 67.
[3] 지금부터 1,200여 년 전에 인도의 승려인 파드마삼바바가 티베트에서 지은 것으로 알려진 "티베트 死者의 書"(우리말로 1995년에 정신세계사에서 번역 출간됨)는 죽음에 이르는 과정과 사후세계의 혼령들에 대한 책이다.

종교전통에 대한 반발이었다.4)

계몽주의는 신에 대한 문제를 논하는 신학과 함께 종교학도 발전하게 만들었다. 신학은 신의 존재를 전제로 신에 대해 이성적 과학적으로 접근하는 신에 대한 연구다. 그러나 신학의 연구대상인 '신'이라는 사실적 존재에 접해본 사람은 아무도 없다. 신은 인간을 통해 인식되는 대상으로서, 인간의 주관적 존재일 뿐이다. 절대왕정과 기독교의 짓눌림에서 계몽주의의 싹을 이끌어낸 것은 홉스(Thomas Hobbes, 1588~1679)였다.

홉스는 자연권사상과 개인주의를 제시하면서 인간을 신으로부터 분리시키기 시작한다. 이로서 신과 종교는 절대적 존재에서 상대적 존재로 격하되었다. 그 당시의 정치사회적 상황에서 신 즉 하느님을 부정한다는 것은 사실상 불가능했다. 신이 인간의 창조주이고 주관자라는 전통적 관념을 객관화하려는 시도는 혁명적 사고다. 이후에 신과 종교에 대한 다양한 주장들이 제시되었다.

오늘날 종교학은 종교현상에 대한 관찰과 분석 그리고 설명과 기술을 의미한다. 그렇다면 종교현상, 즉 간단히 말해서 종교는 무엇인가? 종교는 포괄적으로 특정 신 또는 믿음의 대상에 대한 인간의 개별적 또는 집단적인 의례적 행위라고 할 수 있다. 이 문제는 뒤에서 더 토론하기로 한다.

신화

우리의 삶에서 일어나는 일들 가운데 사람에 의한 것이 아니라 신의 작용으로 생각한 내용들의 이야기, 또는 인간의 현실세계에서 현실적으로 일어나기 어려운 이야기들을 '신화', 즉 신들의 이야기로 부른다. '신화(myth)'라는 말은 희랍어 '미토스(mythos)'로부터 나온 말로 '이야기'를 뜻한다. 원래는 고대 희랍 종교의 여러 신에 대한 이야기들을 가리키는 용어였다. 오늘날 신

---

4) 로버트 벨라, "종교와 사회과학의 관계," 김승혜 편, 『종교학의 이해』 (서울: 분도출판사, 2007), p. 223.

화는 '진실하지 않은', '거짓' 또는 '어리석고 환상적인', '꾸며낸 이야기' 등과 거의 같은 의미로 사용되는데 컴스탁은 여러 문화에서 볼 수 있는 성스러운 이야기를 '객관적'으로 분류하는 범주로 사용한다.5)

신화는 현실 세계에서 일어난 일들뿐만 아니라 일어나지 않은 일들, 즉 인간의 상상이나 공상에 의해 떠오른 내용들도 포함된다. 인간이 그려내는 신은 당연히 초인적인 존재다. 그렇다면 신들은 자신들의 역사나 활동을 자신들 스스로 기록해야 한다. 그뿐만 아니라 인간의 역사도 신이 기술할 수 있다. 그러나 신들이 스스로 기록한 어떤 내용도 존재하지 않는다. 그뿐 아니다. 신이 과거에만 존재해야할 이유는 없다. 신이 과거에 존재하고 신화에 나오는 작용들을 했다면, 현재에도 그리고 미래에도 그래야 한다.

그런 일들에 대한 이야기는 없다. 과거의 일들에 대해서도 신이 스스로 기록한 것이 아니라 오히려 신들의 일을 인간이 기록했다는 사실은 '신'이라는 존재가 인간의 마음에서 만들어진 것임을 나타낸다. 신화, 즉 신의 이름이나 성격 또는 능력과 역할은 동서고금을 막론하고 어떤 상황에서나 인간이 사는 곳이면 다양한 형태로 존재한다.

신화가 현실세계의 인간들의 이야기가 아니라 신들의 이야기라고 해서 허황된 이야기인 것만은 아니다. 신화는 상상이고 공상이라는 점에서 허황될 수밖에 없지만, 그렇다고 의미나 가치가 없는 것은 아닌 것이다. 신화는 인간이 생각하고 인간이 그려낸, 인간이 상상하며 기대하는 인간의 내면세계를 나타낸 인간에 의한 이야기다.

인간은 신화를 통해 현실세계에서 체험하지 못하는 상상의 세계를 간접적으로 체험한다. 단순한 체험만이 아니라 신화를 통해서 삶의 의미와 가치를 얻는다. 신화는 현실세계의 삶을 넘어서는 새로운 삶의 세계를 보여줌으로써 인간의 삶의 세계를 확장한다. 이러한 새로운 삶의 세계는 거꾸

---

5) W. Richard Comstock, *The Study of Religion and Primitive, Religions* (New York: Harper & Row, 1971), 윤원철 역, 『종교의 탐구: 방법론의 문제와 원시종교』(서울: 제이앤씨, 2007), p. 69.

로 각박한 현실세계를 훨씬 더 풍요롭게 만들어 줄뿐만 아니라 현실세계를 미지의 세계로 이끌어 현실세계를 더 확장해 주는 것이다. 캠벨은 신화의 기능을 신비주의, 우주론적 차원으로의 확장, 질서를 유효하게 하는 도덕률로서의 사회적 기능과 교육적 기능 등 4가지로 요약한다.[6] 고대사회에서는 그리스의 로마신화에서 볼 수 있는 것처럼 신들에 관한 이야기 즉 신화들이 일종의 종교였다.

신화의 세계는 하나의 인위적 세계요, 다른 어떤 것을 위한 가장처럼 보인다. 그것은 신앙이라기보다는 거짓 신앙에 불과하다. 신화적 상상 속에는 언제나 믿음의 활동이 내포되어 있다.[7] 이것이 종교로 나타난 점에서 신화사상과 종교사상 간에는 근본적 차이가 없다. 종교는 그 역사의 전개과정 전체에서 신화적 요소와 단단히 연결되어 있고도 그것으로 가득 차 있다. 신화는 그 시초부터 잠재적 종교이다.[8]

과학과 합리주의시대에 어떻게 신화가 이처럼 인간의 마음을 사로잡는가? 그것이 바로 인간의 한계이다. 인간은 항상 죽음에 대한 공포에서 벗어나지 못한다. 죽음에 대한 공포심은 분명히 가장 일반적이고 가장 뿌리깊이 박힌 인간 본능의 하나이다. 신화는 바로 이 인간의 본능적인 공포의 방어벽이다. 신화적 사고는 죽음의 현상에 대한 끊임없는, 완강한 부정이기 때문이다. 신화는 운명의 여신이다. 인간은 욕망이라는 또 다른 본능이 있다. 신화는 이 욕망을 충족시키는 이상(理想)이다. 종교에서 이 욕망은 바로 기복신앙으로 나타난다. 인간이라는 수레에 부착되어 있는 공포와 욕망이라는 두 바퀴는 아직도 종교의 공간을 굳게 지키고 있다. 터툴리아누스(Tertullian)의 "불합리하기 때문에 믿는다"라는 말은 그 힘을 결코 잃지 않았고, 애매성과 불가해성이야말로 종교의 진정한 요소라는 파스칼의 선언

---

6) 캠벨, 『신화의 힘』, p. 82.
7) Ernst Cassirer, *An Essay on Man: An Introduction to a Philosophy of Human Culture* (New York: Doubleday & Company, Inc., 1970), pp. 99-101.
8) Cassirer, *An Essay on Man : An Introduction to a Philosophy of Human Culture*, p. 116.

도 유효하다.9)

　신화가 특히 어떤 종교로 변형되면, 그 신화는 새로운 내용으로 해석되면서 그 신화가 본래 추구했던 목적이 변질 되는 수가 있다. 그런가 하면 어떤 신화는 어떤 특정한 목적을 위해 만들어지거나 변형되기도 한다. 히브리인들의 신화는 민족의 독립과 번영을 위한 열망에서 만들어져 유대교 그리고 더 나아가 기독교로 발전되었다. 우리나라의 단군신화도 우리 민족의 정체성과 국가건설의 당위성을 강화하려는 바람에서 만들어 진 것이다. 이러한 신화들은 모두 신의 섭리를 믿고 의지하려는 목적에서 비롯되었다. 그리고 이러한 신화들의 기술이 경전으로 자리 잡고 이를 믿는 사람들이 확산되면서 하나의 종교가 탄생된 것이다.

'종교'의 어원

종교의 예로서는 5대 종교인 불교와 기독교, 이슬람교, 힌두교, 유대교 등이 있다. 그 외에 다른 종교들도 많다. 이슬람교와 기독교는 유대교를 기원으로 한다. 불교와 힌두교는 인도의 브라만교를 기원으로 발전한 것이다. 이 종교들은 각자의 특성이 있는 반면에 종교로서 기본적인 공통성을 가지고 있다. '종교'가 탐구의 대상으로서 자리를 잡은 것은 기독교의 영향권에 있던 서구이기 때문에 종교의 본질에 대한 토론은 거의 모두 기독교를 상정하고 있다.

　종교는 영어로는 'religion', 한자어로는 '宗敎'로 표시된다. 영어의 religion은 religio(의식)이라는 의미의 라틴어에서 나와10) 어느 특정 신의 사

---

9) Cassirer, *An Essay on Man : An Introduction to a Philosophy of Human Culture*, p. 97.
10) 라틴어의 기원이 religare(함께 결합하다)인가 혹은 relegere(반복하다)인지는 의견이 일치되지 않는다. religare는 함께 결합을 통해서 일어나는 유대감, 동료애를 바탕으로 이해관계와 사상을 공유하는 단체의 의미를 함의한다. 한편 기원전 100여 년 이후에 로마의 위대한 웅변가였던 키케로(Cicero B.C 106~43)는 religio를

원에서 행하는 전통적인 제의 의식을 가리키는 것이었다.[11] 영어사전(The American Heritage Dictionary of the English language, 1975)은 종교를 "우주의 창조주이자 통솔자로서 인정된 어떤 초인적인 힘에 대한 인간의 믿음과 경외의 표현"으로 정의하고 있다. 거의 모든 종교가 우주의 창조자를 내세운다. 그러나 이 정의는 당연히 기독교문화권에서 기독교적으로 종교를 정의한 것이다.

한자어의 종교(宗敎)는 글자의 뜻대로라면 '조상의 가르침'이다. '종'은 '궁극적인 진리'를, '교'는 '가르침'을 의미하여 '근본 도리와 이에 대한 가르침'이라는 뜻이다.[12] 우리나라에서 영어의 religion 을 '종교'로 번역하는 것은 바로 일본의 영향이다. 일본 명치(明治)시대에 religion이 일본에 전해졌을 때 일본인들은 이것을 '종교'로 번역했고 그대로 우리나라에 들어왔기 때문이다.

우리가 한자로 사용하는 '宗敎(종교)'라는 말은 실제로 부처의 가르침을 나타내는 불교용어다. 특히 중국의 남북조 시대 말부터 수나라와 당나라에 걸쳐 불교학자들이 경전의 내용을 명(名), 체(體), 종(宗), 용(用), 교(敎)의 5개로 분류하여 요약하면서, '종'과 '교'를 조합하여 '종교'라고 쓴데서 비롯된 것으로 볼 수 있다.[13] 여기에서 종교는 신에 대한 믿음과는 별개다.

종교에 대한 연구를 종교학이라고 부른다. 종교학이 다루는 분야는 단순히 종교, 즉 신의 문제를 다루는 신학에서 벗어나 신과 인간, 인간의 종교에 대한 반응, 신에 대한 인간의 관념이 사회에 미치는 영향, 종교집단의 사회적 역할 더 나아가 정치적 역할 등 범위가 다양하다. 특히 종교에 초점

　　Relegere(다시 읽는다)로 해석해서, 종교의례 때 신들에 대한 이야기를 반복해서 읽는데서 종교란 말이 생긴 것으로 전해지기도 한다.
11) Wilfred Cantwell Smith, *The Meaning and End of Religion* (New York: Mentor Books, 1964), p. 24; Comstock, 『종교의 탐구: 방법론의 문제와 원시종교』, p. 44 에서 재인용.
12) 이철헌, 『붓다의 근본가르침』 (서울: 도서출판 문중, 2009), pp. 19-20.
13) 장휘옥, 『불교학개론 강의실2』 (서울: 도서출판 장승, 2004), pp. 15-16.

을 맞추어 종교에 대한 인간의 감정과 사상, 그 감정과 사상이 체계화된 예배의식을 다루면서 이를 종교철학으로 부르기도 한다.

현대종교학은 특히 종교적 상징과 행위를 통해서 인간의 감정과 의지를 지배하는 신념체계를 다룬다. 또한 전통 종교들뿐만 아니라 교조화된 정치사회적 이념들과의 관계도 포함된다. 이런 점에서 종교학은 문화인류학 및 사회학과 분리될 수 없다. 특히 종교분쟁이 정치적 과제로 대두되고, 정치과정, 특히 선거에서 종교집단의 영향력이 증대하면서 종교학은 정치학과도 연계된다.

종교의 특성

종교는 다양한 특성을 갖는다.14) 어원적 관점에서 보면 일종의 집단현상이다. 종교의 집단현상은 종교의 집회 즉 각종 예배의 기도, 찬양, 찬송 등에서 나타난다. 그렇다고 종교가 개인적 특성이 없다는 것은 아니다. 종교적 집단뿐만 아니라 모든 집단은 집단의 목표를 구현하기 위한 개인을 기초로 구성되어 있기 때문이다. 종교는 개인의 신앙의 문제로 개인의 감정이나 사상과 관련되는 믿음의 대상이다.

종교는 일단의 특정한 의식을 포함한다. 예배를 포함하여 과거에는 동물이나 심지어는 사람의 희생제도 있었다. 오늘날에도 불교와 기독교 등 종교에 따라 각각의 여러 의식이 거행된다. 대표적으로는 불교의 수계식, 승려들에 대한 삭발 그리고 기독교는 세례, 세발의식 등을 볼 수 있다. 이런 의식들은 종교의 본질이 아니라 상징이다.

종교는 도덕적으로 공인된 관행이다. 모든 종교집단의 도덕기준이 동일한 것은 아니지만 종교집단들이 강조하는 것은 도덕적 특성이다. 이런 특성은 각각의 종교집단의 사상과 사고가 선하고 가치가 있으며 용기를 북돋

---

14) Ronald L. Johnstone, *Religion in Society, 8th ed.* (New Jersey: Pearson Prentice Hall, 2007), pp. 8-14.

우고 긍정적으로 강화되는 반면에 다른 행동들이나 사상 및 사고들은 나쁘고 해로우며 믿음에 의해 거부된다고 판단하기 때문이다. 달리 말하면 종교는 신도들이 모든 상황에서 그런 행동을 선택하도록 고취하는 의도로 어떤 행동을 하도록 주창한다.

이러한 특성은 우리가 종교를 외관으로 보는 내용에 대한 기술에 불과하다. 종교의 본질이 무엇인가에 대해서는 견해가 다양하다. 여러 종교들 간에 특성이 각기 다르고 종교를 보는 각자의 관점이 다르기 때문이다. 모두를 만족시킬 수 있는 하나의 정의로 종교를 나타내기는 사실상 불가능하다. 종교는 다양한 관점에서 여러 종교들에 대한 탐구가 필요한 이유다. 탈랄 아사드(Talal Asad, 1932~)는 "종교의 보편적 정의는 있을 수 없다"고 주장한다. "종교의 구성요소와 관계는 역사적으로 특수할 뿐만 아니라, 그 정의는 그 자체가 추론적인 과정의 역사적 산물이기 때문"[15]이다.

종교관념은 기본적으로는 신의 존재여부에 대한 인식에 따라 달라진다. "모든 종교는 문화"[16]일 수 있고, 오토가 누멘(Numen)적 감정으로 부르는 초월적인 비합리적 요소를 가진 '성스러운' 어떤 감정, 두려움에 가득 찬 비밀감정 등의 발현일 수도 있다.[17] 종교는 또한 "신비스런 경험에 의해 변화된 의식에 대한 특이한 태도"[18], "성스런 일들과 관련되는 신념과 실천의 연합체계"[19], "우리가 살고 있는 복잡하고 불확실하고 신비한 세계를 이해하고 설명하려는 사람들의 집단에 의한 일단의 신념과 의식"[20], 또는 "사회

---

15) Talal Asad, *Genealogies of Religion: Discipline and Reasons of Power in Christianity and Islam* (Msaaschusetts.: Johns Hopkins University Press, 1993), p. 29.
16) Gerardus Van Der Leeuw, J. E. Turner trans. *Religion in Essence and Manifestation*, Vol. 2, (New York: Harper and Row, 1963), p. 679.
17) 루돌프 옷토, 길희성 역, 『성스러움의 의미』 (서울: 분도출판사, 2009), p. 47-51.
18) Carl Jung, *Psychology and Religion* (New Haven: Yale University Press, 1938), p. 6.
19) Emile Durkheim, Joseph Ward Swain trans. *The Elementary Forms of the Religious Life* (New York: The macmillan, 1915), p. 47.
20) Johnstone, Religion in Society 8th ed., p. 14.

현상의 하나"일 수도 있다. 특히 러셀은 종교를 "황금시대의 문턱에 서있는 인류 앞을 가로막고 있는 괴물"21)로도 인식한다. 니체(Friedrich Wilhelm Nietzsche)는 1882년 『즐거운 지식』의 집필을 통해 종교의 최고 숭배대상인 "신은 죽었다"라고 선언한다.

니체는 신이란 연약한 인간이 만든 허구의 존재이며 실재하지 않는다고 천명하고, "인간이 신을 창조했다"고 외친다.22) 니체가 "신은 죽었다"라고 선언한 것은 "과거에 살아있던 신이 이제 죽었다"는 뜻은 아니다. 인간의 자아, 주체성을 확립하기 위해서 "신은 죽었다"고 선언한 것이다. 니체는 신의 피조물이라는 신의 속박에서 벗어나 자아의 삶을 통해 삶의 본능에 충실한 인간의 모습을 찾고자 했다. 그는 신을 연약한 인간의 피난처로 보았다.

프로이드(Sigmund Freud, 1856~1939)에게 종교는 "인류의 보편적인 강박 신경증"23)이며, 포이에르바하(Ludwig Feuerbach, 1804~1872)에게는 "인간의 상상력이 독자화되고 대상화된 존재"24)일 뿐이라면서 "특히 세계가 기독교인들만을 위해서 존재한다면 무엇 때문에 그리고 왜 도대체 기독교인이 아니며 기독교의 신을 믿지 않는 다른 인간들이 존재하는가"라고 묻는다.25) 그의 제자인 마르크스는 종교를 일종의 아편으로 보았다. 『이기적 유전자(The Selfish Gene, 1976)』로 세계의 지성계에 파란을 일으킨 도킨스(R. Dawkins)는 "누군가 망상에 시달리면 정신 이상이라고 한다. 그러나 다수가 망상에 시달리면 종교라고 한다"고 종교를 본다.

결국 종교는 상상의 상징적 존재를 현실적 존재로 인식하고 그에 대해 숭배하며 신비로운 힘을 기대하는 믿음과 의식(儀式)이라고 할 수 있다. 종

---

21) Bertrand Russell, *Why I am not a christian* (New York: A Touchstone Book, 1957), p. 47.
22) Friedrich Wilhelm Nietzsche, Die FrÖhliche Wissenschaft, 박준택 역, 『즐거운 지식』 (서울: 박영사, 1985), p. 28.
23) Sigmund Freud, W. D. Robson-Scott trans. *The Future of an Illusion* (New York: Doubleday, 1965), pp. 70-71.
24) 포이어바흐, 『종교의 본질에 대하여』, p. 210.
25) 포이어바흐, 『종교의 본질에 대하여』, p. 178.

교는 인간이 각기 가지고 있는 여러 가지 개인적인 문제, 현재의 만족스런 상태를 유지하고 불만족스런 상태를 벗어나고자 하는 욕망, 미래에 대한 서원 등과 관련된다.

종교의 기원

인간은 언제부터 왜 종교를 갖게 되었는가? 종교의 기원에 대해서는 여러 측면에서 다양한 연구를 통한 다양한 주장이 제기되어 왔다. 종교의 시원(始原)은 선사시대로 거슬러 올라갈 뿐만 아니라 인간의 종교형태도 다양하고 그러한 작용이 인간의 심리작용의 한 분야라서 객관적으로 정형화하기 어렵기 때문이다.

   종교의 시원을 애니미즘(animism), 주물숭배(呪物崇拜, fetishism), 또는 원시 문화의 특징적 요소인 주술(呪術), 조상 숭배를 통한 꿈의 경험에서 비롯된 정령(精靈) 신앙 등에서 찾기도 한다. 종교에 대한 기원은 단계별 진화론[26]을 둘러싼 공방과 이에 대한 또 다른 공방 등 다양한 견해들이 존재한다.[27] 20세기에 들어와서는 여러 분야의 종교 연구자들이 종교의 기원을 찾는 태도로부터 종교를 정확히 서술하고자 하는 태도로 방향을 바꾸었다. 인간 생활을 초월하는 초경험적인 존재에 관한 것일 수도 있고 아닐 수도 있으며, 종교 그 자체가 초경험적인 실재일 수는 없지만, 인간이 행하는 것이기 때문에 관찰될 수도 있고 면밀하게 서술될 수도 있기 때문이다.[28]

   인간들에게는 멀리 있는 태양과 달, 별에 대한 신비감, 바람과 비, 구름에 대한 공포, 인간과 달리 하늘을 나는 힘있는 조류에 대한 경외심, 바위나 바다, 강 등에 대한 위압감, 호랑이와 사자 등 힘센 동물에 대한 두려움 같은 것이 있었을 것이다. 이런 자연물에 대한 인간의 여러 심리작용은 그

---

26) 김진, 『종교란 무엇인가』 (울산: 울산대학교 출판부, 2008), p. 41.
27) Comstock, 『종교의 탐구: 방법론의 문제와 원시종교』, pp. 19-20.
28) Comstock, 『종교의 탐구: 방법론의 문제와 원시종교』, pp. 23-25.

대상들에 대해 초월적인 힘을 부여하고 이를 신화의 형태로 발전시키면서 여러 신들이 등장한 것으로 보인다. 이러한 신화는 그에 등장하는 초월적인 절대자 즉 신에 대한 일정한 예배의식을 수반하게 되었으며 이것이 바로 종교의 한 형태라고 할 수 있다.

원시종교

흔히들 종교를 고등종교와 원시종교로 구분하는데 고등종교는 기독교나 불교처럼 체계적인 경전을 갖춘 종교다. 반면에 원시종교는 선사 이전의 원시시대, 부족시대의 종교형태로 부족들끼리의 종교형태라는 점에서 부족종교라고도 한다. 한편 미개종교라는 분류도 있는데 이것은 원시종교와는 달리 미개한 부족사회의 원시종교형태를 말한다. 미개종교는 선사시대뿐만 아니라 현대에서 아프리카나 아마존지대 등의 부족사회에서 발견된다.

원시종교는 자연적으로 발생된 종교이기 때문에 교조(敎祖)나 개조(開祖)가 없으며 문자가 없었기 때문에 문자로 된 경전이나 정리된 교리가 있는 것이 아니고, 내용과 의식 등은 주로 신화와 전승의 형태로 이어진다. 종교에 대한 정의는 그 기준을 어떻게 설정하느냐에 따라 고등종교로 한정하든가 혹은 원시종교까지를 포함하든가 할 수 있다. 종교를 넓은 의미로 정의하면 애니미즘(Animism)이나 샤머니즘(Shamanism), 토테미즘(Totemism), 페티시즘(Fetishism)또는 무당(巫堂) 등에 대한 어떤 믿음도 포함된다는 점에서 일반적으로 말하는 종교는 물론이고 미신도 종교에 포함된다. 이런 것들은 주로 원시종교들이다.

종교의 신앙은 신에 대한 행동이 따르게 되는데 이것은 의례와 의식 및 그 집단에 대한 헌신으로 나타난다. 개인들이나 집단들의 이념도 농도가 다르듯 신앙도 마찬가지다. 어느 신도는 매일 새벽에 절이나 교회에 가서 기도를 한다. 매주 법회나 예배에 빠지지 않는다. 그런가 하면 어떤 신도는

1년에 한 번도 절이나 교회에 가지 않는다. 어느 신도는 교회나 절에 많은 헌금을 한다.

 신앙심은 자신이 믿는 신이 자신의 삶에 영향을 미칠 수 있다는 믿음이다. 이 믿음이 경외심으로 발전한 것이다. 이런 믿음과 경외심이 지속되고 여러 사람이 함께 가지려면 교리가 필요하다. 믿는 대상(주로 신)과 그를 믿는 신도, 그 대상과 신도 간에 어떤 교리가 존재하는 경우 이를 공유하는 집단이 생겨나게 된다. 우리는 이런 모습의 전체를 종교라고 부르고 있는 것이다.

종교와 미신

미신(迷信)은 사전적 의미로 마음이 무엇에 끌리어 잘못 믿거나 아무런 과학적 근거도 없는 것을 종교적 신앙처럼 맹목적으로 믿는 것을 의미한다. 대부분의 사람들은 미신이라면 이런 식으로 생각한다. 그러나 이 사전적 의미는 흠결이 있다. 종교가 반드시 과학적 근거가 있는 것은 아니다. 당장 예수의 탄생과 부활이 과학적 근거가 없다는 점에 직면한다.

 맹목적으로 믿는다는 것도 잘못된 판단이다. 미신을 믿는 사람은 나름의 목적이 있다. 돼지꿈을 꾸고 나서 재수가 있을 것이라고 생각하고 복권을 사는 사람의 목적이나, 죽어서 천당에 가겠다고 기독교를 믿는 목적이 다를 수 없다. 이러한 인식들은 '미신'이라는 관념이 지극히 편향적이고 의도적이라는 점이다. 즉 반 기독교적이고 비불교적인 민속신앙을 미신으로 분류하고 있는 것이다.

 '미신'은 결국 민속신앙을 폄하 하는 용어다. 우리나라의 전통신앙이 미신으로 불리게 된 것은 일본의 메이지 유신과 우리나라의 개화과정에서 비과학적인 전통관습에 대한 폄하에서 비롯된 것으로 볼 수 있다. 또한 기독교의 전래와 함께 선교사들이 서구의 문물을 들여오면서 과학문명이 발달하지 못한 전통사회의 신에 의한 문제해결의 습속들이 미신으로 간주되었다. 미신은 종교와는 다른 일종의 전통문화들로서 가족과 마을 또는 민족단위로 삶속에서 자연스럽게 형성되고 쌓아진 미풍양속이며 고유한 생활전통이다. 다만 어느 특정인이 자신의 사악한 이익을 위해 조작한 혹세무민의 — 신문의 사회면 사건기사에 나오는 — 어떤 잘못된 사이비종교에 대한 믿음과는 전혀 다르다. 미신으로 분류되는 어떤 행위들은 일종의 민속신앙이거나 삶에서 해서는 안 되거나 해야 하는 전통적인 사고들이다. 이러한 사고는 우리 민족의 일종의 문화이다. 이러한 문화는 개개인의 가정마다 독특하게 전래되는 민간신앙으로서 가신신앙(家神信仰)이나 촌락을 중심으로 집단적으로 이루어지는 마을신앙의 형태로도 나타난다.

종교와 과학

종교는 한때 과학의 통제자인 동시에 억압자였다. 대표적으로 갈릴레오의 지동설, 다윈의 진화론이 종교의 억압대상이었다. 데카르트와 프로이드도 경계의 대상이었다. 이것은 과학이 신에 대한 최대의 도전자인 동시에 종교에 대한 최대의 방해자일 수 있기 때문이다. 과학은 무엇인가? 캇시러(Ernst Cassirer)는 "과학은 인간 정신발달의 최후단계이고 인류문화의 최고이고 가장 특징적인 성취로 볼 수 있다. 현대세계에서 과학적 사고에 비교될만한 제2의 힘은 없다. 그것은 우리의 모든 인간 활동의 절정이요 극치이며 인류역사에서 최후의 장(章)이고 인간에 관한 철학의 가장 중요한 주제로 부각되고 있다"고 규정한다.[29]

우리가 사용하고 있는 '과학(科學)'이라는 용어는 지식 또는 앎을 의미하는 라틴어 scientia가 영어의 science로 변한 것이다. science는 '안다'는 know의 접두사 scio 와 관련 있으며 이는 '분별하다, 구분하다'라는 뜻의

---

29) Cassirer, *An Essay on Man : An Introduction to a Philosophy of Human Culture*, pp. 261-262.

인도-유럽 어근에서 유래했고, '잘라낸다(cut off)'는 뜻의 산스크리트어 chyati와 찢다(split)는 뜻의 그리스어 schizein 등의 단어와 관계있다. [30] 이러한 어근을 종합할 때 과학은 사물이나 현상을 분석하여 그 속성을 아는 것을 의미한다. 이런 점에서 과학은 단순히 자연과학만을 의미하는 것은 아님을 알 수 있다. 실제로 모든 학문은 science를 붙인다. 정치학, 경제학, 철학, 법학 등이 그 예이다. 본래 과학은 철학과 교환적으로도 사용하여 과학이 곧 철학이요 철학이 곧 과학이었다.

과학의 요건은 '사실성', '객관성', '입증성'이다. 과학은 사실을 바탕으로 해야 한다. 자연과학은 이 요건을 충족한다. 이 요건이 충족되지 않으면 자연과학에서 배제된다. 과학은 객관적이어야 한다. 객관성은 있는 그대로의 실체로서 개인의 주관이 배제된 것이다. 객관성은 동일한 조건하의 반복적 작용에서 동일한 결과를 가져와야 한다는 것이다.

특정 신을 설정한 종교는 출발부터 과학과 양립할 수 없다. 중세시대 교회가 과학자들의 과학적 이론을 억압한 것은 바로 과학의 특성이 종교의 교리와 충돌되기 때문이었다. 과학의 새로운 발견이 기독교 교리와 상충된다 싶으면 이의 공표를 막았던 것이다. 코페르니쿠스는 지동설에 대한 자신의 주장을 발표하지 못하다가 죽음에 임박해서 알렸다. 그로부터 100년 후 갈릴레오는 지동설을 주장했다가 로마교황청의 재판을 받았다. 그는 지구가 태양의 주위를 돈다고 말한 것이 자신의 잘못이라고 고백해야 했다. 그는 재판정을 나오면서 "그래도 지구는 돌고 있다"라고 말했다는 얘기도 사실 여부와 관계없이 전해지고 있다.

과학 중에서도 1859년에 발간된 다윈의 진화론은 인간을 신의 피조물로 설정한 기독교에 대한 근본적 반제이다. 다윈은 자신이 주장한 진화론이 불러올 정치 및 종교 세력과의 충돌을 우려하여 '종의 기원'에서 인간의 기원에 대한 문제를 전혀 언급하지 않았다. 대신 그는 책의 끝부분에서 "인류

---

30) 김기석, 『종의 기원 신의 기원』 (서울: 동연, 2009), p. 86.

의 기원과 역사는 재조명될 것이다"라는 함축적인 표현을 겨우 삽입했을 뿐이다. 많은 사람들의 통념과는 달리 다윈의 주장은 '인간의 조상이 원숭이'라는 게 아니라 "인간과 원숭이가 공통의 조상을 가졌다"는 것이었다.

1860년 7월 영국 옥스퍼드. 영국 과학진흥협회의 회동 중 가장 유명한 사건이 일어났다. 다윈의 '종의 기원'은 엄청난 충격과 논란을 불러왔고, 이 자리에서 반(反) 다윈파의 윌버포스(Samuel Wilberforce)와 친(親) 다윈파의 헉슬리(Thomas Huxely)가 격돌했다. 윌버포스는 "만일 인간이 원숭이로부터 진화했다면 당신의 원숭이 조상은 부계 쪽인가요? 아니면 모계 쪽인가요?"라며 조롱조로 질문했다. 이에 헉슬리는 "만약 누가 내게 귀하와 같이 큰 능력과 높은 지위를 진리 탐구자의 명성을 말살시키는 데 쓰는 사람의 자손이 되겠는가, 아니면 원숭이의 자손이 되겠는가를 묻는다면 자기의 재능과 영향력을 과학적인 문제를 조롱하는 데 사용하는 인간보다는 나는 차라리 원숭이의 자손을 부끄러워하지 않겠소"라고 받아쳤다. 이에 대해 윌버포스는 당황한 나머지 자신의 마지막 발언 기회마저 포기하고 말았다. 회의에 참석한 대부분의 사람을 이해시키지는 못했지만, 헉슬리는 이 논쟁으로 오히려 다윈이 꺼리던 진화론을 대중들에게 확실히 심어주는 계기가 된 것이다.

윌버포스와 헉슬리의 대립은 기존의 교리를 바탕으로 하는 성직자계급들과 자연현상에 대한 새로운 발견을 토대로 하는 과학자들 사이의 주도권 다툼이었다. 종교에 짓눌려있던 중세 유럽의 과학이 종교에 대하여 발사하는 포문이었다. 일부에서는 종교와 과학을 합제하려는 시도도 있었지만 신학은 과학의 특성을 신학에 적절하게 배합하는 새로운 시도 대신에 전통적 의식에 갇혀 있었다.

다행히 20세기 후반에 들면서 일부 신학자와 과학자들 사이에서는 그간의 대립적 입장에서 보완적이고 통합적 입장으로 전환하는 자연신학의 흐름이 나타났다. 물론 종교영역 특히 기독교의 근본주의자들은 하느님의 '계시'에 대한 확신이나 성경내용에 대한 '실존'을 절대화함으로서 고립을 자초하는 경우도 있어 종교현장과 신학 간의 갈등도 보이고 있다.

종교계는 줄기세포연구가 세상의 관심을 모으자 인간의 존엄성을 들어 이에 비판적이었다. 인간이 기술로 인간을 만들고 변종시킨다는 것은 인간의 존엄성에 대한 훼손과 인간경시의 풍조를 만들어낼 수 있다. 그러나 줄기세포연구가 인간의 질병치료 등 삶의 환경을 개선한다면 오히려 다행스럽고 소망스런 것이다. 물론 기독교계가 반대하는 속내는 줄기세포가 다윈의 진화론에 이어 하느님의 창조설에 대한 또 하나의 도전이라는 점이 중시되었을 것이다.

과학의 발달에 따라 종교의 근본주의주의자들이 배척하던 미신이 부메랑으로 되돌아올 가능성도 커지고 있다. 이것은 종교 그 자체의 오류라기보다 종교인들이 그동안 신이나 경전에 갖고 있는 폐쇄된 인식의 문제이다. 자유신학자들이나 다원신학자들은 종교에 대한 비과학성의 합제에 대해서도 탄력적이고 논리적인 합제를 찾아내고 있다. 종교의 발전이요 현대화이다. 종교는 우월적 근본주의에서 벗어나야 하지만, 과학도 만능주의에 빠져서는 안 된다.

과학이나 합리주의 사고의 지배가 종교로부터의 상당한 이탈을 초래했지만 수많은 사람들은 아직도 자신의 삶을 종교에 의존하고 있다. 철학자들과 인류학자들은 때때로 우리에게 종교의 참되고 궁극적인 원천은 의지하려는 인간의 가정이라고 말한다. 프랑스의 민속학자 오바디아(Lionel Obadia)는 인간과 종교의 관계를 죽음과 고독의 문제로 본다. 즉 종교는 실존적 두려움에 대한 방패막이라는 것이다. 그는 또한 종교가 공동체에 속한다는 소속감 또한 실존의 불안감을 줄이는데 중요한 요인이 된다고 지적한다.[31]

종교는 어디까지나 심리적인 믿음의 문제이고 스스로 인식하는 대상이다. 반면에 과학은 사실적 실재의 문제다. 서로 다른 영역을 동일 기준으로

---

31) 리오넬 오비디아, 양영란 역, 『종교』 (서울: 웅진지식하우스, 2007), pp. 49-52.

비교하거나 비판할 수는 없다. 종교는 선사시대부터 존재했으며 오늘날의 이른바 고등종교도 최소한 2,500여년 이전에 발생했다. 경전은 현대 과학으로 밝혀진 여러 사실에 대해 상상도 할 수 없는 상황에서 만들어졌다. 이것을 문자주의로 해석하는 것도 문제이다. 아무리 심리적인 신앙의 문제라도 과학적으로 명백한 오류에 대해 문자주의를 고집하는 자세도 지양되어야 한다. 심리적인 믿음의 문제를 과학의 기준으로 재단하려는 자세도 편협하다. 신학이 학자의 양심보다 교단을 의식하면 어용신학이 활개를 치고 성직자들이 돈과 명예 그리고 권력의 맛을 느끼면 혹세무민하는 사교(邪敎, 사이비종교)로 빠지게 된다.

   종교를 과학이라는 기준으로 평가할 수는 없다. 종교도 비과학적인 것을 비유가 아닌 사실로 주장하거나 강요할 수는 없다. 종교의 메시지는 그 메시지의 사실성보다는 그 메시가 주는 의미가 중요하다. 종교적 메시지를 사실로 강조하는 것은 선교나 신앙을 강화하기 위한 하나의 전략이거나 아니면 본질에 대한 몰이해나 호도일 수 있다. 종교가 이런 상황으로 나가면 바로 비종교적인, 사이비적인 종교로 전락될 수 있는 것이다.

3장
두 종교의 경전 구약성서

∽ 경전과 성서(경)의 의미

종교에 관한 기본서에는 경전(經典)과 성전(聖典)이라는 명칭이 붙는다. 여기에서 전(典)은 법. 규정. 책. 가르침이라는 의미를 담고 있다. '성(聖)'은 성스럽다는 의미이고 '경(經)'은 법(法)이나 이(理)를 의미한다. 일반적으로 "경전"이라고 하면 불교의 교리에 관한 책을 떠올리지만 실은 모든 종교의 교리를 담은 책들을 일컫는 일반적인 용어다.

우리가 사용하는 '경'은 '구슬을 꿰는 줄'이라는 의미의 산스크리트어 수트라(Sutra), 팔리어 수타(Sutta)를 한자의 법이나 이치를 의미하는 '經'으로 번역해서 전래된 불교용어에서 비롯된 것이다. '경'은 성인의 말들을 꿰어 만든 하나의 책이다. 불경은 부처의 말을 문장으로 간추려 모은 것으로 수트라 라고 불렀다. 그런데 불교에서는 성전과 경전의 의미를 구별한다. 성전은 불교에 관한 모든 저술을 의미하는데 비해 경전은 교조인 석존의 교설(敎說)을 의미하는 것으로 구분하기도 한다.[1]

한편 성서(경)는 기독교의 경전 이름이기도 하다. '구약'은 영어의 Old

---

1) 이재창, 『알기쉬운 불교경전개설』 (서울: 불교시대사, 2005), pp. 15-16.

Testament, '신약'은 New Testament의 번역이다. 성서의 영어 'Testament'는 신과 사람 간의 계약이라는 의미다. testament를 성서로 사용할 때는 대문자로 쓴다. 또한 신, 구약을 통 털어 성서라는 의미로는 영어의 Bible로 부르는데 이 용어는 '책'을 뜻하는 그리스어 biblia(biblos의 복수형)에서 유래된 것이다. 우리가 성경 혹은 성서라고 하는 것을 영어로는 The Holy Scripture라고도 부른다.

그러나 일반적으로 불경은 불교의 경전이라는 구체적 이름을 나타낸다. 반면에 기독교에서 부르는 성경(聖經)은 성스러운 경전이라는 의미다. 여기에서 성스러운 대상은 유대인들이 믿는 '야훼'라는 신이다. 일반적으로 사용되는 명칭으로만 본다면 불경은 어느 한 종교의 경전이지만 성서는 기독교인들에게 경전을 넘어서서 '성스러운 책'이라는 뉘앙스를 갖는다.

의미상으로 본다면 불교를 믿지 않는 사람에게도 불경은 불경이다. 불경은 부처의 말을 모은 책이라는 객관적 명칭이기 때문이다. 물론 불교신자가 불경을 경전이나 성전으로 부를 수는 있다. 그러나 기독교를 믿지 않는 사람에게는 기독교의 경전 즉 성서가 성스러운 책일 수만은 없다. 그런데 불교신자이던 무신론자이던 성경 또는 성서라고 부른다. 성경 또는 성서는 이제 성스러운 책이라는 의미 외에 기독교의 경전을 가리키는 고유명사가 되었다.

'경(經)'은 법(法)이나 이(理)를 의미하는 외에도 '암송'이라는 뉘앙스도 함의한다. 이것은 불교에서 불경을 암송하기 때문에 비롯된 것 같다. 기독교에서도 '사도신경'이 있다. 성서는 전체적으로 암송의 대상이기보다는 읽고 묵상하는 '책'이다. 여기에서는 경전은 일반적인 용어로, 기독교의 구약과 신약은 '성서'로 부르고자 한다.

유대교의 경전: 타나크와 구약

기독교에서 '구약성서(舊約聖書, Old Testament)'로 부르는 성서는 사실은 유대인들의 종교인 유대교의 경전이다. 유대교의 경전이름이 구약성서인 것은 아니다. 구약성서는 히브리어로 쓰인 '성서(Hebrew Bible)'로 히브리어 말로는 타나크(ךנ"ת)라고 부른다. 타나크(ךנ"ת), 즉 성서는 구약성서를 구성하는 율법서 (토라, Torah, תורה), 예언서(네비임, Neviim, נביאים), 성문서(케투빔, Ketubim, כתובים)의 세 분류명의 맨 앞 글자를 따서 약칭으로 '타나크(ךנ"ת)'가 된 것이다. '구약'은 '옛 계약'이란 뜻의 한자어이며, 기독교인의 관점에서, 신약성서와 대비되는 신과의 '옛 계약'이 적힌 책이라는 의미이다.

'타나크'는 당초에는 『율법서와 예언서와 성문서』라는 이름을 가졌다. 기독교인이 된 유대인들이 유대교를 떠날 때 그들은 유대교의 전통을 다 버리고 떠나면서도, 그들이 읽던 성서 곧 『율법서와 예언서와 성문서』는 가지고 나왔다. 이것이 바로 유대교의 경전이고, 기독교에서 이것을 구약성서라고 부르고 있는 것이다. 그러다보니 타나크 즉 구약성서는 서로 다른 두 종교 즉 유대교와 기독교가 공유하고 있는 경전이다.

구약성서(히브리어: הברית הישנה)는 여러 이름으로 불린다. 라틴어는 Vetus Testamentum, 영어로는 Old Testament이다. 일반적으로 구약성서(舊約聖書)라고 하면 히브리어로 쓰인 '유대교 성서'(Hebrew Bible, ךנ"ת)를 여러 나라 언어로 번역한 여러 판본 및 번역본을 말한다.[2] 구약성서 즉 유대인의 히브리어 성서는 유대인이 만들어낸 유대인에게 저작권이 있는 유대인의 종교인 유대교의 경전이다. 구약성서와 신약성서로 대별되는 기독교의 두 경전 가운데 첫 번째 경전이 히브리어로 쓰인 성서 즉 타나크(ךנ"ת)인 것이다.[3]

---

2) 구약성서의 바탕이 되는 유대교 성서는 거의 대부분이 히브리어로 저술되어 있어 '히브리 성서'라는 말이 기독교의 구약성서에 대비되는 유대교의 '성경'을 지칭할 때 쓰이기도 한다. 참고로 거의 대부분이 히브리어로 기록되어 있는데, 이 가운데 다니엘과 에스라의 일부, 예레미야의 한 구절, 창세기의 두 단어로 된 지명 등이 아람어로 쓰여 있다. 물론 히브리어 문자로도 씌어져 있다(히브리어를 표기하는 문자는 원래 아람어에서 유래된 것이다).

3) 구약성서의 바탕이 되는 유대교 성서는 거의 대부분이 히브리어로 저술되어 있어

구약성서의 역사

구약성서의 모든 이야기가 처음부터 글로 기록되어 전해 내려온 것은 아니다. 입을 통해 내려온, 소위 구전(口傳)이었다. 기독교는 성서를 하느님의 영감을 받아 기록한 하느님의 말씀으로 인식한다. 야훼라는 신이 성서의 저자들에게 성서의 내용을 불어넣어 기록하도록 한 것이라는 의미다. 그러나 이런 내용은 후세의 기독교가 그렇게 규정한 것에 불과하다. 구전들은 바빌론 유배시대에 수집되고 편집되어 글의 형식을 띄게 되었고 책으로 구성된 것이다. 신약은 그리스어가 원어이고, 외경(또는 제2경전)은 그 원어가 그리스어로 전해져 오고 있는데 비해, 구약은 주로 히브리어로 쓰여 있으며, 일부가 아람어로 쓰여 있다.[4]

구약성서는 대략 기원전 15~14세기 사이의 오랜 세월을 거쳐 바빌로니아, 팔레스티나, 이집트 등의 다른 지역에서 전해진 이야기들로 알려져 있다. 이를 글로 쓰면서 지역 및 시대에 따라 서로 다른 판본과 낱권들이 생겨난 것이다. 성서를 하나로 묶는 과정에서 어떤 것을 경전으로 삼을지에 대해서는 의견이 분분했다. 유대인은 이 기록들을 전통에 따라 총 24권으로 구성했다. 이를 경전으로 받아들인 기독교에서는 오늘날 종파에 따라 다른 분류를 사용하고 있다.

구약성서는 히브리어로 된 경전 외에 '70인 역'으로 불리는 그리스어 역본이 있다. 이 70인 역은 유대인 학자들이 BC 3세기에 시작하여 1세기에 완성한 성서다. 이 70인 역에는 이른바 제2경전이라 불리는 7개의 서적 및 2

---

* '히브리 성서'라는 말이 기독교의 구약성서에 대비되는 유대교의 '성경'을 지칭할 때 쓰이기도 한다. 참고로 거의 대부분이 히브리어로 기록되어 있는데, 이 가운데 다니엘과 에스라의 일부, 예레미야의 한 구절, 창세기의 두 단어로 된 지명 등이 아람어로 쓰여 있다. 물론 히브리어 문자로도 씌어져 있다(히브리어를 표기하는 문자는 원래 아람어에서 유래된 것이다).
4) 우리나라에서는 구약과 신약과 외경(또는 제2경전)이 1882년 이래 지금까지 번역, 개정, 새 번역의 과정을 거쳐, 모두 우리말로 번역되었다.

개의 정경 추가분이 포함되어 있다.

기독교에서는 이집트에서 만들어진 70인 역에 보존된 내용을 근거로 구약성서를 정하게 된다. 로마 가톨릭 교회에서는 1545년 트리엔트 공의회에서 제2경전을 정경으로 공인했으나, 개신교에서는 유대교의 성서 전통을 따르며, 이들 제2경전에 대해 신의 영감이 없다고 하여 정경으로 인정하지 않았다. 성공회는 외경이 정경은 아니지만, 그리스도와 사도들이 인용했으며, 도덕적인 교훈으로 읽을 수 있는 준경전으로 보고 있다.[5]

유대교의 성경과 기독교의 구약성경의 분류법은 위에서 말한 것처럼 서로 약간씩 다르나, 기본 골격은 같다. 다만, 개신교에서는 39권, 가톨릭에서는 46권, 동방정교회에서는 49권으로 분류하고 있다. 권수의 차이가 있는 것은, 히브리 성경에 없는 제2경전의 7권을 가톨릭에서는 70인 역 성서의 전통에 따라 제2경전으로 분류하여 성문서 범주에 포함시키고 있기 때문이다.

율법서와 예언서를 제외한 기록들은 성문서로 분류되는데, 성문서는 유대교의 성서목록이 확정된 얌니아회의(기원후 90년) 이전에 나온 문서들 중에 경전성이 인정되는 작품들의 분류명이다. 구약성서는 이스라엘의 역사와 정치를 비롯해, 시문학과 지혜문학이 주종을 이루는데, 유대민족의 역사적 삶과 궤를 함께 하고 있다. 구약성서가 어떻게 씌어졌는지를 이해하기위해서 유대인의 역사에 대한 고찰이 필요한 이유다.

유대인의 역사-정치사적 배경

구약성서가 어떻게 만들어졌는지를 알기 위해서는 이 성서를 가장 먼저 경

---

5) 유대교에서는 히브리어로 쓰인 판본이 남아 있는 문서를 대상으로 경전화 작업을 행하였으며, 기원전 4세기에 오늘날의 모습으로 체계화된 것으로 보인다. 여기서 당시 그리스어로 된 판본만이 있던 일부 문서들은 경전으로 인정받지 못했다.

전으로 사용하기 시작한 유대인들의 종교인 유대교와 유대인들의 역사와 정치사를 돌아보아야 한다. 구약성서의 배경은 유대인들의 전설적인 고대사의 회고를 통해서 그 윤곽을 찾을 수 있다. 어느 민족이든 고대사는 신화적이다. 유대인의 역사도 예외적일 수 없다. '유대인'은 고대 이스라엘 사람들이 바빌로니아로 강제이주 된 후 유배 갔다가 일부 사람들이 돌아온 이후 기원전 6세기 말에 생겨난 용어다. 당시의 유대인들은 히브리 성서에 나오는 조상들의 전통을 지키는 관습을 중요하게 여겼는데 이들의 종교를 유대교라고 부른다.6)

유대인의 고대사는 설화적인 요소를 담고 있는 구약성서를 통해서 가늠할 수 있다. 이러한 역사는 우리가 우리의 역사를 단군신화에서 출발시키는 것과 같다. 즉 우리의 단군이야기가 삼국유사를 토대로 하는 설화의 일종인 것처럼 이스라엘의 역사도 구약이라는 설화를 중심으로 하고 있는 것이다. 즉 구약성서의 이야기들은 이스라엘 역사의 정사가 아닌 서사시라는 점이다. 그렇다고 설화가 일말의 근거도 없는 100% 꾸며낸 얘기라는 것은 아니다. 설화는 100% 사실일 수도 있고 100% 가공일 수도 있으며 1%의 사실에 99%의 허구적 얘기로 포장했을 수 도 있다. 그렇다고 유대인의 설화가 100% 사실이거나 100% 가공이라는 것은 아니다.

기독교는 구약성서의 창세기를 여호와의 영감을 받은 모세가 기록한 것으로 인식하면서, 인류의 시작을 창세기의 기술대로 믿는다. 우주의 생성과 만물 특히 인간의 기원이 물리학적 추정 대신에 창세기의 기록대로 여호와 하느님의 작품이라는 것이다. 과연 그런가? 이러한 의문은 우선 구약성서의 창세기가 어떻게 기록되었는가와 유대인들에 대한 역사의 고찰을 통해서 이해될 수 있다.

오늘날 이스라엘인으로 불리는 유대인들의 삶은 어디에서 어떻게 시작되었는가? 티크리스강과 유프라테스 강의 유역으로 눈을 돌려보자. 티크

---

6) 조철수, 『예수 평전』 (서울: 김영사, 2010), p. 28.

리스 강은 터키와 이라크에 걸쳐 흐른다. 유프라테스 강은 터키에서 발원하여 시리아와 이라크를 지나 페르시아 만에 들어간다. BC 5,000년경에 이 두강 유역에는 주로 수메르인들이 씨족 공동체 생활을 하면서 살았다. BC 4,000년대 말에 수메르인의 도시국가에서는 바빌로니아 문명의 기초가 된 수준 높은 도시문명이 피어난다.

BC 3000년 경 셈족이 수메르-아카드 왕국을 건설하고, 수메르인들은 여러 개의 도시국가를 거쳐 BC 2350년 무렵 셈계 아카드인의 사르곤 1세가 통일국가를 건설한다. 아카드시대에 수메르의 문화는 이 지역을 지배하는 셈족의 문화로 변화되어 오리엔트의 각 지방에 전파되었다. 그 뒤 한동안 혼란이 계속되다가, BC 2050년 무렵 수메르인의 우르나무가 우르 제3왕조를 창시한다. BC 1800년대에는 함무라비가 바빌론 왕조를 건설하고 이른바 함무라비 법전을 제정하여 검은 색의 큰 돌기둥에 새기게 했다. 함무라비 법전은 지금까지 발견된, 인류 역사에서 처음으로 비교적 완전하게 성문화된 법전이다. 함무라비 법전은 '이에는 이 눈에는 눈'의 황금률을 원칙으로 하지만 노예제, 귀족과 지주 및 전주의 권리를 철저히 보호하는 고대 사회의 전형적인 신분에 바탕을 둔 법전이다. 그 뒤로부터 1000년 후에 시내산에서 이스라엘 사람들에게 율법을 전해준 것으로 전해지는 모세처럼, 함무라비는 바빌론 사람들에게는 모세와 같은 사람이다.

함무라비가 죽은 후에 고대 바빌로니아 왕국은 점차적으로 약화되고 두 강의 유역은 다시 분열상태 속에 빠져든다. 고대 바빌로니아는 BC 1530년 경에 이민족(異民族) 히타이트인의 침입으로 멸망한다. 그 후부터 두 강의 유역은 주위에 있는 외족(外族)들의 침입과 통치를 여러 번 받는다. 이후 BC 612년 아시리아의 수도 니네베에 신바빌로니아(칼데아제국)가 건국된다. 신바빌로니아는 끊임없는 이민족의 침입으로, 왕조·민족이 분립(分立)하여 항쟁하는 시대가 계속되는 중에 BC 530년경 페르시아제국에 의해 멸망한다.

나일 강 하류에서는 고대 이집트 문명이 번성한다. 이집트 제국과 문명은 기원전 3200년부터 기원전 300년경까지 3천년 가까이 존재하지만 알렉산더 대왕의 점령으로 그 막을 내리게 된다. 이집트는 최전성기였던 기원전 15세기에는 나일 강 삼각주에서 제벨 바르카(Jebel Barkal)까지 세력을 뻗쳤다. 이집트는 워낙 오랜 역사를 담고 있기 때문에 제1왕조에 대한 기록은 많이 남아있지 않지만, 마네토의 연대기와 여러 가지 유물, 파라오의 무덤에서 발견된 유적들을 토대로 어느 정도 재구성될 수 있다.

이스라엘의 건국신화와 유대교

구약성서에 나타나는 이스라엘의 역사는 중동지역의 이런 배경 속에서 BC 2000년경 청동기시대로부터 시작되는 것으로 추정된다. 유대인은 이스라엘 인의 조상으로 기록된 아브라함으로부터 비롯된다. 구약성서는 BC 2000년경 데라(Terah)가 바빌론의 국제도시 우르(Ur)를 떠나 현재 터키의 남부인 하란(Haran)으로 이주하는 것으로 기술한다. 아브라함이 하란으로 이주했다면 가나안에 도달하기 전에 살았던 장소일 것이다. 여기에서 데라의 아들, 75세의 아브라함이 하나님과 언약을 하는 것으로 유대교의 역사는 시작된다. 유대교는 자신들이 하나님과 계약을 맺었다고 믿은 것이다.

하란은 터키의 산리우르파 주의 카르하에로 알려져 있다. 이스탄불에서 남동쪽으로 1,320㎞, 우르파에서 남쪽으로 44㎞ 떨어져 있다. 메소포타미아의 주요 상업, 문화, 종교 중심이었던 매우 오래된 도시로 중요한 고고학적인 장소다. 시리아와 경계를 이루는 국경 마을로, 지금은 사람들이 얼마 살지 않는 조그마한 지역에 불과하지만, 지구에서 가장 오랜 주거 역사를 자랑하는 지역이다.

하란의 원래 이름은 아람나하라임(Aramnaharaim)으로, 동쪽의 티그리스강(江)과 서쪽의 유프라테스강 사이에 있는 아람인(人)의 땅이라는 뜻이다. 하란은 뒤에 붙여진 이름으로 '길·통로·대상(隊商)'을 뜻하며, 현지에서는 알틴바삭(Altinbasak: 황금 빛 이삭)으로 부른다.

하란지역 사람들은 이집트 사람들을 '이브륨'으로 불렀다. 영어로 '히브리 족'을 나타낸다. 원래의 의미는 '강을 넘은 사람 또는 강의 저편 사람'이라는 의미다.[7] 성경대로라면 아브라함 가족은 아마 하란에 이주한 첫 외지인이었을 것이다. 아브라함은 75세에 하란을 떠나는데, 절대자인 여호와를 만나는 '신비한 경험'[8]을 한다. 물론 아브라함이 역사적 존재로 드러난 것은 아니다. 그의 수명이 175세라는 것부터 현실과 거리가 멀다. 그의 '신비한 경험'도 비현실적이기는 마찬가지다. '신비한 경험'이라는 말 자체가 비현실적이고 비정상적이라는 의미를 담는다. 기독교에서 '신비한 경험'은 아브라함 외에, 특히 바울 등 여러 사람들에 의해 그 이후에도 이어진다.

유목민이었던 유대인은 바빌론, 아시리아, 페니키아, 이집트, 페르시아 등의 강대국 틈바구니에 끼어 있었다. 유대인들은 이 강대국들이 다투던 1700년간 유랑생활과 전쟁에서의 학살, 망명의 세월을 극복하고 기적같이 살아서 고국 땅으로 귀환한다. 그러나 그 땅은 그리스와 로마의 지배하에 놓이게 된다. 이러한 가시밭길의 삶의 과정에서 유대인들이 시련을 극복할 수 있었던 원동력은 탈무드라는 종교적 규약이었다.

탈무드는 유대인에게 응집력을 주었고 그들의 모든 사고의 귀착점이 되었다. 탈무드는 거의 1500년간 유대인들의 사고를 압도해왔다. 팔레스타인과 디아스포라(팔레스타인 이교도 세계에 흩어진 유대인 집단을 총칭하는 말)에서 두 가지의 유대교가 생겨난다. 예수에 의한 기독교 외에 7세기에 유대교에서 마호마트에 의해 이슬람교가 생겨난 것이다.

아브라함의 신비한 경험이 유대인의 역사와 유대교의 기원이라면 바울의 '신비한 경험'은 바로 오늘날 기독교의 기원으로 연결된다. 예수의 부활은 바로 바울이 다메섹[9] 도상에서 부활의 주님을 만나는 신비한 경험을 했

---

7) 맥스 디몬트, 김재신 역, 『유대민족사』 (서울: 크리스챤 다이제스트, 1994), pp. 24-25.
8) 디몬트, 『유대민족사』, p. 5.

다는 얘기로부터 '부활'이라는 새로운 주제가 등장하게 되는 것이다. '부활'은 '동정녀로부터의 잉태'와 함께 예수를 하느님의 아들로 인식하도록 하는 결정적 요인으로 기독교의 존재기반이다. 그러나 인류사회에서 아브라함이나 바울의 '신비한 경험' 자체가 비현실적이라고 본다면 구약성서에 나타나는 이스라엘의 건국 이야기가 갖는 현실성이나 역사성은 출발부터 분명한 한계를 가질 수밖에 없다.

구약성서는 여호와가 아브라함에게 "너는 너의 본토 친척 아비 집을 떠나 내가 네게 지시할 땅으로 가라"(창세기 12:1)고 명령한 뒤에 "내가 너로 큰 민족을 이루고 … 이 땅을 네 자손에게 주리라"(창세기 12:2, 7)는 약속을 한 것으로 기술한다. 성서적으로 이스라엘의 역사가 시작될 무렵에 앞서 우리 한반도에서도 고조선이 건국되었다. 삼국유사의 고조선 건국에 대한 기술은 아래와 같다.

> 환인의 서자 환웅이 자주 세상에 내려가 인간세상을 구하고자 하므로 아버지가 환웅의 뜻을 헤아려 천부인(天符印) 세 개를 주어 세상에 내려가 사람을 다스리게 하였다. 환웅이 무리 삼천을 거느리고 태백산 꼭대기 신단수 밑에 내려와 그곳을 신시라 이르니 그가 곧 환웅천왕이다. …
> 이때 곰 한 마리와 범 한 마리가 있어 같은 굴속에 살면서 환웅에게 사람이 되게 해달라고 빌었다. 환웅은 이들에게 신령스러운 쑥 한줌과 마늘 20개를 주면서 이것을 먹고 100일 동안 햇빛을 보지 않으면 사람이 된다고 일렀다. 곰과 범은 이것을 받아먹고 근신하기를 삼칠일(21일)만에 곰은 여자의 몸이 되고 범은 이것을 못 참아서 사람이 되지 못하였다. 웅녀는 그와 혼인해주는 이가 없으므로 신단수 아래에서 아이를 가지게 해달라고 빌었다. 이에 환웅이 잠시 변해 혼인해 아이를 낳으니 그가 곧 단군왕검이다. 단군왕검은 당고(唐古: 중국의 요임금)가 즉위하고 50년이 되는 경인년에 평양성에 도읍을 정하고 비로소 조선이라 일컬었다. 이어서 도읍을 백악산의 아사달로 옮겼는데 그곳을 궁흘산 또는 금미달이라고도 하였다. 단군은 1500년 동안 나라를 다스렸다. …

---

9) 다메섹은 현재 시리아의 수도 다마스커스(Damascus)인데, 다메섹이란 다마스커스의 히브리식 발음이다.

아브라함이 신으로부터 계시를 받는 신비한 경험을 한 것처럼 우리의 시조인 단군도 하늘의 섭리에 의해 탄생하여 민족의 뿌리가 되고 나라를 세운다. 우리나라는 이 단군신화에 따라 건국 년대를 산출하고 우리 민족은 모두 단군의 한 핏줄 자손으로 인식한다. 그러나 초등학교 학생들은 이를 그대로 받아들일 수도 있지만, 단군신화가 사실이라고 인정하는 사람은 없다.

구약의 이스라엘 건국이야기도 단군신화와 크게 다를 수 없다. 삼국유사에 등장하는 우리나라의 건국이야기가 신화라면 구약성서에 나오는 이스라엘의 아브라함이야기도 결국 신화의 범주를 벗어나지 못한다.

유대인들은 히브리 민족 또는 이스라엘 민족으로도 불린다. 창세기에는 한번을 제외하고는 유대인들을 히브리 민족으로 부르는 반면에, 출애굽기 이후 모세5경에는 간혹 히브리 민족이라고 하지만 유대인들이 대부분 이스라엘 민족으로 불리고 있다. 출애굽기 이후 이교도들은 유대인을 히브리 민족이라고 지칭하고 유대인들은 자신을 이스라엘민족이라고 말한다.

유대인이 어느 민족으로 불리건, 중요한 것은 그들이 지중해 연안 다른 지역의 사람들처럼 천상의 초인적인 지배자들이 존재한다는 신적인 영역의 존재를 믿었으며 하나님의 약속이라는 관념을 수용했다는 사실이다. 유대인들은 전지전능한 야훼라는 신이 이스라엘 백성을 자신의 특별한 백성으로 삼고, 그들을 지키고 보호하겠다고 약속했으며 대신 이스라엘 백성은 오직 이 신에게만 절대적인 헌신을 해야 했다. 그 당시 다른 종교들은 다신교였던데 비해 유대교는 자기네 조상들이 믿었던 야훼만을 숭배했다.

유대교의 경전은 BC 약 500년에 정리되기 시작하여 AD 약 200년에야 오늘의 형태를 갖추게 된 것으로 전해지는데, 이 기간은 지중해 연안에 그리스문화가 영향을 미쳤고, 특히 이러한 역할은 알렉산더 대제(356~323 BC)가 주도했다. BC 200년 이후 부터는 로마가 지중해를 지배하면서 로마문화의 영향을 받았다. 여기에서 소크라테스, 플라톤, 아리스토텔레스 등 헤라철학자들의 사상적 영향을 받았고 플라톤주의는 기독교로 이어주는 가교역할을 했으며 로고스는 초대교회의 최대의 주제였다.[10]

유대인들은 이 구약성서에 자신들의 전통과 관습 및 율법이 담겨 있는 것으로 생각했다. 특히 그들은 구약성서의 처음에 나오는 모세 오경을 '율법' 또는 '가르침'을 의미하는 토라(Torah)로 부른다. 유대교에서 이 토라는 하나님이 모세에게 준 율법인 동시에 삶의 양식이며 생활철학이다. 토라에는 하나님에 대한 예배, 공동체안의 생활규범 등을 적시하고 있는데 유대인들의 독특한 문화는 이를 토대로 발생하게 된 것이며 구약성서는 바로 이의 연장선에 있다.

구약성서는 신의 계시에 대한 기록이라고 하지만 몇 백 년 동안에 걸쳐서 유대인들이 공동작업에 의해 만들어낸 것으로 보아야 한다. 그것은 유대민족 전체의 오랜 역사를 통한 체험의 기록이요 희망의 표현이다.[11]

'야훼'와 '하늘님' 그리고 '하느님'

우리가 하느님(천주교) 또는 하나님(개신교)이라고 부르는 기독교의 신은 구약에 나타나는 유대교의 신이다. 유대인들의 신은 어떤 신인가? 출애굽기(20:2~3)와 신명기 (5:6~7)에는 "나는 너를 애굽 땅, 종 되었던 집에서 인도하여 낸 너의 하나님 여호와니라 너는 나 외에는 다른 신들을 네게 있게 말라"고 말한다. "다른 신을 섬기면 하나님은 질투한다"(출 34:14)고까지 경고한다.

유대인들은 그들의 신을 우주만물을 창조하고 지배하는 신에서 유대인들을 이민족의 압제에서 해방시키는 유대민족의 구원자로 묘사하고 있다. 유대인들은 이 신을 '야훼'로 부른다. 모세 이전에는 유대인들에게 이 거룩한 존재는 함부로 발음 할 수 없을 만큼 신성하게 여겨 '야훼'를 일반 명사 '엘로힘(אלהים)'으로 대체했다. '엘로힘'은 문법적 형태로는 복수형이지만 단수의 의미로 사용된다. 창세기의 "처음에 하느님(엘로힘)께서 하늘과 땅을 지어내셨다"라는 구절에서 '엘로힘'은 대개 단수인 경우 이스라엘의 신으로

---

10) 박용규,『초대교회사』(서울: 총신대학교 출판부, 1994), pp. 15-16.
11) 박이문,『종교란 무엇인가?』(서울: 도서출판 아름나무, 2008), pp. 65-66.

그 속뜻은 유일신을 가리키며 복수로 사용하면 이방신들을 가리킨다. 이 용어는 신을 나타낼 뿐 신의 이름을 나타내는 것은 아니다.

이 신의 존재는 모세에게 자신의 이름을 처음으로 알렸다는 성서의 구절에 나타난다. 출애굽기에서 하나님이 모세에게 말한다. "나는 스스로 있는 자니라 또 이르시되 너는 이스라엘 자손에게 이같이 이르기를 스스로 있는 자가 나를 너희에게 보내셨다 하라"(3:14). "당신(You)의 이름이 무엇인가?"라고 묻는 모세에게 유대인의 신은 다음과 같이 대답했다는 것이다. "אהיה אשר אהיה(Eheyeh asher Eheyeh; 에흐예 아쉐르 에흐예)". "אהיה(Eheyeh; 에흐예)"는 영어로 "I am"으로 옮겨져 "나다", "내가 있다"라는 의미다. 영어성경에 따라 하나는 I am, 다른 하나는 Lord로 번역되었고 우리나라는 '주' 또는 '하느님'으로 번역되었다. 결국 우리가 하느님 또는 하나님으로 부르는 대상은 유대인의 신을 가리킨다.

모든 언어는 자음과 모음으로 구성되어 있는데 반해 히브리어는 22개의 자음자(子音字)는 있으나 모음자(母音字)는 없었다. 모음부호는 AD 7세기경 마소라(Massora) 학자들에 의해 생겼다. '마소라'는 히브리어의 '전통', 즉 "말을 전한다"라는 뜻의 마사르(masar)에서 온 말로 자음자(子音字)만 있는 히브리어에 모음자(母音字)를 첨가하여 주해하는 작업을 의미하며 이 작업을 해 낸 학자들을 마소라 학자로 부른다.

히브리어는 오른쪽에서 왼쪽으로 글자가 조합된다. 유대인의 신이 가르쳐준 이름을 모세가 4개의 자음자인 יהוה로 표기했다. 이 글자도 역시 오른쪽으로부터 왼쪽으로 י(요드), ה(헤), ו(와우), ה(헤)라는 알파벳으로 구성된 것이다. 이것을 우리말(영어)의 음가(音價)를 바꾸면 י는 '이'(Y), ה는 'ㅎ'(H), ו는 '우'(W), ה는 'ㅎ'(H)가 되어 히브리어 4단어는 영어로 'Y, H, W, H' 발음된다. 그런데 2개의 히브리어 자음자인 Y, W는 반모음으로서 영어나 한글에서는 모음으로 쓰이기 때문에 יהוה 가운데 ו와 י를 YHWH로 표기하든가 자음화된 음가인 J와 V로 바꾸어서 JHVH로도 표기한다. 결국 유대인들에 의해 설정되어 기독교에 이어지고 있는 신의 이름은 야훼(YHWH)

인 것이다. 야훼(YHWH)는 히브리어 성경에서 4문자 로 쓰인 하나님의 고유 이름이다.

그런데 유대인들은 그들의 신의 이름인 이른바 신성4문자를 야훼가 아니라 아도나이(adonay)로 발음했다. 그 전통은 지금까지 이어져 내려온다. 신의 이름을 직접 부르는 것이 불경스럽다는 이유 때문이다. 이것은 우리나라에서도 젊은 사람들이 나이든 사람의 이름을 직접 부르는 대신에 '어르신' 또는 '~자~자의 함자를 가지신 분' 등으로 부르는 것과 같다.

6~10세기경에 히브리어 성서를 다시 간행하던 마소라 학자들이 이른바 신성4문자 영어 단어발음 4개(YHWH)에 'adonay'의 단어 사이의 3개 모음(a, o, a)을 끼어 넣어 YaHoWaH 라는 인위적인 문자를 만들었다. 이후 편하게 Yahowah로 발음하게 되었는데 Y다음의 a가 e로 발음되어 YeHoWaH가 되었다. 르네상스와 종교개혁 이후의 그리스도교 신학자들은 '야훼' 대신 '여호와'라는 이름을 사용했고, 19~20세기 성서학자들은 다시 야훼라는 이름을 사용했다.

이로부터 영어권에서는 영어발음으로 제호바(Jehovah), 우리나라에서는 여호와로 부르게 된 것이다. 19세기에 들어 Yahweh가 원형에 가깝다는 주장이 제기되었다. 이런 영향으로 우리나라에서도 가톨릭에서는 '야훼'로 개신교에서는 '여호와'로 각각 불러 하나의 신에 두 이름이 나타난다.

야훼가 우리나라에서 천주님과 하느님 또는 하나님으로 부르게 된 것은 중국어 성서를 한글로 번역하는 과정에서 비롯된 것이다. 기독교가 중국에 전래되어 보급되면서 당시 중국에서 선교하던 이태리의 마테오리티가 1603년 기독교의 교리를 한문으로 변역한다. 이때 성서의 '야훼'를 중국의 신(神)인 상제(上帝)와 동일시하여 천주(天主)로 옮긴 것이다. 이미 고대 중국사회에서 전해오고 있는 천신(天神)의 사고를 반영한 것으로 보인다.

'천주'는 우리나라 최초의 한글 성서인 '예수성교 누가복음전서'에서 '하느님'으로 번역된다. 여기에서의 하느님은 중국의 천신(天神)에 대한 사고(思考)를 우리말로 옮긴 천도교의 '하눌님'에서 비롯되었을 것이다. 하눌님은 한국인의 최고 신 개념을 담고 있다. 이로부터 가톨릭을 천주교로, 야훼를 하느님으로 사용하게 된 것이다. 그러나 개신교가 개역성경을 내면서 '하느님'을 '하나님'으로 바꿨다. 따라서 현재 가톨릭성서는 야훼와 하느님, 개신교성서는 여호와와 하나님으로 사용하고 있다.

유대인들의 '엘로힘'이라는 신은 결국 야훼라는 이름으로 등장하여 성서를 통해서 우리에게 전래되면서 우리나라의 기독교 신자들은 이 신을 야훼, 또는 여호와 그리고 우리말로 하느님, 하나님으로 부르고 있는 것이다. 즉 기독교의 하느님(하나님)은 우리의 신인 하늘님의 부름에서 용어를 차용한 것이다. 그렇다보니 하느님과 하나님이 우리의 하늘님과 혼동되어 기독교 신자가 아닌 사람들도 하느님 또는 하나님을 인간의 최고신인 동시에 우리의 최고신으로 인식하고 있다. 기독교를 믿지 않는 사람들에게 구약성서의 이런 이야기는 우리나라의 단군신화와 같은 이스라엘민족의 신화로 받아들여진다. 우리나라의 단군신화도 하늘님인 환인이 그 아들 환웅을 지상에 보내 나라를 세웠다고 전해진다. 다만 이스라엘의 하느님 이야기와 우리나라의 하늘님 이야기는 전승과 작자가 다를 뿐 그 배경은 유사하다.

구약성서 창세기의 탄생

구약성서는 태초에 하느님이 천지를 창조하고 물 가운데 궁창(expanse, 넓은 트인 지역)을 만든 뒤에 이 궁창을 위 아래로 나누어 위를 하늘로 아래를 땅으로 만들었다고 기술하고 있다. 기독교는 '천지창조'의 내용이 포함된 구약성서를 '창세기'라고 부르며 이어 출애굽기, 레위기, 민수가, 신명기 등 5편의 성서를 '모세 5경'이라고 부른다. 모세라는 인물에 의해 작성되었다고 믿기 때문이다. 모세가 하느님의 영감을 받아 기록했다는 것이다. 그러나 역사적 인물로서의 모세의 존재는 불확실하다. 그렇다면 모세5경의 저자도 알 수 없다. 그럼에도 창세기 등 5편을 모세가 썼다고 인식하는 것은 모세에 대한 숭배의식 때문일 것이다.

구약성서 각 문헌들 특히 이른바 모세5경이 언제, 어떻게 만들어졌는지에 대해서는 전통적인 증언에 주로 의존해 왔지만, 현재 성서학계의 연구는 여러 갈래의 전승들이 다양한 기록자에 의해서 기록, 채색되었고, 지역 및 시대에 따라서 다른 갈래의 문서들이 만들어졌다고 추정한다. 19세기 중엽에 활동했던 독일의 벨하우젠(Julius Wellhausen, 1844~1918)을 비롯한 성서학자들도 그 당시에 전승되는 이야기들을 여러 사람들이 작성했다고 주장한다.12) 전통적인 증언은 B.C 1500~1400년 사이에 유대민족의 구전 전승이 문자로 기록되었다고 주장하지만, 성서학계에서는 실제 문헌 작성 연대를 훨씬 나중으로 이해한다.

모세5경은 주로 유대왕국 후반부터 바빌론 유수기에 기록된 것으로 전해진다. 특히 구약의 창세기는 기원전 10~8세기경에 문자로 기록된 것으로 추정된다. 성서를 토대로 하면 유대인들이 요셉에 의해 이집트로 이민한 것은 BC 16세기경이며 모세의 주도로 이집트를 떠난 것(출애굽)은 400년 후인 BC 12세기경으로 보인다. 이런 내용이 역사적 사실을 토대로 한 것은 아니다. 다만 모세의 존재를 긍정한다고 해도 BC 12세기 이후의 인물일 것이다. 그런데 물리학은 우주와 지구가 137억 년 전에 생성된 것으로 추정한다.13)

물리학과 성서를 연계하면, 모세가 기원전 12세기 이후에 137억 년 전의 일을 야훼라는 신이 준 영감으로 알고 창세기를 썼다는 의미다. 신의 능력은 백 억년의 시간도 촌음에 불과하다고 할 수 있다. 불교에서의 찰나다. 그러나 시공을 초월 한다고 해도, 물리학에서는 지구와 생물의 생성과정이 오랜 세월의 변화과정을 거친 것으로 보는 반면에 성서는 6일간에 완성된 것으로 본다.

세계적인 물리학자 스티븐 호킹(Stephen Hawking)은 "우주들이 창조되

---

12) 카렌 암스트롱, 정영목 역, 『축의 시대』 (서울: 교양인, 2010), p. 156.
13) 스티븐 호킹, 전대호 역, 『위대한 설계』 (서울: 까치, 2010), p. 156.

기 위해서 어떤 초자연적인 존재 혹은 신의 개입은 필요하지 않았다. 오히려 다수의 우주들은 물리법칙에서 자연적으로 발생한다"고 단언한다.[14] 과학에서는 이를 '자연법칙'으로 부른다. 우주의 현상을 우주의 어떤 법칙으로 설명하는 자연법칙은 갈릴레오의 선구적 활동에 이어 데카르트가 개념을 명료하고 분명하게 제시해 오늘의 발전으로 연결되고 있다. 스티븐 호킹의 설명이다.

> 여러 세기 동안, 아리스토텔레스를 비롯한 많은 사람들은 우주의 시작에 관한 문제를 회피하기 위해서 우주가 영원한 과거부터 존재했다고 믿었다. 다른 사람들은 우주의 시작이 있었다고 믿었고 그 믿음에 근거하여 신의 존재를 증명했다. 그러나 시간이 공간처럼 행동한다는 깨달음에서 새로운 대안을 얻을 수 있다. 그 깨달음은 우주의 시작이 있다는 생각에 대한 해묵은 반발을 제거할 뿐만 아니라 우주의 시작이 과학법칙들에 의해서 지배되며 어떤 신의 손길도 필요로 하지 않음을 의미한다.[15]

아인슈타인은 우주가 정적이지 않다는 것이 발견되자 자신의 이론에서 우주 상수를 제거하고 그 상수를 도입한 것은 자신의 일생에서 가장 큰 바보짓이었다고 술회한 반면에 뉴턴은 우주의 질서가 "애당초 신에 의해서 창조되었고 신에 의해서 오늘날까지 원래의 상태와 조건을 유지하고 있다"[16]고 주장했다. 호킹은 뉴턴과 다른 사람들이 이런 생각을 하는 이유를 이해하기가 어렵지 않다고 전제하고, 그 이유를 "우리가 존재한다는 것, 우리의 세계가 인간에게 우호적인 것이 되도록 설계되어 있다는 것은 지구 외에 많은 태양계가 존재하고 발생확률이 낮은 많은 일들이 중첩된 결과 때문"이라고 본다.[17]

우주와 지구가 100억 년 이상동안 빅뱅과 진화를 거듭해 탄생되었다는 과학계의 연구결과를 토대로 한다면, 야훼라는 신이 6일 동안에 만들었다

---

14) 호킹, 『위대한 설계』, p. 14.
15) 호킹, 『위대한 설계』, p. 171.
16) 호킹, 『위대한 설계』, p. 192에서 재인용.
17) 호킹, 『위대한 설계』, p. 192.

는 구약의 창조이야기는 유대인들이 만들어낸 '이야기'의 범주에 머무르게 된다. 성서가 하느님의 영감으로 기록된 것이라면 그 영감은 유대인의 신 야훼의 영감으로, 성서는 오히려 신화의 범주를 벗어나기 어렵다.

　신이 우주만물을 만들었다는 내용의 신화는 비단 창세기에만 나타나는 것이 아니다. 유대교보다 훨씬 이전에 탄생한 브라만교의 우파니샤드에는 더 생생한 창조신화가 나온다. "혼자 있는 … 신은 불행했다. … 그는 남자와 여자를 합친 것만큼이나 몸집이 컸다. 그는 자신을 둘로 나누었고, 그래서 남편과 아내가 생겨났다. … 그들은 하나가 되었고 인류가 태어났다"[18] 이러한 창조신화의 과정에서 동식물이 만들어진다. 죠지 캠벨(Joseph Campbell)이 아프리카 대륙 남부에 있던 영국의 구식민지였던 로디지아(Rhodesia)의 와홍웨 마코니 족(Wahungwe Makoni)으로부터 채집한 신화에는 마오리(Maori) 신이 최초의 남성을 만들고 므우에트시(Mwuetsi, 달)로 불렀다.[19]

구약성서의 인간창조

구약성서에는 인간의 창조를 다음과 같이 기술하고 있다.

> 여호와 하느님이 흙으로 사람을 지으시고 … 하나님이 동방의 에덴에 동산을 창설하시고 … 하나님이 자기형상 곧 하나님의 형상대로 사람을 창조하시되(1:26) 남자와 여자를 창조하시고(1:27), 그들에게 복을 주시며 그들에게 이르시되 생육하고 번성하여 땅에 충만하라, 바다의 고기와 공중의 새와 땅에 움직이는 모든 생물을 다 스리게 하시니라(창세기 1: 27~28)하였다. "아담이 모든 육축과 공중의 새와 들의 모든 짐승에게 이름을 주니라 아담이 돕는 배필이 없으므로 여호와 하나님이 아담을 깊이 잠들게 하시니 잠들매 그가 그의 갈빗대 하나를 취하고 살로 대신 채우시고 여호와 하나님이 아담에게 취하신 그 갈빗대로 여자를 만드시고 그를 아담에게로 이끌어 오시니 아담이 가로되 이는 내 뼈중의 뼈요 살 중의 살이라 이것을 남자에게서 취하였음 즉 여자라 칭하리라 하니라(2: 20~23).

---

18) 필립 프룬드, 김문호 역, 『창조신화』(서울: 정신세계사, 2005), p. 11에서 재인용.
19) 죠지 캠벨, 이윤기 역, 『천의 얼굴을 가진 영웅』(서울: 민음사, 1999), p. 383.

구약성서는 처음에 여호와가 자신의 형상대로 인간을 흙으로 창조하면서(1:26), 남자와 여자를 창조(1:27)했다고 기술한다. 흙으로 만들어진 이 인간은 여호와가 창조된 코에 생기를 불어넣어 생령이 된다(2:7). 그렇다면 일단 최초의 남자와 여자는 흙으로 만들어졌다. 그런데 창세기 2장 20~22절에는 다른 얘기가 등장한다. 아담에게 적절한 조력자 즉 배필이 없으므로 여호와는 그 남자 즉 아담을 깊이 잠들게 한 뒤에 그의 갈빗대 하나를 취하여 여자를 만든다.

창세기 1장 27절의 "남자와 여자를 창조했다"는 대목만을 보면 하느님은 남자와 여자를 동시에 만들었으나, 창세기 2장 20~22절에서는 남자를 먼저 만들고 다음에 여자의 필요성을 안 뒤 남자의 갈비뼈로 여자를 만들었다. 결과는 아담과 이브라는 존재로 나타나지만 인간을 창조하는 과정에 대한 기술이 앞뒤가 잘 들어맞지 않는다. 물론 하느님이 천지를 창조하고 인간을 흙으로 만들었다거나 또는 남자의 갈비뼈로 여자를 만들었다는 이야기가 현실적이고 과학적 이야기가 될 수는 없다.

구약성서의 창세기가 전설문학이라고 하더라도 내용의 기술에서 앞뒤가 맞지 않게 나타난 이유는 민간으로 전승되어 오던 이야기들을 합쳐 구성하는 과정에서 비롯되었을 것이다. 성서연구자들에 따르면 창세기 2장 4절 이후의 부분은 기원전 1000~900년으로 거슬러 올라가는데 반해 1장 1절부터 2장 3절은 바빌론 유수 이후의 기원전 400년경과 관련이 있는 것으로 본다.[20]

◈ 천지창조설과 수메르문학

구약성서의 천지창조 이야기가 설화문학이라면 그 근원은 어디에서 어떻게 비롯되었을까? 새뮤얼 노아 크레이머(Samuel Noah Kramer)는 구약성서의 에덴동산과 인간 창조의 이야기에 대한 근원을 수메르 문학에서 찾아낸다.

---

20) 일레인 페이걸스, 류점석, 장혜경 역, 『아담, 이브, 뱀』(서울: 아우라, 2009), p. 20.

이 딜문을 후일 수메르를 정복한 셈족인 바빌로니아 인들은 그들의 신들이 사는 '생명의 땅'으로 여겼다. 에덴의 동쪽에 있고, 티크리스 강과 유프라테스 강이 포함된 4대강으로 물이 흘러들어가는 땅으로 묘사되는 성경의 낙원은 수메르의 낙원인 딜문과 원래 동일한 것이었다는 데는 충분한 징후가 발견된다. … 그것은 '모든 살아있는 것들의 어머니' 이브가 아담의 갈비뼈로 만들어졌다고 설명하는 유명한 구절이다. 왜 갈비뼈인가? … 수메르의 신에서 '엔키(Enki)'는 '물의 주거(住居)'를 의미하는데, 수메르인(人)의 신이었으나 바빌로니아인에게 전해져서 천신(天神) 아누, 대지의 신 엔릴과 함께 열성적으로 숭배되었다. 저자 주)의 병든 신체부위 중 하나는 갈비뼈다. '갈비뼈'에 해당하는 수메르의 단어는 '티'다. 그리고 엔카의 갈비뼈를 치유하기 위해 창조된 여신의 이름은 '닌-티', 즉 '갈비뼈의 고귀한 여성'이다. 수메르 단어 '티'는 또한 '생명을 만드는'이라는 의미도 가지고 있다. 그러므로 '닌-티'라는 이름은 '갈비뼈의 고귀한 여성'과 '생명을 만드는 고귀한 여성'을 동시에 의미한다. … '갈비뼈의 고귀한 여성'이 … '생명을 만드는 고귀한 여성'과 근본적으로 동일한 존재임을 할 수 있다. 성경의 낙원설화에까지 전해져 불명의 생명력을 얻게 된 것은 바로 이 가장 오래된 문학적 동음이의(同音異義)의 하나였던 것이다.21)

구약성서의 창세기가 기원전 10기경에 만들어졌다면 그보다 약 1000여 년 전, 즉 BC 2,000년경에 수메르인들은 천지창조와 같은 내용의 사고를 가졌다. 수메르인들은 히브리 민족이 존재하기 오래 전에 사라졌기 때문에, 수메르인들이 히브리인들에게 직접적인 영향을 미치지는 않았다. 그러나 수메르인들이 히브리 민족보다 그 땅에 먼저 살았고, 후일 팔레스타인으로 알려진 가나안 사람들에게 심대한 영향을 미쳤다는 점은 거의 의심의 여지가 없다.22)

수메르인들도 우주가 하늘과 땅이 갈라져 대지가 생기고 우주는 아치모양으로 생각했다. 이 우주는 인간의 형상을 한 창조신이 만들고 만신전이

---

21) 새뮤얼 노아 크레이머, 박성식 역, 『역사는 수메르에서 시작되었다』(서울: 가람기획, 2000), pp. 208-209.
22) 크레이머, 『역사는 수메르에서 시작되었다』, p. 206.

통제했다. 물론 이 당시 수메르인들에게는 수백의 신들이 존재했다. 이 신들중에는 신들의 아버지, 하늘과 땅의 왕, 모든 대지의 왕들도 포함된다. 또한 고결한 여성으로 알려진 모성의 여인도 있는데, 이 신은 하늘의 배우자였다.23)

수메르인들의 설화에도 에덴동산과 인간창조에 관한 이야기도 전해진다. 수메르의 낙원은 딜문(Tilmun)이었다. 즉 딜문은 수메르어의 신화에 나타나 있는 신화적 지명이다. 실제로 딜문이 어디에 위치해 있었는지에 대해서는 무수히 많은 주장들이 있다. 여러 조사결과는 역사상의 딜문은 페르시아만 남쪽 또는 서쪽 연안에 위치했었다는 의견들이 많다. 그레함 필립스(Graham Phillips)는 바빌로니아의 창조신화가 얼마 후에 히브리 인들의 창세기로 각색된 것이 분명해 보인다고 말한다. 그리고 다음과 같은 의문을 제시한다.

> 에덴동산의 이야기가 주장하는 것처럼, 만일 모든 인류가 아담과 이브로부터 유래되었다면, 아담과 이브의 아들 카인은 어디에서 아내를 구했나?24)

구약성서에는 아담이 아내 하와와 동침하여 가인과 아벨을 낳았으며, 카인이 아벨을 쳐죽이고, 가인이 에덴 동편 놋 땅에 기거하면서, 아내와 동침하여 에녹을 낳았다고 기술하고 있다(창세기 4:1~17). 에덴동산에는 아담과 이브 그리고 카인 세 사람 이외에 존재하지 않을 텐데 그 아내가 누구인지, 어디에서 성년의 여성이 나타났는지에 대해 말하고 있지 않다. 다만 NIV성경의 참고에는 아담이 930세까지 살면서 아들과 딸을 낳았다(5:4)는 구절을 들어 가인이 얻은 아내는 자신의 친족 중의 하나일 것이라고 설명한다. 그러나 930세라는 나이가 오히려 이러한 설명의 비현실성을 뒷받침하며 가능성이 전혀 없는, 하나의 전설이라는 것을 말해준다.

---

23) 크레이머, 『역사는 수메르에서 시작되었다』, pp. 115-148.
24) Graham Phillips, *The Moses Legacy: The Evidence of History* (Oxford, London: Pan Books, 2003), p. 35.

그뿐 아니다. 구약의 "가인은 아내와 동침하니 그가 잉태하여 에녹을 나은지라 가인이 성을 쌓고 그 아들의 이름으로 성(city)을 이름하여 에녹이라 하였더라" (창세기 4:17)라고 기술된 내용에 대해 필립스는 다시 다음과 같은 질문을 던진다. 카인이 그 도시를 건설하기 위한 노동자들을 어디에서 구했나? 그러면서 그는 이 내용들이 의미를 가지려면, 인류창조에 관한 전자의 설명은 원래 히브리인의 형태이고 에덴동산의 얘기는 후에 써넣은 것이라고 생각한다.25)

노아의 대홍수이야기도 마찬가지다. 창세기(6:5~7)에는 "여호와께서 사람의 죄악이 세상에 가득함과 그의 마음으로 생각하는 모든 계획이 항상 악할 뿐임을 보시고 땅 위에 사람 지으셨음을 한탄하사 마음에 근심하시고 이르시되 내가 창조한 사람을 내가 지면에서 쓸어버리되 사람으로부터 가축과 기는 것과 공중의 새까지 그리하리니 이는 내가 그것들을 지었음을 한탄함이니라 하시니라"라고 기술하고 있다. 그렇다면 대홍수는 온 지구, 우리나라에도 해당되어야 하는데, 그런 기록은 없다. 필립스는 노아의 홍수가 바빌로니아 신화에서 취해진 것으로 본다. 이러한 이야기는 수메르와 바빌로니아 신화에 나오는 영웅 길가메시(Gilgamesh)에서 비롯되었다는 것이다.26)

창세기의 천지창조과정은 현대과학의 입장에서는 아주 유치한 사고에서 비롯되었음을 알 수 있다. 우주에는 낮과 밤, 아침과 저녁의 구별이 있을 수 없다. 이러한 구별은 천동설의 관점에서 우주가 평평하다는 인식의 발로이다. 1500년 까지도 프톨레마이오스(Ptolemaios, AD 83년경~168년경)의 천동설은 사실로 믿어지고 있어서, 이 학설에 이의를 제기하는 사람은 교황청에서 이단자로 지목하여 가혹한 벌을 받거나, 화형을 당했다.

이 천동설에 근본적으로 이의를 제기하며 의문을 품은 사람이 니콜라스 코페르니쿠스였다. 지동설에 확신을 갖게 된 그는 1554년 70세가 되던 해,

---

25) Phillips, *The Moses Legacy: The Evidence of History* p. 36.
26) Phillips, *The Moses Legacy: The Evidence of History* p. 36; 크레이머, 『역사는 수메르에서 시작되었다』, pp. 215-222.

그의 지동설에 관한 이론이 담긴 『천체의 회전에 관하여』라는 책을 출간했으나 세상을 떠났다. 갈릴레오도 마찬가지다. 그도 지동설을 주장했지만 교황청으로부터 정식으로 이 학설이 금지되어, 당시 교황청 도서 검열계로부터 코페르니쿠스의 지동설을 가설로서만 서술한다면 출판해도 좋다는 허가를 받았다. 이 저서는 표면상 천동설을 지지하면서도 실질적으로는 지동설을 주장하고 있어, 결국 종교재판에 회부되어 천동설이 옳다는 자백을 해야했다. 여기에서 그는 "그래도 지구는 돈다"라는 유명한 명언을 남겼다고 전해진다. 물론 이런 말들의 진위는 가리기 어렵다. 이 재판을 받았을 때 그는 이미 70세나 되는 고령이었다. 그는 종신 금고형을 선언 받고 나머지 생애는 엄중한 감시 하에 피렌체 교외의 자택에서 고독한 여생을 보내다가 1642년 뉴턴과 동시대에 세상을 떠났다.

갈릴레이가 죽은 후 교황청에서는 공식적으로 장례를 지내는 것도, 묘비를 세우는 것도 금지했다. 그 후 로마교황청은 10여 년 동안 특별재심과학위원회에서 1633년 6월 22일의 종교재판에 대해 다시 검토한 결과 과오를 인정하고 1992년 10월 31일 공식적으로 갈릴레이의 완전복권을 선언했다. 과학에 대한 기독교의 이러한 터무니없는 탄압은 우주의 원리를 바로 창세기의 천지창조에 기초하는 데서 비롯된 것이다.

17세기의 위대한 사상가인 토마스 홉스(Thomas Hobbes)의 대표작 『리바이어던』이 1651년 런던에서 출판되지만 옥스퍼드대학 당국은 1683년에 『시민론』과 『리바이어던』을 금서로 지정하게 된다. 금서의 이유는 국왕의 통치권에 대한 거론이지만 본질은 홉스의 기독교에 대한 학설 때문이었다. 여기에서 저자는 구약성서의 대부분은 그 안에서 기술되고 있는 사건들보다 훨씬 후에 우리에게 알려지지 않은 필자들에 의해 집필되었다는 것을 입증하고 있다. 사실 홉스는 모세가 모세5경(Pentateuch) 전체의 저자일 수는 없다는 것을 논증한 최초의 학자이기도 하다.

…『모세 5경』에 대해 … 책 이름이 모세 5경이라서 그것을 모세가 썼다

고 주장하기에는 증거가 충분하지 않다. … 책 제목이 저자를 나타내는 경우도 있지만, 주제를 나타내는 경우도 많기 때문이다. …『모세 5경』은 모세기 쓴 것이 아니다.『모세 5경』은 모세의 시대로부터 얼마나 시간이 흐른 뒤에 기록된 것인지는 분명치 않지만, 훗날 기록된 것임은 분명하다. … 그러나 … 5경 전체를 만든 것은 모세가 아닐지라도 그 가운데 그가 썼다고 되어 있는 부분은 모두 모세가 쓴 것이다. 예를 들면『신명기』제11장부터 27장까지 나와 있는 율법 조항들은 모세가 쓴 것이다.[27]

홉스는 신이 인간을 만들고 인간의 삶을 주관한다는 기독교의 교리에서 인간을 해방시킨 혁명적 주장을 편 최초의 학자이기도 하다. 구약성서의 전체적 내용의 대부분은 전설적이지만 기독교는 이것을 신앙의 대상으로 한다는 점에서 교리이다. 창세기를 누가 작성했는가 하는 문제는 유대교나 기독교의 성서학에 관한 문제다. 또한 신의 영감을 받아 작성했다는 점은 오히려 그 내용이 과학적 사실이 아니라 작성자의 생각을 기술한 것을 나타낸다.

창세기의 내용이 작성자의 독단적 생각의 산물인가 아니면 당시의 전승되는 이야기를 기록한 것인가의 문제는 중요한 대상이 아니다. 모든 이야기들은 사회적 산물이기 때문이다. 종교학자인 권수영은 종교의 특성을 다음과 같이 기술하는데, 이를 통해서 왜 창조신화가 만들어지고, 심지어 사실로 인식하는지를 가늠할 수 있다.

종교적 사실은 단순히 외부적으로 '벌어진 일'자체를 의미하는 것이 아닌, 인간의 내면적 세계에 비추어진 다양한 이미지들과 가지는 관계의 문제이다. … 결국 현재에는 이루어질 수 없는 황당한 신화적인 진술을 '실지로 일어난 사실'로 믿는 억지가 종교적 신앙의 최고봉이 되는 경우가 비일비재하다. 우리는 경전에서 진술되는 '사실들이', 그 경전을 애초에 편집하고 서술한 최초의 종교인들에게 표상된 이미지들을 반영하고 있다는 점을 이해해야 한다.

비기독교 인들에게 … 신화를 '사실'로 믿어야만 하는 … 종교인들이 가지는 비합리적인 배타성은 종교적 사실을 외부적 실재에만 집중시킨 일방

---

[27] 토머스 홉스, 최공응, 최진원 역,『리바이어던』(서울: 동서문화사, 2009), pp. 367-368.

적인 '사실'에 대한 이해에서 비롯된 오해일 수 있다. … 우리에게 '사실'은 외부세계에만 존재하는 것이 아니라, 우리 안에 있는 내부세계와 연결 짓는 표상으로서도 존재한다.28)

인간의 원죄

구약의 내용은 이스라엘 민족의 건국신화인 동시에 유대교의 경전이다. 기독교는 구약의 내용을 신화로 여기지 않고 사실로 내세우고 있다. 이러한 현상은 기독교에 대한 투철한 신앙심의 발로일 수도 있고, 경우에 따라서는 기독교에 대한 응집력을 강화하기 위한 선교전략의 유산일 수도 있다. 종교는 대부분 허구적 신화에서 출발한다. 그런데 그 내용의 어느 하나를 객관적 사실에 맞추어 신화로 양보할 경우 사상누각처럼 연쇄도산으로 이어질 수 있다. 이를 막을 수 있는 방법은 믿음의 강조를 통해서 기존의 인식을 강화하는 것이다.

기독교의 구약에 포함된 창세기는 창조주인 유대인의 신 야훼가 에덴동산에서 아담과 하와가 자신의 지시를 어기고 뱀의 꼬임에 빠져 선악과(선악을 알게 해 주는 열매)를 먹은 것에 대노하여 에덴동산으로부터 이들을 추방시킨다. 이를 실낙원(失樂園)으로 부른다. 낙원인 에덴동산을 잃게 되었다는 것이다.

성서에 나타나는 여호와의 응징은 강력하다. 뱀에게는 종신토록 땅에 기어 다니고 흙을 먹고 살도록 한다. 엄청난 저주다. 하와에게는 잉태의 수고와 산고, 그리고 남편으로 부터의 피지배적 위치로 전락시킨다. 더 나아가 인간에게는 평생 고통스런 노동의 질곡으로 몰아넣는 저주를 내린다. 이 사건에서는 이스라엘인들의 신인 야훼는 이해심, 자비심 관용의 정신이라고는 전혀 찾아볼 수 없는 옹졸하고 독단적 존재로 보인다.

기독교는 바로 이 내용을 원죄의 발단으로 설정한다. 아담의 타락(?)으

---

28) 권수영, 『프로이트와 종교』 (서울: 살림출판사, 2005), pp. 10-11.

로 인한 죄 값이 자손들에게 유전되어 형벌을 받는 원죄를 지게 되었다는 것이 기독교의 이른바 원죄이야기다. 기독교는 예수가 인간의 이러한 원죄를 대속하여 희생되었다고 본다. 그렇다고 인간이 이 원죄로부터 완전히 벗어난 것은 아니다. 이 원죄를 면하기 위해서는 하느님을 믿고 성서의 말씀을 따라야 한다. 믿는 다는 최소한의 형식적 기준은 교회에 등록하고 출석하는 것이다.

이 원죄는 인간의 힘으로 벗어나기는 불가능하기 때문에 기독교를 통해서 구원을 받아야 하는 대상이라는 것이다. 기독교의 입장에서 원죄는 인간의 힘으로는 어찌할 수 없는 숙명이다. 이 원죄는 계속적으로 후손들에게 이어진다. 따라서 원죄까지 해결할 수 있는 구원자인 예수 그리스도를 개인적으로 의지하여 원죄를 해결될 수 있다. 이것은 기독교신앙의 목표인 동시에 목적이다.

기독교의 원죄론은 구약성서의 창세기에서 비롯되지만 이러한 원죄의 교리를 보완하는 내용은 구약성서 외에 다른 곳에서도 발견된다. "범죄치 아니하는 사람이 없으니 … "(왕상8:46), 구약의 이런 사고는 신약으로도 이어진다. "… 유대인이나 헬라인이나 다 죄 아래 있다고 우리가 이미 선언하였다고 기록한바 … 올 의인은 없나니 하나도 없으며 … "(로마서 3:9-10).

기독교의 원죄입장에서는 모든 인간이 하나님 앞에서는 죄인이다. 이미 인간은 그 존재에서 죄인인 것이다. 특히 어거스틴 이후부터 교회는 원죄의 교리를 강화했다. 이러한 교리는 인간을 죄를 안고 태어난 존재며, 이 죄는 유전되는 것으로 규정한다. 원죄론은 인간의 마음을 한 곳, 예수나 기독교에 매어놓는데 아주 긴요한 요인이다. 여기에 지옥과 천당의 이미지까지 가미되고 있다.

인간은 의외로 강한 반면에 의외로 약하다. 특히 개인적 문제, 자신의 목숨과 건강, 가족 등의 문제에 민감하다. 사회의 범죄는 이 인간의 연약한 부분을 공격한다. '죄'의 기준은 설정하기에 따라 '죄'에 자유로울 수 있는 사람은 없다. 자동차 운전을 하다가 교통경찰을 보면 혹시 무슨 교통법규를 위반하지 않았나를 생각한다. 이러한 인간이 '원죄'이야기를 외면 할 수 있겠는가. 살아있는 동안 원죄를 씻고 구원을 받지 않으면 불구덩이의 지옥으로 떨어진다는 이야기는 신도들을 교회에 묶어 놓는 수단으로까지 작용한다.

창세기가 이스라엘 민족이 형성되기 이전에 이미 전래되는 설화문학이라면 기독교의 근본 교리인 구속신앙(救贖信仰)은 방향을 상실하게 된다. 구약을 경전으로 하는 유대교는 대인구속(代人救贖)이 없다.29) 각 사람이 자기 영혼을 구원해야 하는 것이다. 기독교는 기독교라는 매개체를 통해야 한다. 다른 수단이 없다. 기독교라는 오직 한길, 예수라는 오직 한길은 기독교의 응집력을 강화하는 원동력이다. 바로 종교에 담겨진 종교의 정치력이다.

유대인들의 창조신화는 기독교인들뿐만 아니라 비기독교인들에게도 마치 사실처럼 인식된다. 하느님이 천지를 창조했고 아담과 이부를 만들었으며 인간은 원죄를 지고 태어난다는 인식의 배경은 무엇인가? 인류학자 기어츠(Clifford Greertz)는 인간은 상징적 형태로 표현되어 역사적으로 전승된 개념들을 통해 삶에 대한 지식과 태도를 교환하고 지속시키며 발전시킨다고 설명한다.30)

기독교는 구약성서의 대부분을 사실의 기록으로 주장한다. 오랜 세월에 걸친 유대인의 삶에서 빚어진 신화와 문학으로, 유대인들의 대 서사시(敍事詩)일 뿐이라는 사실은 짙게 묻혀있다. 정치권력이 기독교를 이용하고 기독교가 정치권력을 활용하면서 성서는 인류의 삶을 통제하는 불변의 진리로 자리 잡았다. 15세기 계몽주의시대까지는 이 틀이 견고했고 그 이후에도 오랜 동면에 머물던 우리나라를 비롯한 세계 여러 나라에 과학과 발전을 상징하는 서구문명이라는 매력적인 브랜드로 전파되었다.

---

29) Milton Steinberg, 최명덕 역, 『유대교의 기본진리』 (서울: 도서출판 한글, 2004), p. 82.
30) C. Geertz and D. Tracy, *The Anagogical Imagination: Christian Theology and the Culture of Pluralism* (New York: The Crossroad Publishing Company 1981), p. 7. 주 18; 페이걸스, 『아담, 이브, 뱀』, p. 16.

4장
그리스도교와 신약성서 탄생의 정치학

∞ 신약성서의 언어

그 때가 오면, 내가 이스라엘 가문과 유다 가문과 새 언약[신약(新約)]을 세우겠다. 나 주의 말이다. 이것은 내가 그들의 조상의 손을 붙잡고 이집트 땅에서 데리고 나오던 때에 세운 언약과는 다른 것이다. 내가 그들의 남편이 되었어도, 그들은 나의 언약을 깨뜨려 버렸다. 나 주의 말이다. 그러나 그 시절이 지난 뒤에, 내가 이스라엘 가문과 언약을 세울 것이니, 나는 나의 율법을 그들의 가슴 속에 넣어 주며, 그들의 마음 판에 새겨 기록하여, 나는 그들의 하나님이 되고, 그들은 나의 백성이 될 것이다(예레미야서 31:31~33).

'신약성서'는 기독교인들이 만든 경전이다. 기독교는 예수의 출생이 이미 구약에 계시되었다고 주장한다. 신약성서(이후에는 '신약'으로 약칭)는 예수의 출생 및 약 30세부터 3년간의 언행록과 사도들의 행적, 사도들이 교회에 보낸 편지, 그리고 계시록 등으로 구성되어 있다. 기독교도들은 자신들을 하나님의 백성으로서의 역사적 이스라엘과 구별하여 새 이스라엘, 하나님과 새로운 계약 관계를 맺은 백성이라고 이해했다. 사실 이것은 기독교의 새로운 개념은 아니다. 이미 유대교 안에 있던 사상이다.

초창기 기독교인들은 자신들을 '새 언약(계약) 백성'이라고 이해했고, 자신들의 경전을 '새 언약(계약)' 곧 '신약(新約)'이라고 불렀다. 자연히 그들이 유대교에서 가지고 나왔던 『율법서와 예언서와 성문서』는 '옛 언약(계약)' 즉 '구약(舊約)'이 되었다. 이들은 여러 유사한 문서들 가운데 27 낱권으로 경전의 범위를 한정하고 이를 구약과 합쳐서 『성서전서』라고 했다.[1]

신약성서는 예수의 활동 당시는 물론이고 그 이후에도 상당기간 나타나지 않았다. 예수가 글을 썼다거나 글로 어떤 내용을 남겼다는 기록은 없다. 현대의 성서로 된 최초의 문서는 예수가 죽은 후 약 20여년이 지난 AD 50년 경 전후에 쓰인 바울의 최초의 편지로 보이는 갈라디아서에서부터 120년경에 쓰인 '베드로 후서'에 이르기까지 대부분 1~2세기에 쓰인 것이다.

예수는 당시 아람어를 사용했을 것으로 추정된다. 그리스어도 부분적으로 사용했을 가능성도 있다. 신약의 글들은 예수의 모국어인 아람어가 아니다. 고대 그리스어의 방언의 일종인 코이네(koine, 공동)로 쓰였다. 당시에 예수를 믿고 따랐던 사도들과 기독교인들이 서로 지역에 따른 언어 소통의 불편을 덜기 위한 수단이었을 것이다.

기원전 4세기 전반 마케토니아의 왕 알렉산드로스(Alexandros, BC 336~BC 323)는 그리스를 통합하고 소아시아를 거쳐 근동지역의 여러 나라와 함께 유대지방도 점령했다. 이에 따라 그리스인들이 여러 나라로 이주했고, 그리스어는 사실상 국제공용어가 되었는데, 이를 바탕으로 이루어진 문명을 헬레니즘문화라고 부른다. 신약성서가 그리스어 즉 헬라어로 씌어 진 것은 이 때문이다. 성서란 용어도 '책들'에 해당하는 헬라어 비블리아(βιβμια)

---

[1] '성서' 한국 브리태니커 온라인과 위키백과 온라인에서 인용, 구약에 관한 일부 내용은 이 문헌을 참조하였음. 유대교에서도 그들의 경전을 '성서(Sepharim Kithbe Haqqodesh)'라고 부르기는 하지만 거기에는 기독교에서 '구약'이라고 부르는 부분만 들어 있다. 그 책을 그들은, 달리, '율법서와 예언서와 성문서(Torah Nebhim Ketubhim)'라고도 부르고, 머리 글자를 따서 '타낙(TaNaKh)'이라고 부르기도 한다.

의 번역이다.

신약은 예수의 출생 및 약30세부터 3년간의 언행록과 사도들의 행적에 대한 기록, 사도들이 교회에 보낸 편지들 및 계시록 등으로 구성되어 있다. 이 가운데 예수의 탄생과 활동, 십자가의 처형과 부활 즉 예수의 전기(傳記)에 해당하는 내용을 기술하고 있는 신약성서는 공관복음으로 부르는 마태복음, 마가복음, 누가복음 등 3복음서와 요한복음이다.

예수와 기독교에 대해 기록하고 있는 신약은 어떤 성서인가? 최초의 신약성서의 단편들은 50년경에 사도인 바울이 초대 그리스도교회에 보낸 서신들이다. 그러나 이 서신들은 바울의 신앙과 사고를 담은 내용이지 예수에 관한 전기는 아니다. 그로부터 20여년 후 예수의 전기를 담은 최초의 신약성서가 등장한다. 최초의 성서를 놓고는 다른 주장들, 예를 들면 공간복음 중에서는 마태복음이 가장 먼저 등장한 성서라는 주장도 있지만 일반적으로 마가복음이 최초의 공관복음으로 등장한 것으로 알려지고 있다. 이어 마태복음, 누가복음, 요한복음 순으로 등장한다.

✑ 신약성서의 원본과 사본

성서의 원본이란 성서의 저자가 최초로 직접 손으로 쓴 책을 말한다. 저자가 직접 쓰지 않고 저자는 불러주고 다른 사람이 대필했어도 원문이라고 한다. 신약성서가 탄생할 당시는 나일강변에서 자라는 왕골을 가공한 종이 형태로 파피루스(χάρτης)라는 재료에 문자를 기록했다. 파피루스는 쉽게 삭고 부서지지기 때문에 여기에 기록자가 직접 기록했다는 성서의 원문은 소실되어 없다. 즉 5~60년대 만들어진 파피루스가 발견된 적이 없다. 따라서 신약성서의 원본 즉 기록자 또는 사도가 불러준 것을 대필해 파피루스에 기재한 원본은 존재하지 않으며, 원본만을 모은 원본신약성서는 역사상 존재하지도 않았다.[2]

성서가 만들어졌을 당시에는 인쇄술이 개발되지 않았다. 여러 공동체의 모임에서 각기 이 성서를 사용하기위해서는 필사 즉 한 성서를 베껴다가 사용할 수밖에 없다. 사본은 원본을 베껴 쓴 필사본을 말한다. 신약성서는 원래부터 한 권의 책으로 엮어진 것이 아니라 사본들로 이루어진 각각의 복음서의 종합이다. 즉 신약성서의 모체는 각각의 사본들이다. 하나의 원본을 토대로 베껴 썼을 사본은 각각 베껴가는 과정, 사본의 사용목적 등에 따라 내용도 차이가 나게 되었을 것이다.

처음에는 원본을 보고 필사하는 작업이 이루어졌을 것이다. 그 다음에는 각 공동체에서 이 필사본을 보고 다시 필사하는 작업이 이어졌을 것이다. 파피루스로 기록된 원본은 시간이 흐르면서 소실되고 필사본들만 돌게 되었던 것이다. 성서는 확인할 수 없는 이 원본들 외에 필사본들을 대조하여 재구성되었는데, 원본의 추정연대로부터 200년경이나 그 이후에 기록된 것들이다. 결국 자필로 쓴 원문과는 시간상으로 100년 이상의 세월이 흘렀으며 이기간 동안 원문에는 상당한 훼손이 일어났을 것으로 생각하기는 어렵지 않다.

필사본들은 파피루스 원본이 존재하지 않기 때문에 원문을 어느 정도 정확하게 또는 사실 대로 필사한 것인지도 알기 어렵다. 또한 필사과정에서 원본을 필사한 것인지, 그 필사본을 토대로 2, 3차 필사한 것인지, 교회가 공적목적으로 한 것인지, 개인들이 사적 목적으로 한 것인지에 따라서 그 내용의 첨삭이나 변형이 개재될 개연성도 있다.

로마를 중심으로 하는 서방교회와 이스탄불 등 필사본의 지역에 따라서도 차이가 제기된다. 이런 점들은 성서가 시간을 통해 다듬어진 내용이라는 것을 나타내주면서 성서의 본질이 무엇인가를 인식하게 해준다. 그 이후의 원본이라는 것은 신약성서가 27권으로 모아지기 전에 존재했던 필사본을 의미한다. 또한 이 필사본을 토대로 한 필사본으로서의 원문들도 소

---

2) 정훈택, 『신약서론』, 총신대학교 신학대학원 2005년 강의교재, pp. 146, 155 참조.

수, 또는 그나마 불완전하게 남아 있는데, 원문에 가깝다고 여겨지는 여러 판본들을 토대로 현재의 성서가 만들어 졌다.

신약성서의 정치적 배경

예수와 그의 추종자들은 유대교의 경전인 타나크의 권위를 인정하고 받아들였다. 다만 예수의 추종자들은 이를 해석하는데 당시 유대교의 민족주의 이데올로기를 거부하고 보편적인 하느님의 통치를 앞세움으로써 그리스도교를 탄생시킨 것이다. 예수가 처형된 이후 서기 40~50년대는 집권세력과 유대교의 유대가 강화되면서 유대교도들은 기독교도들을 핍박했다. 바울 서신은 이런 상황에서 일부가 전달되었다. 60년대 후반부터 70년대 초반에 유대인들의 로마에 대한 항쟁으로 이스라엘은 국가적으로 초토화되고 예루살렘의 성전도 파괴되었다. 로마의 통제가 강화되면서 유대인의 실낱같던 정치적 자율권은 사라졌고 종교의자유도 통제 상황에 놓였다. 신약성서는 이런 상황에서 만들어 졌으며, 당시 이스라엘의 유대민족이 처한 복잡한 정치적, 종교적 상황의 반영이다.

신약성서의 핵심인 공관복음은 예수의 전기(傳記)에 해당한다. 물론 성서가 어느 인물의 일대기를 그려내는 전기(傳記)와는 다르다. 더구나 예수에 대한 사실적 자료나 증언을 토대로 한 것이 아니다. 성서가 누구에 의해 어떤 자료를 바탕으로 어떤 과정을 거쳐 어떻게 씌어졌는지를 정확하게 알 수도 없다. 이런 점에서 예수의 출생과 사망 그리고 언행을 기록한 공관복음서는 형식으로는 전기지만 특성상 전기로 볼 수도 없다.

윌스는 성서는 전기(傳記)가 아니며 역사서도 아니고 학술논문도 아니라고 전제하고 그 형태는 쓰임새에 따라 결정되었으며 초기 신자들의 삶과 기억과 기도에서 차지하는 위치에 따라 결정된, 따라서 그 자체로 기도의 한 형태라고 이해한다.[3] 결국 성서는 객관적인 역사적 사실의 기록이라기보다는 로마의 식민통치와 유대교의 박해 속에 초대교회 신자들의 희망 섞인 기억과 기대 그리고 이를 기독교의 번성의 기저로 삼으려는 성서저자들의 사고가 반영된 결과물이라고 할 수 있다.

성서의 장르가 무엇이던 성서대로라면 예수라는 인물은 기원전 4년경에 팔레스타인의 변두리, 나사렛에서 나서, 젊은 나이에 영적운동을 했던 것으로 보인다. 예수의 활동에 대한 이야기는 당시 사회에 전승되고 있는 이야기와 유대교의 경전인 타나크에 나타나는 이야기가 중심이 되었을 것이다. 나사렛에서 태어난 예수와 관계없이 당시의 묵시사상은 유대교의 경전에서 제시하는 메시아를 대망하고 있었다. 이것은 세례자 요한의 활동에서도 잘 나타난다.

초대교회는 이런 상황적 배경을 토대로 예수를 시대정신의 구현자로서 설정한 것 같다. 성서에 나타난 '예수'가 어렸을 때 부모가 지어준 본명인지, 아니면 선지자로서 활동한 어느 젊은 랍비를 '예수'라는 이름으로 불렀는지는 알 수 없다. '예수'라는 이름 자체가 당시에는 흔한 일반 이름이기 때문에 보편적 가치를 담은 인물의 이름을 예수로 부를 수 있다.

어느 경우든 공관복음은 저자가 이미 전파되고 있는 바울의 서신들과 구전의 자료들 및 타나크 즉 구약성서를 토대로 자신의 믿음과 사고, 그리고 초대교회의 신도들의 생각과 믿음, 초대교회의 발전에 필요한 내용을 모아썼을 것이다. 특히 성서저자들은 로마 당국의 통제와 감시, 유대교와의 대립상황 속에서 생존하기 위한 정치적 고려를 담았을 것이다. 이 결과가 처음으로 마가복음으로 나타났다. 마가복음과 또 다른 자료들을 토대로 마태복음과 누가복음이 만들어지고 이어서 요한복음이 씌어졌을 것이다. 요한복음이 만들어질 때는 이미 기독교공동체에서 예수에 대한 나름의 이미지가 구축되어 있었을 것이라는 점에서 보면 요한복음은 그 당시의 예수공동체와 신도들이 예수에 대해 어떤 이미지를 가지고 있었는가를 알게 하는데

---

3) 게리 윌스, 권혁 역, 『예수의 네 가지 얼굴』 (서울: 돋을 새김, 2009), p. 12.

유용한 복음서다.

카(E. H. Edward Hallett Carr)는 『역사란 무엇인가』라는 저술에서 역사는 기록자가 일어났다고 생각하거나 일어나기를 바라는 내용의 기록이라는 것을 갈파했다. 성서도 결국 기록자들이 당시의 상황을 배경으로 예수라는 인물을 내세워 자신들이 생각하고 바라는 바를 나열한 것에서 벗어날 수 없다. 당시 기록자들이 살고 있는 사회, 정치적 상황을 배경으로 당시의 가치를 토대로 해서, 그들의 철학과 사상, 기록자들의 경험과 기대, 기록자들의 지식과 신앙의 기술(記述)이라고 보아야 한다.

신약성서는 누가 썼는가?

신약성서는 누구에 의해 씌어졌는가? 당시 로마제국의 국민가운데 10%의 유한계급에 속하는 사람들만이 문맹에서 벗어났고, 복음서와 사도행전에서 제자들이 글을 읽을 줄 알았다고 언급한 곳은 어디에도 없다.[4] 성서(누가 16:20)는 예수가 글을 읽었다는 것은 나타내주지만, 예수가 글을 썼다는 근거는 없다. 기독교와 신학자들의 글에도 예수가 직접 자신의 언행을 글로 쓴 것은 전무하다는 것을 인정한다.

예수의 제자들은 글을 모르는 하층민이었고, 아람어를 사용하는 갈릴리 농부나 어부들 이었던데 비해 성서의 저자들은 고급의 헬라어를 사용하는 교육수준이 높은 그리스도의 추종자였을 것이다. 따라서 성서가 당시 예수의 제자들이나 예수와 함께 했던 사람들에 의해 작성된 것이 아니라는 주장은 아주 설득력이 있다. 이런 점에서 바트 어만은 성서의 내용을 토대로 성서의 저자들이 팔레스타인의 지리와 유대교 관습에 대해 잘 몰랐다는 사실을 들어 그들이 로마제국의 다른 지역에서 성서를 섰을 가능성을 제기한다.[5]

그러면 대표적인 성서인 공관복음과 요한복음은 누가 썼을까? 가장 간

---

4) 바트 어만, 강주헌 역, 『예수 왜곡의 역사』 (서울: 청림출판, 2010), p. 156.
5) 어만, 『예수 왜곡의 역사』, p. 157.

명한 답은 '모름'이다. 흔히 성서의 이름 즉 '마가복음'하면 '마가'라는 인물이 쓴 것으로 이해하지만 그렇지 않다. 성서의 이름이 어떻게 붙여졌는지는 알 수 없다. 책을 출간하는데 저자의 이름으로 출간하는 경우도 있지만 저자의 이름을 다른 사람의 이름으로 바꾸는 경우도 있다. 이를 가탁(假託)이라고 부르는데 과거에는 흔히 있는 일이다. 무명인이 책의 권위를 높이기 위해 그 분야에 권위 있는 사람의 이름을 빌려 출간하거나 또는 자신의 이름을 숨기려고 다른 사람의 이름이나 가명을 사용하는 것이다.

공관복음과 요한복음의 저자가 누구인지에 대한 역사적 사실은 확인되지 않는다. 다만 그 내용과 흐름을 통해서 대략 마태복음은 시리아 출신의 유대인 기독교 신자에 의해, 누가복음은 안티오키아에 거주하며 그리스어를 구사하는 이교도에서 개종한 자에 의해 기록되었을 것으로 인식된다. 이 두 복음서의 저자들은 분명히 마가복음을 통해서 영감을 받았을 것이다. 또한 가장 늦은 100년경에 작성된 요한복음은 그리스 문화에 동화된 유대인에 의해 씌어졌을 것으로 본다.

4세기에 팔레스타인 카이사리아 팔레스티나이 지방에서 활동한 유세비우스(Eusebius) 주교의 교회사(Church of History)에는 파피아스(Papias)라는 2세기 초의 초대교회의 교부가 110~140년경에 쓴 것으로 전해지는 '예수 그리스도의 말씀 해설(Expositions of the Sayings of the Lord)'[6]을 인용해 마가와 마태가 복음서의 저자라는 구절을 남기고 있다. 그러나 어만은 파피아스가 120~130년경에 문제의 책을 썼다면 마태복음이 익명으로 쓰이고 40~50년이 지난 후이며, 마태복음이 수십년 동안 익명으로 있을 수는 없다는 점에서 파피아스의 정보는 신빙성이 없다고 평가하면서 마태복음과 함께 누가복음도 복음서의 이름이 저자를 나타내는 것은 아니라고 단정하고 네 복음서가 익명으로 유포되고 거의 100년이 지난 후에야 복음

---

6) '예수 그리스도의 말씀 해설(Expositions of the Sayings of the Lord)'은 현재 전해지지 않기 때문에 후세대의 교부들의 인용을 통해 내용을 짐작할 수 있다. 어만, 『예수 왜곡의 역사』, p. 159.

서 앞에 저자들의 이름이 확실히 붙었다고 단정한다.[7]

어만은 마태, 마가, 누가, 요한으로 불린 것은 기독교인들이 사도들의 권위가 필요했던 2세기의 어느 시기에 이 책들을 사도들(마태와 요한)과 사도들과 가까운 동료들(베드로의 비서격인 마가와 바울의 전도여행에 동참했던 누가)의 저작으로 주장한 데서 비롯되었다는 것이다. 또한 권위를 인정받은 다른 책들은 익명으로 쓴 것이 아니라 동명이인, 즉 기독교 공동체 내에서 꽤 잘 알려진 인물과 이름이 같은 누군가가 썼다는 것이다.[8]

성서는 언제 씌어졌는가?

예수의 행적에 대한 역사적 기록은 이 글의 앞에서 제시된 단 몇 줄이다. 즉 예수의 역사적 실체를 확인해주는 문서는 요세푸스의 유대고대사(93년)와 타기투스의 연대기(55~120년경)기에 등장하는 아주 짧은 구절에 불과하다. 그 내용을 여기에 다시 한 번 옮긴다.

"야고보라 불리우는 소위 그리스도라 하는 예수의 형제가 62년 돌에 맞아 죽었다" 플리비우스 요세푸스, 유대고대사(93년)

이 명칭〈Christiani〉은 티베리우스 황제치하의 행정관 본디오 빌라도에 의해 처형당한 그리스도에게서 나온 것이다.[9] 타기투스(55/6~120년경), 연대기.

예수가 죽은 이후에 기록된 이 문서는 예수라는 한 인물의 존재만을 나타내고 있지 그의 일생과 그의 행적에 대해서는 말해주지 않는다. 그렇다면 성서의 예수이야기는 언제 어떻게 작성된 것인가?

---

7) 어만, 『예수 왜곡의 역사』, pp. 158-162.
8) 바트 D. 어만, 박철현 역, 『잃어버린 기독교(Lost Christianities)』(서울: 이제, 2008), p. 486.
9) 게르트 타이쎈, 아네테 메르트, 손성현 역, 『역사적 예수』(서울: 다산글방, 2005), pp. 136-137.

한 권의 책으로 된 현재의 신약성서는 마태복음으로 시작된다. 성서의 일반 독자들, 심지어는 기독교 신도들도 마태복음이 가장 먼저 써진 복음서로 인식하고 있는 경우가 많다. 신약성서에서 바울의 서신들(예를 들면 갈라디아서, 데살로니가전서 등)이 모든 신약성서가운데 가장 먼저 써진 것이라고 생각하는 사람은 많지 않은 것 같다.

성서가 언제 쓰였는지에 관한 정확한 역사적 자료나 일치된 견해는 없다. 여러 정황을 통한 추정 속에서도 부분적으로 주장이 갈리기도 한다. 주장들의 일반적인 흐름으로 볼 때, 갈라디아서는 50년 전후 그리고 데살로니가전서는 50~53년경 사이에 고린도에서 써진 것으로 알려지고 있다. 이어서 54~57 년 후반기에 고린도 전서를, 57~58년 사이에는 로마서를 기록하게 된다. 바울은 최소한 7편의 서신서를 남기는데 여러 정황으로 보아 예루살렘 성전이 함락된 70년 이전에 모두 써진 것으로 보인다. 바울서신이 전해진 이후 마가복음이 등장한다. 즉 공통된 관점을 지지고 있다는 의미에서 공관복음으로 불리는 마가복음과 마태복음, 누가복음은 바울의 서신들이 전달된 이후에 등장하게 되는 것이다.

공관복음서 중에서 가장 먼저 써진 성서는 일반적으로 마가복음으로 추정되고 있다. 학자들은 예수가 세상을 떠나고 35~40년이 지난 65~70년경에 마가복음이 기록되었을 것으로 추정한다.[10] 마태복음과 누가복음은 마가복음이 나온 지 10~20여년 후, 그리고 요한복음은 30년 후인 100년경에 작성된 것으로 보인다. 마태복음이 신약성서의 맨 앞에 위치한 것은 마태복음이 마가복음보다 더 많은 내용을 담고 있을 뿐만 아니라 구성이 더 짜임새가 있기 때문이다.

바울서신이 나온 뒤 거의 20여년이후에 공관복음이 씌어졌다면, 공관복음서의 저자들이 이 서신들을 참고했을 개연성은 충분하다. 공관복음서의 경우도 가장 먼저 등장한 마가복음이 그 이후에 나온 마태복음, 누가복음

---

10) 어만, 『예수 왜곡의 역사』, p. 45.

그리고 요한복음의 저술에 기본서가 되었을 것이다.

공관복음은 어떻게 씌어졌는가?

예수가 출생해서 살았다는 당시의 상황을 기록한 문자는 없다. 문자의 기록이 전해지지 않는 다면 예수에 대한 이야기는 구전(口傳)과 창작 그리고 어떤 단편적인 자료를 토대로 한 내용일 수밖에 없다. 구전의 진원지는 어디이며 어떤 내용이 전달되었을까? 예수를 따르던 사람들로부터 비롯되었을 것이다. 추정대상은 예수와 가장 가까이 했던 막달라 마리아, 그리고 예수의 가족들 즉 어머니 마리아 그리고 동생들과 갈릴리에서 부터 예수를 따르던 제자들이었을 것이다.

단편적인 자료들이라면 어떤 것들일까? 예수의 가까운 추종자들은 시골 출신의 농부나 어민들이었다는 점에서 이들이 글로 어떤 자료를 만들어 남겼을 가능성은 기대하기 어렵다. 이들로부터 어떤 이야기를 들은 사람이 그 내용을 글로 보관하거나 전달했을까? 이 가능성도 글쎄다. 예수의 추종자들, 예수의 추종자들로부터, 또는 소문을 들은 사람들로부터 전해진 이야기들이 전파되면서 후에 기독교로 나타나는 하나의 소규모 신앙공동체를 형성했을 것이다.

예수에 대한 이야기는 구전되는 과정에서 몇 단계를 거치면서 예수를 보거나 예수에 대해 듣지 못하고 전혀 알지도 못하는 사람들에게 전달되었을 것이다. 소문은 전파되는 과정에서 내용이 가감되고 왜곡되게 마련이다. 예수에 대한 이야기는 신앙이라는 토대에서 전파되었기 때문에 이를 받아들이고 전달하는 사람은 확신과 감동 속에 자기도 인식하지 못하는 사이에 자기중심적으로 이야기를 각색할 수 있다. 이런 이야기는 돌고 돌면서 전혀 새로운 이야기로 발전하게 된다.

이러한 흐름 속에서 예수가 세상을 떠난 지 수 십 년이 흐른 후에 확인되지 않은 누군가가 쓴 선교문서가 성서로 나타난 것이다. 예수와 함께 사역하거나 생활했거나 아니면 최소한 동시대를 살면서 예수의 언행을 목격하거나 가르침을 들은 사람들에 의해 작성된 것이 아니라 예수를 보지도 못한 후대의 사람들에 의해 만들어진 것이다. 더구나 예수를 믿는 기독교인의 입장에서 썼기 때문에 이야기 자체가 자신들의 선입견에 맞추어 이야기를 왜곡하였을 가능성을 배제할 수 없다.[11]

 소문은 흐르면서 고양이가 호랑이가 되기도 하고 호랑이가 고양이로도 변한다. 우리나라 80년대 초 박정희 대통령시해사건 이후 정권을 장악한 군부세력은 정치활동을 금지하면서 그들의 새로운 정권로드맵을 만들어간다. 국회와 정당 문이 막히다 보니 정치인들은 무교동의 서린호텔을 비롯한 몇 몇 장소의 커피숍에서 만나 그날그날의 정보를 주고받았다.

 이곳에서는 온갖 정보가 교환되었다. 정보가 필요한 정치인, 기자. 정보기관인 경찰, 안기부(현재의 국정원), 보안사(지금의 기무사)의 정보관련 직원들이 들락거렸다. 모든 공식적 정보가 차단되다보니 각자 주어들은 얘기들을 교환했다. 이런 이야기들은 사람들의 입을 거치면서 각자의 판단과 평가 그리고 바람까지 한데 섞여 오후쯤에는 전혀 새로운 내용으로 둔갑하면서 '새 정보'로 만들어진다. 일부 정보원들은 군부의 로드맵 일부를 흘리면서 반응을 체크하는데, 그 정보에 살이 붙어 새로운 정보로 둔갑한다. 이 상황에서 당초 정보를 흘렸던 정보원은 자신이 흘린 정보가 둔갑된 것도 모른 채 새로운 정보로 알고 상부에 보고하는 일까지 벌어진다. 실체가 없는 이야기들이 만들어지는 것이다.

 예수에 대한 이야기도 전파되면서 이런 과정을 피해가기는 어려웠을 것이다. 예수의 이야기는 전도(傳道)라는 목적을 가지고 있기 때문에 섬기고 믿는 대상에 대해 자신의 관점과 찬미하는 이야기가 첨삭되기 쉽다. 이런 이야기는 각지로 전파되어 지역별로 또 다른 이야기들로 굴러갔을 것이다.

---

11) 어만, 『예수 왜곡의 역사』, p. 202.

복음서를 각기 다른 곳에서 다른 시대를 살아가면서 다른 이야기를 들었거나 다른 자료들을 참고하여 기술하면서 이야기가 복음서마다 약간 다르거나 아주 다르게 나타났다고 볼 수 있다.[12]

성서의 본질을 이해하는데 전제되어야 할 것은 이 성서들이 초대교회에서 이루어진 의식이나 기도, 설교 그리고 전도과정에 나타난 메시지들을 복음서의 저자들이 기록했을 것이라는 점이다. 저자들이 복음서를 저술할 때 단순히 이러한 측면만을 고려한 것은 아니다. 기록자가 살고 있는 곳의 정치사회 및 경제적 상황은 물론 기록자가 갖는 믿음, 가치 소망과 기대 그리고 그 당시 교회가 처한 상황의 반영이다. 아울러 교회라는 공동체를 결속시키고 발전시킬 종교적 신비로움이 담겨야 할 것이다.

바울서신의 영향

예수가 죽은 후 20여년의 세월이 흐른 후인, 50년대에 사도 바울(Apostle Paul)의 교회서신은 그리스도교의 성서가 만들어지는 과정에서 중요한 이정표를 제공한다. 바울은 누구인가? 그리스어의 이름은 파울로스(Παυλος), 히브리어 이름은 '사울'(Saul) 또는 '샤울'이다. 현재 가톨릭교회는 바오로, 개신교는 바울로 부른다. 여기에서는 바울로 칭하기로 한다. 바울은 AD 1년경[13] "유대인으로 길리기아 다소에서"(사도행전 22:3)에서 태어난 것으로 전해진다.

바울은 유대 율법을 열성적으로 지켰고, 바리새파가 제시한 유대 전통을 엄격하게 고수한다(갈 1:13~14; 빌 3:4~10). 바울은 당초 기독교 교회에 적대적인 인물(갈 1:13, 23)이었으나 도상에서 부활한 예수를 만났을 때 극적인 신심의 전환이 일어 난 것으로 전해진다. 그는 최초의 신약성서로 알려진 갈라디아서를 비롯한 여러 편의 서신을 저술해 초기 기독교의 포교와 신

---

12) 어만, 『예수 왜곡의 역사』, pp. 203-206.
13) 도양술, 『사도바울의 신학』 (서울: 기독교문서선교회, 1992), p. 21.

학에 주춧돌을 놓는다. 기독교의 초석을 놓은 실존인물로 알려진 바울은 보통 13개 서신을 통해서 기독교와 예수에 대한 자신의 생각을 전한 것으로 알려져 있다. 그러나 이 가운데 6개의 서신은 바울이 쓴 것으로 보기에 미흡하다는 의견이 공통적이다.

  엄밀한 의미에서 바울의 모든 서신들은 도서관이나 연구실에서 순전히 객관적인 역사를 위해서 써진 것은 아니다. 바울 자신이 복음을 전파하여 직접 개척했거나 자신과 깊은 관계가 있는 개인이나 교회에게 문제가 발생했을 때 그 문제들을 해결하기 위해 써진 목회적이고 상황적인 서신들이다. 바울이 50년경에 교회서신들(예를 들면 갈라디아서, 데살로니가전서 등)을 쓰면서 이어 고린도전서를 쓴다. 이 서신들 가운데 데살로니가전서에는 예수의 강림에 대한 내용이 소개된다.

> 우리가 예수께서 죽으셨다가 다시 살아나심을 믿을진대 이와 같이 예수 안에서 자는 자들도 하나님이 그와 함께 데리고 오시리라 … 주께서 호령과 천사장의 소리와 하나님의 나팔 소리로 친히 하늘로부터 강림하시리니 … 항상 주와 함께 있으리라 (데살로니가전서 4:14~17).

55년경 전후에 작성된 것으로 알려지는 고린도전서(15:3~8)에는 예수의 부활에 관한 내용이 더 구체적으로 나온다.

> 내가 받은 것을 먼저 너희에게 전하였노니 이는 성경대로 그리스도께서 우리 죄를 위하여 죽으시고 장사 지낸 바 되셨다가 성경대로 사흘 만에 다시 살아나사 … 열두 제자에게와 그 후에 오백여 형제에게 … 그 후에 모든 사도에게와 맨 나중에 만삭되지 못하여 난 자 같은 내게도 보이셨느니라 (고린도전서 15:3-8).
> 그리스도께서 죽은 자 가운데서 다시 살아나셨다 전파되었거늘 … 그리스도께서 만일 다시 살아나지 못하셨으면 우리가 전파하는 것도 헛것이요 또 너희 믿음도 헛것이며 또 우리가 하나님의 거짓 증인으로 발견되리니 우리가 하나님이 그리스도를 다시 살리셨다고 증언하였음이라 … (고린도전서 15:12~15).

여기에서 바울은 부활한 예수가 자신에게 보였다고 증언하면서 부활의 당위성을 단호하게 강조한다. 사도행전의 저자는 아마 바울서신의 이 대목을 눈여겨 바울의 다메섹 사건을 엮었을 것이다. 고린도전서보다 최소한 10년 이후에 써진 마가복음은 이러한 바울의 서신이 토대가 되었을 것이다. 마가복음의 저자가 바울의 예수에 대한 신앙심과 영감이 담긴 바울서신들을 토대로 마가복음을 저술했을 것이라고 생각하는 것은 당연하다. 그 다음의 복음서들도 마찬가지일 것이다.

사도행전은 바울 사후 30년 정도 지난 80년에서 90년 즉 바울의 사후에 쓰인 것으로 추정된다.[14] 사도행전의 저자를 둘러싸고 바울과 동행한 사람이 썼다거나 또는 누가복음의 저자가 썼을 것이라는 등의 주장이 있지만 대개는 누가복음의 후속편으로 이해된다. 사도행전을 누가복음의 저자가 썼다면 누가복음을 쓰는 과정에서 사도행전에 담을 내용도 이미 정리되어 있었을 것이고 그 의미는 이미 누가복음에 담겨지게 될 수밖에 없다. 바울의 행적을 기술한 사도행전이 공관복음의 어느 복음서에 반영되었는지는 알 수 없지만 누가복음에는 확실히 반영되었을 것으로 보는 배경이다.

사도행전에 대한 관심은 특히 이른바 '다메섹 회심사건'이다. 사도행전에 따르면 바울은 다메섹에 흩어져 있는 그리스도인들을 잡아 옥에 넣기 위해 산헤드린에서 발급한 정식공문을 가지고 다메섹으로 가게 되었는데, 다메섹에 가까이 왔을 때다.

> 사울이 길을 가다가 다메섹에 가까이 이르더니 홀연히 하늘로부터 빛이 그를 둘러 비추는지라 땅에 엎드러져 들으매 소리가 있어 이르시되 사울아 사울아 네가 어찌하여 나를 박해하느냐 하시거늘 대답하되 주여 누구시니이까 이르시되 나는 네가 박해하는 예수라 너는 일어나 시내로 들어가라 네가 행할 것을 네게 이를 자가 있느니라 하시니 같이 가던 사람들은 소리만 듣고 아무도 보지 못하여 말을 못하고 서 있더라 사울이 땅에서 일어나 눈은 떴으나 아무 것도 보지 못하고 사람의 손에 끌려 다메섹으로 들어가서 사흘 동안 보지 못하고 먹지도 마시지도 아니하니라(사도행전 9:3~9).

다메섹 회심사건은 사도행전을 쓴 저자가 바울이 경험했던 내용을 자신

---

14) 정승우, 『인류의 영원한 고전-신약성서』 (서울: 아이세움, 2007), p. 246.

의 입장에서 서술한 구절이다. 사도행전은 초대 교회의 역사서로 분류되지만 저자의 신학적, 선교적인 관점에서 쓰여 졌을 것이다. 물론 사도행전의 저자는 어떤 경로를 통해서 이 이야기를 들었을 것이다.

바울이 다메섹 도상에서 겪은 회심사건은 사도행전에 3회 기술되어 있으나 회심의 표현이 각각 다르다. "동행인이 소리는 들었으나 보지는 못하고"(9:7), "빛은 보았으나 소리는 듣지 못했으며"(22:9), "밝은 빛이 내려와 함께 가던 사람들은 두루 비춘 것"(26:13~14)으로 되어 있다.

사도행전의 저자가 다메섹 사건을 목격하지 않았기 때문에 저자가 사건의 진상을 알 수 있는 정도는 제한 적일 수 있다. 동일한 문서에서 동일한 사건을 놓고 내용이 다르게 기술된 것은 행위를 기술하는 저자가 그 사건에 대해 확실성이 없다는 해석이 가능하다. 공통적인 것은 모든 것이 소리와 빛으로 이루어 졌을 뿐 어떤 형상을 눈으로 직접 목격한 것은 아니다. 사도행전의 저자가 사도행전을 쓸 때 바울의 서신을 토대로 하여 사건을 문학적으로 그려냈을 것으로 여기는 개연성의 배경이다.

신약의 정경과 외경

신약성서는 4복음서(마태복음, 마가복음, 누가복음, 요한복음)와 사도들의 활동을 적은 사도행전을 비롯하여 바울 및 다른 사도들이 여러 도시에 퍼져 예수를 믿는 작은 집단에 보낸 편지와 그리고 종말에 대한 사도 요한의 예언서인 요한계시록을 한데 모아 놓은 27권으로 구성되어 있다.

신약성서의 형태는 크게 두 가지로 나뉜다. 첫째는 4복음서의 서술들로서, 예수의 행적기록에 초점이 모아졌다. 둘째로. 이를 제외한 나머지 글은 편지글로서, 예수사후에 예수의 제자인 사도들, 즉 이스카리옷 유다를 제외한 제자들과 바울(바울도 사도로 인정한다), 기타 권위 있는 사람(유다서의 경우)이 교단 내에 문제가 있거나 예수나 복음에 대해 알릴 필요가 있을 때 쓴 편지들이다.

 신약경전은 쓰이기 시작한지 300여 년 간의 정경화 작업과정에서 3~4세기에 현재의 27권으로 정해지기까지 숱한 곡절을 동반했고, 44개의 경전들이 외경으로 교회밖에 머물러 있다. '정경'은 헬라어 카논(Κανων)에서 유래되어 척도, 기준, 표준의 의미이다. 따라서 정경은 교회가 표준서로 인정한 책들이다. '정경에 합치된'이라는 용어는 367년에 알렉산드리아의 아타나시우스(Athanased'Alexandrie)에 의해 처음으로 사용된 것으로 성서 전체를 가리키기 위한 것이었다. 그 밖의 책들은 외경으로 구별한다.

 최소한 44권이 정경에 포함되지 않은 것은 어만의 주장대로 기독교의 여러 집단들이 치열한 투쟁을 했다는 관점에서 보면 그 종파들 간의 세력경쟁에서 최후로 승리한 측의 필요와 관점에 합치되는 것이 정경으로 선정되었을 것이다. 397년 카르타고(Carthage) 공의회에서 정경들은 '신성한 텍스트들'로 선포되었지만 다른 기록들과 서신들 그리고 초반 3세기 동안의 복음서들은 정경에서 제외되었다. 기독교에서는 정경을 1) 어떤 책의 저자가 사도나 사도의 동료였는가, 2) 교회가 설립된 당시부터 사도들에게 전해들은 교리와 일치하는가, 3) 기독교인의 신앙생활에 긍정적이고 적극적인 결과를 나타낼 수 있는가,[15] 4)교회가 얼마나 보편적으로 사용 하는가를 기준으로 정하고 있다.

 희귀한 외경의 역사적 가치는 최근 들어서 비로소 인정되었다. 특히 도마복음은 3세기 교회의 아버지로 불리는 히폴리투스(Hippolytus)를 비롯한 교부들의 인용을 통해 이미 존재가 알려졌다(1945년 이집트 낙하마다(Nag hamadi)에서 모하마드 칼리파라는 이름의 농부가 발견). 도마복음에는 약 150구절의 예수의 말이 나타는데, 이중 반은 신약성서의 마태복음, 마가복음, 누가복음에도 나타난다. 그러나 요한복음에 나타나는 말은 찾아 볼 수 없다. 이것은 요한복음이 예수의 특징에 관한 입장에서 도마복음과

---

15) 정훈택, 『신약서론』, 총신대학교 신학대학원 2004년 강의교재, p. 141.

대립적이기 때문일 것이다. 도마복음이 정경에 포함되지 않은 이유는 정확히는 알 수 없으나 일부는 정통파 기독교의 입장을 따르고 있지만 전반적으로 영지주의 입장이라는 점도 관련될 것이다.

오늘날 번역본이 근거로 삼은 그리스어 본문 자체도 역시 하나의 재구성이다. 어떻게 실행되었던 전문가들의 위원회에서 학자들이 투표한 결과였다. 헬라어 성서는 본문이 거의 확실하다고 판단되거나, 약간 의심스러운 경우, 그 본문과 하단에 있는 읽기 가운데 어느 것이 더 옳은 것인지에 대해 상당한 의심이 가는 것, 본문으로 채택되어 읽기에 매우 의심스럽다는 범위를 간직하고 있다.16)

비록 이 편찬 작업이 기독교 내부에서는 성령의 뜻에 의한 것이라고 하나 수많은 문서 중에서 선정기준을 정했기 때문에 논란이 많았다. 그래서 현재 개신교의 성서와 로마 가톨릭의 성서는 차이가 많다. 대표적인 예가 외경에 대한 인식이다. 신약성서는 모두 27권으로 구성되어 있다. 우리나라는 처음에는 한문성경을 번역해 사용하다가 1887년에 우리말로 번역된 최초의 완역 신약 『예수셩교젼셔』가 마련되었다.

✎ 성서의 무오설

기독교는 성서 영감설과 무오설(無誤說)을 주장한다. 성서는 하느님의 영감으로 이루어진 것이며, 일자 일획도 오류가 있을 수 없다는 주장이다. 구약도 물론 마찬가지다.

'무오' 즉 완벽이 과연 가능한가? 한 사람의 예수를 중심으로 기술한 내

---

16) Kurt Almond et al, *The Greek New Testament 3d ed.* (New York: United Bible Societies, 1975), XII-VIII; vJohn Dominic Crossan, The Historical Jesus : The Life of a Mediterranean Jewish peasant, 김준우(역) 『역사적 예수』(서울: 한국기독교 연구소, 2000), p 672에서 재인용.

용도 복음서마다 다르다. 예수가 다른 시간 다른 장소에서 다른 일을 한 것이 아니라 같은 시간 같은 장소에서 같은 일을 한 것을 기록한 내용이 성서마다 다른 것이다. 따라서 영어성서나 한글성서와는 달리 헬라어 신약성서는 하단에 각 자료에 대한 차이를 나타내고 있다. 그리스어 즉 헬라어로 써진 신약은 주로 아람어를 사용했을 예수의 말을 그대로 받아 기록했더라도 번역과정에서 의미전달에 착오가 있을 수 있다. 원본의 부재와 필사본의 실체에 관해서는 이미 위에서 언급했다. '무오'의 기준이 무엇인가? 주저하고 망설이면 의혹을 증폭시킬 수 있다. 부분적인 오류를 인정하면 전체에 대한 불신을 초래한다. '단정'할 수 있으면 '단정'이 설득과 주입의 효과적 수단이다. 그러나 그것은 순간의 모면은 될 수 있어도 '진실'에게 결국 굴복한다. 따라서 '단정'의 방법은 디데이(D-day)로부터 역산해서 진실이 들어나기 전에 최종 결말이 나는 대상에 필요한 선전전략이다.

예수가 죽은 지 거의 반세기만에 만들어진 성서는 주로 예수의 '말씀'으로 이루어졌다. 예수에 관한 연구모임은 분석한 정경복음에 기록된 예수의 말씀 중에서 실제로 예수가 한 말은 20% 미만일 것으로 분석해 냈다.[17] 예수가 활동하던 시기로 알려진 1세기 초반은 헬라문화가 꽃피던 시기다. 그럼에도 예수가 직접 쓴 어떤 문서도 존재하지 않는다는 것은 참 이상한 일이다. 따라서 20% 미만이라는 내용도 예수의 말로 간주되는 것이지 예수가 직접 그렇게 말했는지는 확인하기 어렵다. 기독교가 내세우는 성서의 무오설이 오히려 성서의 가치를 훼손하는 것은 아닌지 반문하지 않을 수 없는 이유들이다.

---

17) 로버트 펑크, 김준우 역, 『예수에게 솔직히』 (서울: 한국기독교연구소, 2006), p. 74; 정승우, 『예수, 역사인가 신화인가』 (서울: 책세상, 2006), p. 40에는 18%로 나타남.

5장
역사-정치사적 예수

예수의 역사-정치성

"야고보라 불리는 예수의 형제가 62년 돌에 맞아 죽었다" **플리비우스 요세푸스, 유대고대사(93년).**

"… 그들은 규칙적으로 정해진 날 해가 뜨기 전에 모여서 차례차례로 그리스도를 하느님으로 경배하며, 나쁜 범죄를 저지르지 않고 도둑질, 강도, 간음, 약속파기, 기탁금 횡령을 중단할 것을 맹세합니다" **소 폴리니우스가 받은 그리스도인에 대한 정보(98~117년).**[1)]

이 명칭(Christiani)은 티베리우스 황제치하의 행정관 본디오 빌라도에 의해 처형당한 예수에게서 나온 것이다. 이 부패한 미신은 잠깐 동안 억눌려 있지만 나중에 다시 그 모습을 드러냈으니, 그 신앙이 처음 발생한 유대지역뿐만 아니라, 전 세계의 혐오스러운 것과 흉악한 것들이 밀려들어와 횡행하고 있는 로마에도 세력을 뻗혔다.[2)] **타기투스(55/6~120년경), 연대기.**

이상의 세 단락의 문장이 기독교의 교주인 예수에 대한 중요한 역사적 기록의 사실상의 전부다. 요세푸스는 역사적 인물이다. 그의 지위와 역사적 활

---
1) 타이쎈, 메르트, 『역사적 예수』, pp. 133-135.
2) 타이쎈, 메르트, 『역사적 예수』, pp. 136-137.

동으로 미루어 그의 기록에 대한 역사성도 어느 정도 담보된다. 다만 그가 예수와 관련된 자료를 어떻게 입수했는지에 따라서 사실성은 가변적일 수 있다. 예수 그리스도, 구세주, 메시아, 하느님의 아들, 그리고 하느님이라는 이름으로 최소한 2000년간 전 세계를 휩쓸고 있는 예수의 기록으로는 너무 단편적이다. 그래도 가뭄 속에서 그의 몇 줄의 기록은 단비다.

115년에 로마의 역사를 기록한 타기투스의 연대기에는 위에 제시한 내용 외에 65년 네로 황제가 로마에 불을 지르고 그 죄를 '그리스도'인에게 뒤집어 씌웠다고도 기록했다. 그러나 그의 친구 폴리니우스의 기독교에 대한 정보나 이 내용은 이미 기독교가 발생해서 활동하는 모습에 관한 것이지 예수에 관한 내용은 아니다.

플라비우스 요세푸스의 유대전기에도 그리스도에 관한 이야기가 나온다. 그러나 이른바 '플라비우스의 증언'으로 불리는 이 내용은 그리스도인에 의해 가필되었거나 혹은 최소한 개작된 것이 아니냐 하는 의혹을 받고 있다.3) 어떤 내용이 설령 존재한다고 해도 이 내용의 사실성과 정확성을 얼마나 담보해야 할지도 단언하기 어렵다. 이유는 아래와 같다.

> CE 1세기는 세 개의 거대한 필터 때문에 오늘날 그 모습을 분명하게 보기 어렵다. 즉 과거는 거의 전적으로 남성 엘리트들에 의해, 또한 부자와 권력자들의 관점에 의해, 또한 박식하고 교육받은 사람들의 비전에 의해 기록되었다. 이처럼 이미 제한된 보도들조차도 후대의 세력가들의 의도적인 심사를 거쳐야만 했으며, 또한 우연과 운수라는 변덕을 통고해야만 했다.4)

위에서 제시한 외에 예수가 살았다는 시대에 활동한 그리스와 로마의 여러 학자와 시인 등은 여러 문서를 남겼고 그 문헌은 지금까지도 많이 전해진다. 예를 들면 유명한 플라톤(Plation, BC 428~348)은 예수보다 425년 전에 태어나 90여 년간 살았다. 이 과정에서 『국가(정체)』를 비롯해 여러 권의 책을 썼고, 그 책들은 지금도 생생하게 전해지고 있다. 플라톤의 아카

---

3) 타이쎈, 메르트, 『역사적 예수』, p. 122.
4) 존 도미닉 크로산, 김준우 역, 『역사적 예수』 (서울: 한국기독교연구소, 2000), p. 59.

데미아(Akademeia)에서 공부하고 여기에서 교수로 활동한 아리스토텔레스(Aristolelis, BC 384~322)도 『정치학』을 비롯한 여러 권의 책을 남겼는데 이들의 저서들은 서양 철학사뿐만 아니라 모든 학문과 사상에 깊은 영향을 끼쳤다.

예수가 유사 이전의 인물이라면 스스로 쓴 글이 남지 않을 수 있다. 플라톤과 아리스토텔레스로부터도 400여년 이후에 출현한 예수가 자신의 생각을 글로 남기지 않았다는 것은 의외일 수밖에 없다. 예수는 아람어로 말하고 간간히 헬라어를 사용했을 것으로 추정되는데, 예수처럼 당시에 주목받는 인물이 글을 쓸 줄 모를 리 없다. 설령 글자를 쓸 줄 모른다고 해도 어떤 그림을 통한 메모는 가능할 수 있다. 예수가 어떤 식의 메모를 했다면 마리아나 동생들 또는 제자들이 챙겼을 것이다. 하느님의 아들로 추앙하는 예수의 메모라면 서로 소중히 간직하고 영구보존 될 수 있도록 했을 것이다.

더구나 성서에는 예수가 주옥같은 무수한 말을 한 것으로 나타난다. 그럼에도 예수에 대해 역사적 사실이라고 인식할만한 기록은 나타나지 않는다. 성서에 예수가 한 말로 나타나는 구절들도 실은 예수가 직접 말한 것보다는 저자들이 지어낸 말이 80%를 넘는다는 분석결과도 제시된다.

성서비평학자인 바트 어만은 예수에 대한 역사적 기록에 대해 아주 비판적이다.[5] 예수는 30년경에 살다 죽었다는데도 그 시대부터 1세기말까지의 자료에는 예수에 대한 출생기록, 재판과 처형에 관한 아무런 언급이나 문건도 없고 예수라는 이름도 어디에도 없으며 더 나아가 사도바울의 편지에서도 예수의 삶에 대한 정보를 얻기 어렵다고 지적한다.

어만은 따라서 예수에 대한 정보는 차라리 4개의 복음서에서 얻는 것이 더 편하겠지만, 이 복음서들은 목격자들이 공평무사한 관점에서 쓴 글이 아니라는 것이다. 티모시 프리크(Timothy Freke)와 피터 갠디(Peter Gandy)는 "고대 예수 이야기는 진실로 '역사상 가장 위대한 이야기'다 그것을 만드

---

5) 어만, 『예수왜곡의 역사』, pp. 208, 211.

는데 수천 년이 걸린 이야기"6)라고 단정한다. 예수의 역사적 사실이 있은 후 수십 년이 지나 예수에 대한 이야기를 구전으로 들은 사람들이 쓴 책으로, 시간이 지나면서 변질되고 조작된 이야기였으며 저자들은 자신의 관점에 따라 이야기를 바꾸기까지 했다는 것이다.

존 도미닉 크로산은 예수에 관한 이야기의 전승이 세 개의 층을 이루고 있다고 분석한다.7) 즉 1) 언행, 사건들의 핵심을 기록한 기억된 것(retention), 2) 핵심 자료들을 새로운 상황, 문제, 예상치 못한 경우들에 적용시켜 발전시킨 것(development), 3) 새로운 말씀들과 이야기들을 작성한 것뿐만 아니라, 보다 큰 이야기의 단락(complex)을 작성함으로써 이 과정에서 내용이 바뀌게 된 창작한 것(creation)등이다. 예수가 뒤에 남긴 사람들은 암기하는 사람들이 아니라 생각하는 사람들이며, 암송하는 사람들이 아니라 제자들이며, 앵무새가 아니라 사람들이었기 때문이다.

기독교는 유대교의 경전인 타나크 즉 구약성서뿐만 아니라 기독교 경전인 신약성서에 나타난 예수에 대한 기술을 역사적 사실로 받아들인다. 신약성서들만 보면 예수는 생생한 역사적 인물로 다가온다. 그러나 실제 성서 이외의 역사적 문헌에서 예수에 대한 언급은 바로 위의 세 문장(물론 다른 내용도 일부 있지만 이 자료에 비해 훨씬 신빙성이 낮게 평가되고 있다)에 불과하다. 그렇다면 성서에 나타난 예수에 대한 이야기는 어떻게 구성된 것이며 예수의 실체는 무엇인가?

∽ 신학과 종교학적 예수

예수에 대한 신학적 측면은 성서에 절대적으로 의존한다. 신학적 관점이나 종교적 신앙은 예수에 대한 신약성서의 풍부한 묘사를 역사적 사실로

---

6) Timothy freke and Peter Gandy, *The Jesus Mysteries* (New York: Random House, Inc, 1999), p. 256.
7) 존 도미닉 크로산, 『역사적 예수』 (서울: 한국기독교연구소, 2000), pp. 50-51.

수용한다. 다만 기독교 신학의 "역사적 사실"은 기독교의 역사에 나타난 예수의 존재를 전제로 한다. 그리스도교의 교주로서의 역사성이다. 어느 한 시점에 급조된 것이 아니라 2000년 이상의 기독교의 흔적이 바로 예수의 역사성이고 예수의 역사적 실제성이다. 이 성서를 바탕으로 하는 예수와 기독교의 역사적 실재성이 곧 예수의 역사적 실제성으로 연계되고 있는 것이다.

역사적 예수의 실재성이 무시된다면 기독교는 언젠가 유령 종교 내지 가현설로 둔갑할 것이고 예수의 역사적인 실재가 없이는 기독교는 무너지는 것8)이라는 논리는 신학적 역사성이지 현실적 역사성은 아니다. 파넨베르그(Wolfhart Pannenberg)가 "만일 예수 그리스도와 그의 하나님의 역사가 단지 하나의 이야기-허구일 뿐 역사가 아니라면 우리는 정직하게 우리 자신을 그리스도인으로 계속 간주할 수 없다. … 만일 기독교 신앙이 계속되려면, 예수 그리스도의 이야기는 그 모든 세부 사항에서가 아니라 그 핵심에서 역사적이어야 한다"9)라고 말할 때도 신학적 역사성이다.

신학적 역사성 즉 신학적 측면의 '역사적 예수'는 역사실증주의적 방법(예수의 실존적 분석과 심리적 분석을 통한 예수 연구)으로 구축된 예수가 아니라 신약성서를 통하여 알려진 즉 그의 제자들에게 의하여 고백된 현존하는 예수를 의미10)하는데 한정되는 것이다. 신학은 종교학과는 다르다. 신학은 성서를 토대로 역사적 예수를 판단한다. 성서의 내용을 전제로 성서에 묘사된 예수의 행적을 역사적 사실로 받아들인 다는 점에서 역사학의 관점과도 다르다. 다만 기독교 신학에서도 관점에 따라 예수의 행적에 대

---

8) 권호덕, "그리스도와 신비한 연합의 시각으로 본'예수의 역사적 실재성과 그 의미'," 『한국개혁신학』 제14권, 2003, p. 103.
9) Wolfhart Pannenberg, *An Introduction to Systematic Theology* (Grand Rapids: Eerdmans, 1992), p. 5; 권호덕, "그리스도와 신비한 연합의 시각으로 본'예수의 역사적 실재성과 그 의미',", p. 103에서 재인용.
10) 김희권, "예수의 역사적 실재성과 그 의미-구약신학의 관점에서,"『한국개혁신학』제14, 2003, p. 61.

한 사실성에 합의되지 않는 의견이 존재한다.

    종교학은 양면적이다. 신학과 함께 역사적 실증주의도 아울러 추구한다. 종교학은 강조점과 접근방법 즉 신학적 측면과 실증주의적 역사학 어느 쪽을 강조하고 어느 쪽에서 접근 하느냐에 따라서 예수의 위상이 다르게 평가될 수 있다. 이런 관점에서 예수의 역사적 실존성에 대한 다양한 해석과 평가가 수반될 수 있다. 보수적인 시각에서는 예수의 역사적 실존성을 옹호하고, 진보적 시각에서는 비판적일 수 있다.

정치사적 예수

역사학은 신학과 다르다. 역사학은 과거의 일에 대한 실증을 필요로 한다. 역사학은 자연과학과 달리 과거에 대한 반복적 실험이 불가능하기 때문에 전개된 그 특수한 사건에 대한 증거를 필요로 한다. 예를 들면 조선 순조 11년(1811년) 12월 18일(음)부터 다음해 4월19일까지 평안도에서는 홍경래, 우군칙 등이 주동이 된 이른바 홍경래의 난이라는 농민반란사건이 일어났다. 이 사건은 단 한번만 발생한 사건이지만 분명한 객관적 기록이 존재하는 역사적 사건이다. 그렇다고 역사학이 분명한 객관적 기록만으로 구성되는 것은 아니다.

    역사학도 역사적 사실을 기록한 기록자의 관점이 개재될 수 있기 때문에 역사적 사실의 평가도 다를 수 있다. 그러나 최소한 등장하는 인물과 전개 과정은 사실적일 수 있다. 물론 역사학에도 확률이 동원된다. 예를 들면 '홍경래 난'에 대한 분석을 토대로 다른 유사한 사건 — 기록이 분명하지 않은 — 도 역사적인 결론을 내릴 수 있다.

    평안도가 아닌 함경도에서, 1811년보다 100여년 이른 시기에 어떤 주동자를 중심으로 '청경래의 난'이라는 농민반란이 있었다는 구전이 있다고 하자. 어떻게 이를 역사적 사실로 받아들일 수 있을까? 우선 홍경래의 난을 중심으로 주도자의 인물, 사건당시의 사회상황(정부의 농민정책과 농민의 실태), 사건 전개의 이야기 등을 토대로 하여 사건의 개요를 비교하고 유사한 다른 사건을 더 추가하여 비교분석한 뒤에 그런 사건의 발생에 대한 확률을 따져본다. 그런 사건이 일어날 개연성의 확률이 높다면 그 사건은 역사적 사건이 될 수 있지만, 확률이 아주 낮다면 예외적인 사건이 되고, 그보다도 더 예외적이라면 실제사건으로 간주하기는 어렵다.

사회과학은 사회의 구성원들 사이에 나타나는 현상들을 객관적 사실을 토대로 분석하고 설명하며 기술하고 예측하는 학문이다. 중요한 것은 '사실'이다. 인간은 각기 고유한 가치를 지닌다. 이념이나 정신은 바로 가치의 발현이고 이 가치는 주관적이다. 사회과학이 아무리 객관성을 추구하드라도 주관성에서 완전히 벗어날 수는 없는 이유다. 사회과학은 객관적 사실과 주관적 판단이 병행되는 주객관적 학문이다. 주관성이 허구성을 의미하는 것은 아니다. 즉 어떤 사실을 창조하거나 가공하는 것과는 구별된다.

성서에 나타난 예수에 대한 사회과학적 탐구는 인간으로서의 예수의 행적을 그 시대의 정치, 경제, 사회 종교문화 등의 배경에서 분석하는 것이다. 예수가 실제인물이건 또는 신격화된 인물이건 또는 가공인물이건, '사실'은 성서가 존재하고 또 존재해 왔다는 것이며, 그 성서에 예수라는 인물에 대한 행적이 기술되어 있다는 것이다.

사회과학은 이 성서에 나타난 예수의 일생과 행적에 대해 '사실'이라는 기준에서 분석하는 것이다. 더 구체적으로 말하면 비현실적인 부분을 그대로 사실로 전제하고 분석하는 것이 아니라 오히려 비현실적인 내용이 기술된 배경을 분석하고 어떤 의미를 발견하는 것이다. 이러한 분석에는 선지자로서의 예수, 혁명가로서의 예수, 민족주의자로서의 예수 등 다양한 접근이 가능할 수 있다. 특히 정치학은 성서의 내용이나 구성, 표현방법 등에 대해서도 어문학의 접근과는 달리 어떤 "의도된 목적" 즉 선전적 관점에서 본다.

자연과학은 일정한 조건에서 관련변인들을 교체해가면서 반복적 작업을 통해 일치성과 일관성을 바탕으로 사실을 증명한다. 예를 들면 벚꽃의 개화시기를 최소한 3년간 추적한 결과 제주도는 3월 하순 남부지방은 3월 하순과 4월 초순 그리고 중부지방은 4월 초순 그리고 강원북부지방은 4월 중순이었다면 이를 토대로 벚꽃의 개화시기가 언제라고 말할 수 있다. 과학뉴스에서 자주 접하는 쥐에 대한 실험도 동일한 재료를 여러 마리의 쥐에게 반복적으로 제공하여 동일한 결과가 나왔다면 과학적 증거가 된다. 이런 점에서 역사학이나 사회과학은 자연과학과 다르다.

예수에 대한 자연과학적 접근은 예수의 출생과 사망 그리고 부활, 예수가 행했다고 기록된 기적 등에 대하 타당성과 신뢰성을 검증하는 것이다. 성령의 존재, 성령에 의한 처녀의 임신, 죽은 자의 부활 등에 관한 이야기를 과학적으로 평가하는 것이다.

신화의 예수와 만들어진 신의 예수

예수의 역사적 실존성을 부정하면서 '예수는 신화(The Jesus Mysteries)'라는 주장도 있다[11]. 예수는 역사적으로 실재한 인물이 아니라 신화적인 인물로 본다. 이들은 예수의 이야기는 이교도의 여러 유서 깊은 이야기를 토대로 한 하나의 신화라는 것이다. 고대 이교도의 미스테리아(Mysteria) 신앙을 유대인 방식으로 각색한 것이라고 주장한다.

『이기적 유전자(The Selfish Gene, 1976)』로 유명한 리처드 도킨스(Richard Dawkins)는 신 자체를 부정한다. 그는 『신의 망상(The God Delusion, 2006, 우리나라에서는 『만들어진 신』으로 번역됨)』을 통해서 신 즉 하느님 자체를 망상으로 치부한다. 하느님이 존재하지 않는 다면 유대교의 경전이면서 동시에 기독교의 구약성서인 타나크에 등장하는 우주와 인간의 창조설 그리고 원죄설은 다른 의미를 찾아야 한다. 이것은 구약성서를 바탕으로 기독교의 교리에 대한 중대한 도전이다. 이러한 연구와 토론은 이미 깊숙이

---

[11] Timothy Freke and Peter Gandy, 송영조 역, 『예수는 신화다』 (서울: 미지북스, 2009).

뿌리를 내리고 있다. 구약의 창세기는 고대 설화문학의 전승이며 예수의 이야기를 담은 신약성서는 구전되는 이야기를 수집하고 상당부분 창작된 내용을 편집한 이야기들이라는 점에 관심이 모아지고 있는 것이다.

역사적으로 희미한 '예수'라는 한 인물의 역사적 실재성을 둘러싸고 인간에서 신까지의 다양한 주장이 존재하는 배경은 그가 한 종교의 교주이기 때문이다. 앞에서 예를 든 역사서의 예수에 관한 내용은 사실일 개연성이 있다. 물론 그에 대한 기록은 당시의 역사학자나 관리들에 의한 기록에서 몇 마디 스쳐가는 내용으로 아주 간단하게 기록되었다. 요즘의 신문기사로 말하면 1단짜리 기사정도로 취급되었다. 역사의 기록은 기록자가 처한 상황에서 기록자의 판단과 의도에 따라 좌우될 수 있기 때문에 기록의 양이 곧 그 내용의 중요성이 되는 것은 아니다. 그러나 이 기사는 예수의 역사적 실존성을 받아들이도록 하는 중요한 단서는 된다.

예수가 역사적 실존인물이라면, 실존인물로서의 예수가 당시에 어느 정도의 명성을 지녔는지, 어떤 평판을 받았는지, 민중들에게 어느 정도의 영향력이 있었는지, 그리고 당시의 정치와 종교적 지배세력으로부터 어느 정도의 관심의 대상이었는지에 대해, 특히 예수가 정치적으로 어떤 인물이었는지 궁금하다.

예수가 어떻게 성서의 주인공으로, 기독교의 교주로 자리할 수 있었는가? 예수는 스스로 어떤 기록을 남겼다는 기록이 없는데, 성서에 나타난 예수의 언행은 누구에 의해 언제 어떻게 기록되었으며 어떻게 전래되는가? 성서의 내용은 어느 정도 역사적 사실인가? 예수의 행적에 대한 성서의 기록들은 성서마다 다른가 일치하는가?

예수 출현의 역사-정치상황적 배경

예수가 태어난 지역인 이스라엘은 주변 국가들과의 전쟁에 시달려왔다. 이러한 배경은 예수가 존재했던 시기 훨씬 이전으로 거슬러 올라간다. 아시리아, 바빌론, 페르시아, 그리스, 로마가 중동 일대를 차례로 지배하는 과정에서 이스라엘은 예외 없이 이들 제국들의 식민지가 되었다. 약 70년간 바빌론에서의 포로생활도 경험했다. 이러한 배경에서 예수가 존재했던 그 당시의 이스라엘 민중들의 가슴에는 독립국가의 건설과 자유로운 사회, 안락한 생활에 대한 욕구가 타오르고 있었을 것이다.

집권자들이나 종교지도자들은 민중의 운명을 생각하기보다 자신의 권력과 특권유지에 혈안이 됐다. 성서가 만들어지던 당시는 로마의 지배 속에서 로마에 저항하면서 수많은 인명이 살상되고 성전이 파괴되었다. 민중들은 노역에 지치고 식민정부의 가렴주구로 빚더미에 쓰러지고 있었다. 로마의 식민통치와 유대교의 지배세력의 부패, 굶주림에 시달리는 가난한 사람과 여인들에 대한 천시, 이런 질곡 속에서 어떤 시대적 사조의 발전은 필연이다.

이것은 어느 나라도 예외가 아니다. 우리나라의 삼국유사에 등장하는 단군은 물론 이몽룡, 성춘향, 홍길동, 임꺽정, 심청이, 최근의 정도령 등의 등장은 바로 그 시대의 정신을 대변한다. 이몽룡은 탐욕스런 지방관리의 정화를, 성춘향은 여성의 절개를, 홍길동, 임꺽정은 부패한 탐관오리의 타도와 굶주리는 백성들의 한과 소망을, 심청은 부모에 대한 극진한 효성을 정도령은 외적의 침입에 대한 전쟁의 공포와 불안한 정정에서 평화와 안정을 희구하는 당시의 시대사조를 대변한다.

당시 이스라엘의 사조는 묵시사상이었다. 묵시(apocalyptic)라는 말은 헬라어의 아포칼입테인(apokalyptein)에서 유래한 단어로, "비밀의 신비를 드러내다" 또는 "폭로하다"는 의미다. 현실의 폭력과 박해에 대항할 최소한의 물리적 수단조차 없을 때 민중들은 해방적 상상력을 통해 자신들의 고난을 합리화하고, 상상의 세계 속에서 외부의 억압을 상징적 형태로 격퇴한다. 이런 점에서 묵시사상은 민중의 저항사상이다.[12]

---

12) 정승우, 『예수, 역사인가 신화인가』, p. 83.

5장 역사-정치사적 예수

유대인의 묵시사상은 천년왕국을 대망하는 사고다. 초월적인 힘을 가진 존재에 의해 현재의 고통에서 벗어나 새로운 세상을 맞는다는 소망의 발로다. 유대인들은 하느님의 심판이 곧 이루어지고 그들은 하느님이 구원할 것이라는 종말론적 예언에 대한 기대와 묵시사상을 갖고 있었다.

묵시사상의 흐름 속에 예수가 던진 메시지는 '종말론적 예언'이었다. 묵시적 종말론은 절대적 혹은 극단적 종말론으로 이 종말은 요원한 미래가 아니라 임박해 있다.[13] 노벨평화상을 탄 슈바이처(Albert Schweitzer)도 그의 연구서인 『역사적 예수의 탐구(The Quest of the Historical Jesus)』에서 예수를 종말론적 예언자로 보았다.[14] 슈바이처는 그동안 예수에 대해 각 역사의 시대적 정신을 반영한 현대적 예수라는 인식이었다고 평가하고, 예수가 후기 유대교의 종말론적 예언자였다는 점을 강조한다. 예수의 종말론적 예언은 마가복음에서 잘 나타난다.

> 그 환난 후 해가 어두워지며 달이 빛을 내지 아니하며 별들이 하늘에서 떨어지며 하늘에 있는 권능들이 흔들리리라 그 때에 인자가 구름을 타고 큰 권능과 영광으로 오는 것을 사람들이 보리라 … 내가 진실로 너희에게 말하노니 이 세대가 지나가기 전에 이 일이 다 일어나리라(마가 13:24~30).
>
> 가라지를 거두어 불에 사르는 것 같이 세상 끝에도 그러하리라 인자가 그 천사들을 보내리니 그들이 그 나라에서 모든 넘어지게 하는 것과 또 불법을 행하는 자들을 거두어 내어 풀무 불에 던져 넣으리니 거기서 울며 이를 갈게 되리라 그 때에 의인들은 자기 아버지 나라에서 해와 같이 빛나리라 귀 있는 자는 들으라(마태 13:40~43).

성서에 나타난 예수는 인자가 하늘에서 이 땅에 내려와 사악한 세력을 응징하고 의로운 세력에 보상하는 심판을 하는 하느님 나라가 온다는 것을 확신시켰다. 특히 이런 하느님 나라가 당대에 온다는 강조는 추종자들의

---

13) 정승우, 『예수, 역사인가 신화인가』, p. 85.
14) Albert Schweitzer, *The Quest of the Historical Jesus* (New York: Macmillan Publishing Co., 1968).

구미를 당기도록 만들기에 충분하다. 헐벗고 굶주리며 빚과 노역에 시달리고 신분과 계급차이로 성전에도 들어가지 못하는 인민들에게 "첫째가 마지막이 되고 마지막이 첫째가 되는"(마가 10:31, 헬라어 직역) '유토피아'15)세상의 도래는 꿈의 실현이다.

묵시사상은 곧 혁명사상이다. 한자의 혁명(革命)은 천명(天命) 즉 하늘의 위임을 바꾼다는 뜻으로 위임의 철회 즉 군주의 교체를 의미한다. 그러나 사회학적 의미로서의 혁명은 거대한 변화다. 혁명(revolution)은 르네상스 이후에 대두한 용어다. 혁명은 정치적으로는 지배체계와 지배계급이 변화되고 사회적으로는 위계적 신분체계가 수평적 신분체계로 달라진다. 이러한 변화는 곧 경제체계와 문화체계 등 모든 분야의 급격한 변화를 수반한다. 프랑스혁명, 러시아혁명, 중국혁명은 대표적 예다. 묵시사상은 이러한 혁명의 관념 이전의 사회현상이다.

묵시사상이 사회변혁 즉 혁명으로 발전하지 못한 것은 묵시사상이 사회지배층보다는 피지배계급의 사상이기 때문이다. 인류역사의 혁명은 피지배, 피압박 계급의 저항의 분출이라기보다는 소외된 지배계급, 지식인 등의 이반과 불만이 핵심배경이다. 그러나 당시 이스라엘은 로마를 배경으로 하는 지배세력의 통치가 공고했을 뿐만 아니라 변혁을 이끌 세력이 유대교의 자율부여를 핑계로 오히려 로마지배에 기생하고 있었다. 이러한 상황에서 지배체계의 붕괴는 저항세력의 무력투쟁으로 나타난다. 결국 67년에는 로마지배의 저항세력에 의한 대로마항쟁이 일어났다.

기독교는 묵시사상이 종교적으로 발전한 사례로 볼 수 있다. 타개할 수 없는 현실의 역경을 신이라는 상징을 통한 내세의 안락으로 보상받는 심리의 반영이다. 부당한 지배세력에 대한 저항이나 무력항쟁 대신에 신이라는 상징에 의존하고 신을 통해 현재의 불만과 미래의 소망을 표출하는 것이다. 저항 대신에 사랑, 투쟁 대신에 용서로 자위하고 현세의 가난을 내세의

---

15) 바트, 『예수 왜곡의 역사』, p. 218.

희망, 현실의 권세보다는 하늘의 상징적 권세로 위안 삼는 성서의 메시지들의 배경은 이러한 맥락에서 해석할 수 있을 것이다.

묵시사상에 젖은 유대인들은 어떤 카리스마적 인물에 대한 대망론에 빠지고, 새로운 기독교운동에 참여한 세력들은 종말론적 예언에 취해있었을 것이다. 여기에서 성서의 저자들은 예수를 흔쾌히 종말론적 예언의 주도자로 삼았을 것이고 그에 합당한 경전을 구성했을 것이다. 그러나 마지막 복음인 요한복음에서만 하느님 나라가 곧 도래할 것이라는 설교를 하지 않는다. 요한복음을 쓸 때까지 하느님 나라가 오지 않는 바람에 요한복음 저자가 자기시대에 맞게 예수의 메시지를 재해석할 수밖에 없었기 때문일 것이다.

역사적 문서에서 예수에 대한 언급이 1단 정도의 기사에 불과한데, 어떻게 예수의 활동이 곧 신약성서의 내용이 되고 있는가. 성서에도 예수가 중앙의 정치무대나 종교(당시 유대교)적으로 비중있는 인물이었다는 내용은 없다. 예수의 활동이 구전과정에서 확대되고 부풀려졌는가. 아니면 예수라는 인물의 활동을 모델로 당시 민중들의 묵시사상을 충족시킬 수 있는 '시대정신의 반영으로서의 예수'라는 인물로 부풀려진 것인가? 예수의 전기인 공관복음과 요한복음의 이야기는 어떻게 구성된 것인가. 예수에 대한 사실을 토대로 하여 구성하고 묘사한 것인가? 예수에 대한 항간의 구전과 성서 저자들의 사고가 조합되어 만들어진 이야기인가? 구전의 구성과 편집인가 아니면 창작된 구전과 창작된 예수의 이야기인가?

유대교와 예수

기독교는 구약성서의 이사야서 53장과 시편 22편에 등장하는 존재가 메시아 즉 예수를 가리키는 것으로 인식한다. 그러나 이사야서에는 '그'라는 대명사는 나오지만 '메시아'라는 단어는 나오지 않는다. 시편 22편은 '그' 대신 '나' 그리고 하느님(주, 여호와)이라는 단어는 나오지만 메시아는 없다.

유대인들은 이 구절에서 메시아 예수를 생각하는 것이 아니라 다른 구세주를 기대한다.

유대인들이 생각하는 메시아는 "여호와께서 기름 부어 그 기업(유산)의 지도자로 삼는"(사무엘 상 10:1) 인물이다. 메시아의 원래의 언어적 의미도 '기름부음을 받은 자'다. 유대인들에게 이 기름부음을 받은 자 즉 메시아는 하느님의 선택을 받은 자로서 곧 이스라엘 왕이다.

유대인들은 하느님이 다윗 왕의 후손이 이스라엘의 왕이 될 것이라고 약속한 것으로 믿는다(사무엘 하 7:14~16). 유대인들이 기대하는 메시아는 다윗의 후손으로 다윗처럼 용맹하고 강건해 이스라엘을 독립시키고 그들에게 평안을 줄 한 인물, 더 나아가 야훼의 아들이었다. 유대교는 그들이 기대하는 메시아는 아직 나타나지 않았다고 생각한다.

성서에 따르면 예수는 유대인이고 유대교인이었다. 예수는 생전에 유대민족을 지탱해주고 있는 모세의 율법에 충실했다. 예수는 다른 유대교 신자들과 마찬가지로 "너희 중 남자는 다 할례를 받으라…이방 사람에게서 돈으로 산자를 막론하고 난지 팔 일 만에 할례를 받을 것이다"(창세기 17: 10~12)라는 창세기의 정해진 규정에 따라 할례도 받았다. 그러나 유대인들이 보는 예수는 갈릴리 농촌출신이다. 그들에게 예수는 시골의 농촌과 어촌에서 끌어모은 변변치 못한 몇 명의 제자들을 데리고 다니면서 일부 사람들을 모아놓고 하느님의 아들을 자처하며 오히려 유대의 율법을 비판하다가 결국 맥없이 하느님을 부르며 총독당국에 의해 처형당한다.

예수는 이스라엘의 독립을 위해 로마에 대해 어떤 저항도 하지 않았다. 요세푸스의 '유대전쟁사'에 따르면, 예수의 시대에 예수의 고향 나사렛에서 근거리에 있는 갈릴리의 수도 세포리스에서는 유다(Judas)라는 인물이 로마지배에 항거하는 반란을 일으켜 상당한 추종세력을 확보했다. 26~27년경에는 빌라도의 군대가 카이사르의 형상이 달린 깃발을 들고 예루살렘으로 오다가 유대인들의 반발과 저항을 초래한 일이 있었다.[16] 예수가 여기에 동참하거나 이 전통을 이어받은 것도 아니다. 예수가 다른 방법으로 유대인들의 평안을 위해 정치사회적인 어떤 역할을 보여준 것도 아니다. 예수가 메시아가 아니라고 반박하는 것은 당연하다.

유대인들이 예수와 기독교를 배척하는 구체적인 역사적 배경도 있다. 67~68년에 대 로마의 항전이 70년 로마군에 의해 진압될 당시에 바리새파, 사두개파, 에세네파는 로마에 대행해서 싸웠지만 예수를 추종하는 나사렛파는 현재의 요르단 땅에 있는 페트라로 거처를 옮겼다. 이들의 처신은 후에 마태복음(24:6~16)에 나타난다.

> 난리와 난리 소문을 듣겠으나 너희는 삼가 두려워하지 말라 이런 일이 있어야 하되 아직 끝은 아니니라. 민족이 민족을, 나라가 나라를 대적하여 일어나겠고 곳곳에 기근과 지진이 있으리니 이 모든 것은 재난의 시작이니라. 그 때에 사람들이 너희를 환난에 넘겨주겠으며 너희를 죽이리니 선지자 다니엘이 말한바 멸망의 가증한 것이 거룩한 곳에 선 것을 보거든 (읽는 자는 깨달을진저) 그 때에 유대에 있는 자들은 산으로 도망할지어다(마태 24:6~16).

대 로마항쟁이후 나사렛파가 민족의 배신자로 낙인찍는 것은 우리가 친일파를 구별하는 것과 비슷할 것이다. 마태복음의 저자는 왜 "환란 중에 유대에 있는 자들은 산으로 도망가라"는 내용을 넣었는지 짐작이 간다. 이 이후 그리스도교와 유대인의 간격은 더 멀어졌으며, 135년의 코크바 저항운동, 11세기의 십자군전쟁 등을 통해서 돌이킬 수 없는 적대관계가 되었다. 현재 이스라엘 인구는 약 730만 명 정도며, 이 가운데 80%가 유대인이고 이들 중 약 98%가 유대교신자다. 이 유대인들은 예수를 하느님의 아들로 인정하지 않을 뿐만 아니라 기독교의 3위일체설도 거부한다. 십자가(+)자체를 혐오하면서 국제적 통용부호인 적십자부호 대신 다윗의 별모양을 달고 다닌다.[17]

그러면 기독교인들은 어떻게 해서 유대인들의 눈에 보잘 것 없게 보이는 예수를 하느님의 아들로 믿게 되었는가? 예수의 제자들을 비롯해 그리스도

---

16) 존 도미닉 크로산, 조나단 리드, 김기철 역, 『예수의 역사』(서울: 한국기독교연구소, 2010), p. 224.
17) 김종철, 『이스라엘에는 예수가 없다』(서울: 리수, 2010), pp. 46, 47-51.

인들도 당연히 처음에는 예수를 유대인들이 생각하는 이스라엘 왕으로 기대했을 것이다. 그러나 예수가 초라하고 맥없이 십자가에 처형되자 제자들은 혼비백산했고 가족들만 슬픔에 잠겼다.

예수의 죽음에 부활이야기가 붙으면서 마른 나무에 휘발유를 부은 것처럼 예수의 이야기는 이사야서 53장이라는 또 다른 휘발유를 통해 메시아 즉 하느님의 아들로 다시 살아난 것이다. 그리스도인들은 이사야서를 통해 '고통 받는 메시아'를 예수로 등식화했다. 고통 받고 있는 자신들을 예수가 재림하여 구원해줄 것으로 기대했다.

당시에 퍼져있던 묵시사상은 그리스도인들에게 예수에 대한 새로운 기대로 확산되었다. 예수에 대한 믿음과 기대가 예수가 베들레헴에서 처녀로부터 태어나 치유의 기적을 이루고 나귀를 타고 예루살렘에 입성할 것이며, 자기백성에게 배척받고 죽은 뒤에 다시 살아날 것이라는 구약의 예언을 이루어낸 하느님의 아들로 설정되는 것은 어쩌면 필연이다.

6장
예수 출현의 정치학

〰️ 유대인 예수

예수는 공관복음서로 불리는 마가, 마태, 누가와 그 외의 요한복음을 통해서 출현한다. 신약성서는 예수를 구약성서의 유대인의 신인 야훼의 아들로 묘사한다. 예수는 유대인으로 이스라엘에서 태어났지만 신의 아들이라는 것이다. 유대인을 보통 헤브라이인, 이스라엘인이라고 부른다. 유대인들은 세계 각지로 흩어져 살며 그 지역의 인종·민족과 교류를 거듭하였기 때문에 인종적으로는 혼혈민족이다. 혈통도 다수의 유대인은 백인이지만 일부는 유색인(有色人:인도의 Black Jews)이다. 성서에 따르면 예수는 이런 인종적 배경 속에서 등장한다.

    제임스 타보르는 하나의 분명한 사실은 예수는 기독교도가 아니라 유대인이었다는 것이라고 단정한다. 예수는 할례를 받았고, 유월절을 지켰으며, 히브리어로 성경을 읽었고, 안식일을 준수했다는 것이다.[1] 그러나 게르트 타이쎈 등은 예수가 반드시 유대인이라고 단정하는 데 주저하면서 여러 가능성을 제시한다. 즉 갈릴리 사람 예수는 1) '아리안 사람 예수'라는 의

---

1) James D. Tabor, *The Jesus Dynasty* (New York: Simon & Schuster Paperbacks, 2007), p. 109.

미이며 갈릴리 사람인 예수는 유대혈통이 아니라는 점을 함의하고 2) 이 세상에 대해 개방적인 유대인 즉 헬라 문화의 영향을 받아들일 준비가 되어 있는 유대인을 뜻하며 3)정치적, 사회적 갈등에 의해 동요되지 않는 예언자를 의미하는 것으로 본다.2)

예수는 히브리어로 예수아(יֵשׁוּעַ, Yeshua)다. 예수아는 모세의 후계자로 이스라엘 민족을 약속의 땅으로 데리고 갔던 지도자 여호수아(Joshua)의 이름을 축소한 것이다. 즉 예수(Jesus, Iesus)는 고대 그리스어인 이에수스(Ιησους)의 라틴어 표기이며, 이에수스는 다시 히브리어 여호수아(יְהוֹשֻׁעַ, Jehoshua) 혹은 예슈아(יֵשׁוּעַ, Jeshua)를 그리스어로 옮긴 것이다. 여호수아(Jehoshua)는 히브리어의 야훼하느님(יהוה, Je)과 구원, 구세주라는 의미의 호세아(הוֹשֵׁעַ, Hoshea)를 덧붙여 이루어진 단어다.

누가복음(1:31)은 '예수'라는 이름은 천사인 가브리엘이 지어주었다고 기술한다. 그러나 50~60년대 우리나라에 여자 이름으로 영자, 순자가 널리 불리던 것처럼 '예수아'라는 이름은 2세기까지 유대인들에게 널리 퍼져 있던 아주 흔한 이름이다. 예수는 후에 그리스도라는 이름이 부여되어 '예수 그리스도(Jesus Christ)'가 되었다. 예수에 따라 붙는 그리스도(Christus, 크리스투스)는 히브리어 마쉬아흐(מָשִׁיחַ) 즉 moshiach 를 그리스어(Χριστός, 크리스토스)로 번역하여 라틴어로 표기한 것이다. 의미는 '기름을 부은', '기름부음을 받은'이다. 영어의 메시아는 여기에서 비롯되었다. 크리스투스는 왕이나 예언자, 제사장, 메시아 등에게 주어지는 것이다. 동네 사람들의 흔한 이름에 불과하던 '예수'라는 이름은 예수가 그리스도로 추앙되면서 오직 마리아를 통한 하나님의 아들에게만 독점되었다. 마태복음에는 사자가 요셉에게 현몽하여 "이름을 예수라 하라"고 하면서 "그가 자기 백성을 저의 죄에서 구원할 자"라고 말한다. 예수가 태어난 것은 이스라엘 백성을 죄에서 구원하기 위해서라는 것이다. 이 내용이 구성된 것은 예

---

2) 타이쎈, 『역사적 예수』, pp. 246-247.

수가 죽은 후의 일이다. 그의 역할에 대한 설정이 그의 죽음에 대한 의미와 맞춰지는 것은 당연하다.

예수잉태의 정치학: 마태복음

예수의 잉태와 출생이라는 동일한 사안을 놓고 최초의 공관복음인 마가복음과 예수의 일생을 기술한 마지막 성서인 요한복음에는 예수의 탄생이야기가 나타나지 않는다. 마태복음과 누가복음에만 타나나는데 두 복음서도 서로 다른 이야기로 구성되어 있다. 마태복음에서 예수는 요셉이라는 이름을 가진 목수와 정혼한 마리아라는 여인으로부터 태어난다. 요셉과 동침하여 태어난 것은 아니다. 동거하기 전에 성령(Holy Spirit)을 통해 잉태되었으며, "이 모든 일의 된 것은 주께서 선지자로 하신 말씀을 이루려 하심"(마태 1:18, 22~23)이다.

마태복음에는 "성령으로 잉태된 것이 나타났다"는 언급 외에 마리아의 임신사실이 어떻게 알려졌는지에 관한 기술이 없다. 여기에서 '요셉'이라는 인물이 최초로 등장한다. 잠자리도 같이 하지 않은 마리아가 임신을 하자 약혼자 요셉이 "조용히 그녀와 파혼하기를 바라는 것"(마태 1:19)은 당연하다. 그러나 요셉이 마음을 바꾼 것은 꿈에 주의 사자가 나타나 "그녀에게 잉태된 자는 성령으로부터 된 것이다. 그녀는 아들을 낳을 것이니 그의 이름을 예수라 하라"(마태 1:20~21)는 당부 때문이다.

요셉은 이 꿈 이전에 마리아의 임신사실을 어떻게 알았을까? 요셉이 파혼을 고려한 점으로 보아 요셉이 아닌 다른 남자와의 관계에서 임신을 한 사실은 소문으로 돌았을 가능성이 크다. 그렇다면 마리아가 현실적으로 임신하게 된 상대의 남성은 누구인가? 성령의 잉태를 비현실적 이야기로 전제할 때, 요셉이 예수의 아버지가 아니라면, 예수의 출생은 마리아가 남녀관계에서 엄격하지 않았거나 불가항력적인 성폭행의 결과로 귀결된다. 결혼한 남성 외의 다른 남성과 잠자리를 갖는다는 것은 당시로서는 상상하기도 어려운 일이다. 마태복음과 누가복음은 왜 마리아를 이처럼 곤혹스럽고 비참한 경지로 몰아넣는가. 예수를 신성시하기 위한 전략인가 아니면 부정한 여인이거나 성폭행의 피해를 입은 가련한 여인을 감싸기 위해 성령의 잉태로 구성했는가?

마태복음에서 주의 사자는 요셉을 다윗의 자손으로 부른다. 바울이 로마서에서 이미 예수를 '다윗의 자손'이라고 설정했고, 마태복음의 저자는 이것을 토대로 했을 것이다. 그러나 바울은 다윗을 언급했을 뿐 요셉을 언급하지는 않았다. 마가복음에서도 '요셉'이라는 이름이 전혀 등장하지 않는다. 요셉을 등장시키는 것은 마태복음이다. 마리아가 예수를 성령으로 잉태했다는 설정 때문에 요셉은 예수의 의부로 등장되는 것이다.

마태복음의 저자는 예수의 탄생과정에서는 요셉과 마리아의 사이에서 요셉을 주인공으로 설정한다. "마리아가 약혼남인 요셉과 동침을 하기도 전에 임신을 한 것은 주께서 선지자로 하신 말씀을 이루려 하심"(마태 1:22)인 것으로 "보라 처녀가 잉태하여 아들을 낳을 것이요"(마태 1:23)라는 구절을 넣는다. 이 구절은 이사야서(7:14)의 "보라 젊은 여인이 아들을 낳을 것이고 그 이름을 임마누엘이라 할 것"에서 '젊은 여인'이 '처녀'로, '임마누엘'이 '예수'로 바뀐 것이다. 이사야가 말한 히브리어 '알마(המלע)'는 '처녀'라는 의미와 함께 '젊은 여자'라는 의미를 함께 담고 있다. 히브리어의 처녀는 '베툴라(בתולה)'다. '알마'라는 단어가 처녀의 의미로 사용될 수 없다는 말은 아니지만 '처녀'라는 의미라면 '알마'보다는 '베툴라'를 사용하는 것이 더 일반적이다. 엄밀한 의미에서 문자적으로만 해석한다면 '베툴라'는 처녀라고 단언할 수 있지만 '알바'는 '젊은 여자'로서 처녀인지 혹은 아이를 낳은 젊은 여성인지 확인하기가 어렵다. 그런데 신약성서는 구약의 알바를 처녀($παρθένος$)로 번역한다. 저자가 '베툴라' 대신에 '알바'를 사용할 때 이런 어의를 고려한 숨은 뜻이 있는 것인지는 알 수 없다. 만일 그렇다면 저자는 마리아의 과거를 잘 알고 있는 입장이었을 수도 있다.

이사야서는 그 젊은 여인이 '잉태'할 것이라기보다는 '아기와 함께 있게 될 것'이고 '아들을 낳을 것'이라는 내용이다. 그렇다면 여기의 젊은 여인은 동정녀와는 다르다. 마태복음의 저자는 이사야서의 인물특성과는 달리 마리아를 처녀로 단정하여 이야기를 전개시킨다. 이사야가 예언하고 기대하는 임마누엘은 이스라엘 민족의 적들을 물리쳐 더 이상 그들을 괴롭히지 않을 일을 할, 당대에 나타날 인물이다. 그러나 마태복음의 예수는 장래의 메시아로 설정된다. 이사야가 말한 것은 "그가 살아 있을 때인 기원전 8세기에 태어난 아이에 대한 이야기"[3]다.

로버트 펑크는 통찰력 있는 분석을 제시한다.[4] 마태복음에 제시되는 예수의 족보가운데는 기이하게도 네 명의 평판이 나쁜 여성, 즉 다말, 라합, 룻, 밧세비아가 등장한다. 다말은 남편이 죽은 뒤 시아버지의 권유로 시동생과 살다가 시동생이 아기를 낳지 않으려하자 창녀로 변장하고 시아버지와 동침하여 아기를 낳는데 그 아들가운데 한명인 베레수가 다윗의 조상이다(룻기 4:18~22).

라합은 창녀 또는 여관주인이었다는 이야기가 있는데 여호수아와 결혼하여 대제사장의 어머니가 된다는 이야기와 살몬과 결혼하여 룻의 남편인 보아스의 어머니가 된다는 전설이 있다. 룻은 남편이 죽은 후에 친척 보아스의 발치에 누어 통정한 후 보아스의 아내가 되어 다윗의 할아버지인 오벳을 낳는다(룻기 3:6~9, 14:15). 밧세바는 다윗의 군관 우리야의 부인으로 다윗이 겁탈한 후 우리야를 최전방에 보내 전사하도록 한 후 결혼하여 솔로몬을 낳는다. 이 네 여인들은 한결같이 정식으로 결혼한 남자 외에 다른 남자와 관계를 갖고 아기까지 낳는다.

남성, 부계중심사회에서 족보에 여성을 끼울 필요가 없는데도 문제가 있는 네 여성을 선택하여 넣은 것은 마리아의 처지를 정당화시키기 위한 의도라는 주장이다. 마리아의 말 못할 사정을 배제하더라도, 최소한 여성인 마

---

3) 제임스 D. 타보르, 김병화 역, 『예수왕조』(서울: 현대문학, 2006), p. 66.
4) 펑크, 『예수에게 솔직히』, p. 440.

리아를 족보에 넣기 위한 사전 포석이었을 것이다. 마리아는 '성령에 의한 잉태'의 주인공이 되는 것이다.

예수잉태의 정치학: 누가복음

마태복음보다 약 10년여 뒤에 씌어 진 것으로 알려진 누가복음에는 마태복음에서 설정한 예수의 아버지 '요셉' 그리고 어머니 '마리아' '동정녀에 대한 천사의 수태고지(受胎告知)' 등의 핵심사항은 같지만 줄거리는 판이하게 다르다.

> … 가브리엘이 하나님의 보내심을 받들어 갈릴리 나사렛이란 동네에 가서 다윗의 자손 요셉이라 하는 사람과 정혼한 처녀에게 이르니 그 처녀의 이름은 마리아라 … 천사가 그에게 들어가 말하기를 보라 … 네가 수태하여 아들을 낳으리니 그 이름을 예수라 하라 … 마리아가 천사에게 나는 남자를 알지 못하니 어찌 이 일이 있을까요 라고 물으니, 천사가 성령이 네게 임하고 지극히 높으신 이의 능력이 너를 덮으시리니 이러므로 태어날 거룩한 자는 하나님의 아들(the Son of God)이라 불릴 것이다(누가 1:26~35).

마태복음에는 주의 사자가 마리아의 임신 사실을 요셉에게 알려 요셉의 오해를 풀고자 한다. 메시지의 전달자가 '주의 사자'이고 수신자는 '요셉'이다. 반면에 누가복음은 예수의 탄생예언과 관련하여 천사가 요셉이 아니라 마리아에게 사전에 알려주는 이른바 '수태고지(受胎告知)'를 한다. 즉 누가복음의 메시지 전달자는 '천사'이고 수신자는 요셉이 아니라 '마리아'다.

누가복음은 또한 마태복음에서 '요셉 주연, 마리아 조연'을 '마리아 주연, 요셉 조연'으로 전도시킨다. 또한 "태어날 거룩한 자는 하나님의 아들(the Son of God)"(누가 1:35)로 예단한다. 반면에 마리아가 "나는 남자를 알지 못하니 어찌 이 일이 있을까요"라고 대답한다. 마리아가 결코 남자관계가 없었다는 강조다. 주연을 요셉에서 마리아로 바꾸고 처녀를 강조하는 구성은 마태복음에서 제기될 수 있는 '마리아의 경솔한 성관계' 또는 '성폭행의 피해' 등의 가능성에 대한 의구심을 차단하려는 의도일 것이다. 물론 이러한 신화적 표현이 현실성을 보완하거나 전도시키는 것은 아니다.

누가복음의 저자는 천사의 '수태고지'를 통해 마리아의 혼전임신이 부적절한 관계의 결과가 아니라는 점을 강조하여 요셉이 꿈을 꾼 뒤에 파혼결심을 바꾸는 과정의 기술이 불필요하다. 대신 누가복음의 마리아 임신과정은 세례 요한의 어머니가 되는 엘리사벳의 임신과정으로부터 시작한다. "유대왕 헤롯 때에 제사장 … 사가랴 … 그 아내 엘리사벳이 수태를 못하므로 … 천사가 … 네 아내 엘리사벳이 네게 아들을 낳아 주리니 그 이름을 요한이라 하라"(누가복음 1: 5~13) 엘리사벳은 히브리어의 엘리쉐바다. 엘리쉐바는 모세의 형인 아론의 아내다. 누가복음은 엘리사벳을 아론의 자손으로 소개한다(1:5). 누가가 엘리사벳의 이름을 거론한 것은 바로 모세의 가족을 생각했을 것이다.

누가복음에서는 요셉이 마리아의 예수잉태를 아는 과정이 나타나지 않는다. "모든 사람이 호적하러 각각 고향으로 돌아가매 요셉도 … 약혼한 마리아와 함께 호적하러 올라가니 마리아가 이미 잉태하였다"(누가 2:3~5). 나사렛에서 베들레헴까지 160km를 걷거나 나귀로 이동하는 데는 적어도 일주일 이상은 걸릴 것이다. 두 사람은 여전히 결혼이 아니라 약혼한 사이다. 나사렛에서 베들레헴까지 가는 동안 최소한 일주일 이상을 어떤 관계로 지냈을 것인가? 그때까지 왜 결혼은 하지 않았는가? '약혼'한 사이라는 표현은 아마 마리아의 '처녀'잉태를 암시하기 위한 것으로 보인다.

마태복음에서는 마리아의 혼전임신에 대해 요셉이 파혼까지 생각하다 하늘의 사자가 알려주는 말로 생각을 바꾸는데 반해 누가복음에서는 요셉의 어떤 반응도 보이지 않는다. 마리아가 요셉에게 수태고지에 대한 이야기를 해서 요셉이 이 사실을 수용한 것인가? 아니면 약혼한 상태에서 함께 잠자리를 가져서 이미 임신할 만큼의 기간이 경과되었는가? 아니면 요셉은 임신출산에 대한 지식이 전혀 없는 것인가? 누가복음의 저자는 이런 의문을 피해가고 있다.

마태복음의 저자가 구약성서를 놓고 요셉이라는 인물을 등장시킨 반면에, 누가 복음은 예수의 잉태를 요한의 출생으로까지 거슬러 올라가면서, 모세의 형수 엘리사벳의 이름을 거론하고 천사의 수태고지를 통해 마리아의 성령잉태를 정당화하고 있다. 그러나 아무리 정교한 구성과 치밀한 기술(記述)이라고 해도 '성령임신'이라는 본질이 허구라면 전체는 허구로 전락된다.

예수탄생의 정치학: 마태복음

마태복음과 누가복음이 예수의 잉태이야기를 놓고 서로 차이가 있는 것처럼 출생을 놓고도 아주 다른 이야기로 전개된다. 마태복음의 저자는 요셉과 마리아가 베들레헴에 살면서 베들레헴에서 예수가 탄생한 것으로 기록하고 있다. 그곳이 바로 다윗의 고향이라고 전해지는 이야기 때문이었을 것이다.

마태복음은 예수의 탄생에 동방박사를 등장시킨다(2:9~11). 이사야서(60장)와 민수기(24:17)를 통해 이 이야기를 지었을 것이다. 예수가 탄생하자 동방박사들은 예수의 탄생에 맞춰 별을 따라 베들레헴으로 찾아와 엎드려 경배하고 황금과 몰약을 예물로 드린다(마태 2:11).

> 해롯 왕 때에 유대 베들레헴에서 나시매 동방으로부터 박사들이 예루살렘에 이르러 말하되, 유대인의 왕으로 나신 이가 어디 계시뇨? 우리가 동방에서 그의 별을 보고 그에게 경배하러 왔노라(마태 2:1~2) ⋯ 별이 문득 앞서 인도하여 가다가 아기 있는 곳 위에 머물러 섰는지라(마태 2:9), 집에 들어가 아기와 그 모친 마리아와 함께 있는 것을 보고 엎드려 아기께 경배하고 보배함을 열어 황금과 유행과 몰약을 예물로 드리니라"(마태 2 :11).

왜 하필이면 "별"의 안내를 받았나? 민수기(24:17)에는 한 별이 야곱에서 나오며 한 홀(笏: scepter, 왕권의 상징으로 임금이 갖는 것으로 왕권, 왕위를 의미한다)이 이스라엘에서 일어나 모압 이편에서 저편까지 쳐서 파하고 또 소동하는 자식들을 다 멸할 것이라는 예언이 나온다. 성서의 기록자들은 미가에서 예언된 메시아와 민수기의 별을 베들레헴과 예수의 탄생에 연결지었을 것이다.

마태복음에서 예수는 또한 태어나자마자 당시 이스라엘을 지배하고 있던 헤롯왕으로부터 탄압의 대상이 된다. 파라호가 히브리인들의 어린 아기를 몰살시키는 가운데 기적적으로 목숨을 건진 출애굽기(2:1~10)의 내용과 흡사하다. 동방박사가 떠난 후에 주의 사자가 요셉에게 또 현몽한다. 헤롯이 아기를 찾아 죽이려 하니 아기와 모친을 데리고 이집트로 피해 네게 이르기까지 머물라는 것이다. 요셉이 예수와 마리아를 데리고 이집트로 떠나(마태 2:13~14) 목숨을 잃을 위기를 모면하도록 한다.

왜 이집트인가? 구약성서 호세아(11:1)에는 예언자 호세아가 "내 아들을 이집트에서 불러냈다"라는 구절이 있다. 예수는 이집트에서 다시 오게 될 것이다. 아울러 이집트로의 피신은 앞에서 기술한 것처럼 구약성서 창세기에서 요셉이 백성을 이집트로 이주시킨 것의 새로운 버전이다.

아기예수의 제거를 노리던 헤롯은 동방박사들로부터 예수의 근황을 듣기로 했으나 이를 눈치 챈 박사들은 헤롯을 피한다. 헤롯은 이들에게 속은 줄 알고 박사로부터 들은 때를 기준으로 두 살부터 그 아래의 사내아기를 모두 죽인다(마태복음 2:16). 대비되는 숨바꼭질은 예수의 존재를 더 부각시킨다. 그러나 이에 대해 바트 어만 교수는 다음과 같이 추정한다.

> 역사적 측면에서 보면 헤롯왕이 베들레헴과 그 밖의 지역에서 아이들을 죽이라고 명령한 증거는 어디에도 찾을 수 없다. 또 성경이나 다른 기록을 남긴 사람들 중에서 이 사건을 언급한 사람도 없다. 따라서 요한이 예수의 죽음을 이야기 할 때처럼, 마태도 신학적인 면을 강조하기 위해 사소한 부분을 개작한 것이 아닐까?[5]

마태복음의 저자는 예수의 아버지로 요셉을 등장시켜 다윗왕의 후손으로 설정하고, 이를 통해서 예수는 이스라엘 왕으로 연결시키려고 한다. 이

---

5) 어만, 『예수 왜곡의 역사』, pp. 56-57.

러한 인물구성은 당시 유대인들이 고대하던 메시아다. 그러나 예수는 그와는 전혀 다른 길로 간다. 예수는 등장하면서 이스라엘의 왕좌를 향하는 듯 보이다가 하느님나라로 방향을 고정한다. 로마항전 이후에 더 강화된 로마 통치체계에서 신생 기독교가 생존할 수 있는 방법은 권력과의 갈등을 피하는 길이었을 것이다. 신약성서 전반을 흐르는 저항과 투쟁대신에 사랑과 용서의 메시지는 기독교가 정치권력의 탄압을 비켜가기 위한 전략적 표현이었을 수도 있다.

예수탄생의 정치학: 누가복음

누가복음도 예수의 베들레헴출생을 따른다. 그러나 마태복음은 요셉과 마리아가 베들레헴에 거주하는 것으로부터 시작하는데 비해 누가복음은 마리아와 요셉을 나사렛사람으로 설정한다. 예수가 예루살렘에서 출생하려면 마리아가 예루살렘으로 가야한다. 예루살렘행의 이유는 다음과 같다. "이 때에 가이사 아쿠수도가 로마 전역에 걸쳐 호적할 것을 명했다. … 모든 사람들이 호적하러 자신의 고향으로 갔다. 요셉도 다윗의 집 족속이므로 갈릴 나사렛 동네에서 다윗의 동네 베들레헴으로 약혼한 마리아와 함께 호적하러 가니 마리아가 이미 잉태되었더라. 거기 있는 동안 해산날이 차서 맏아들을 낳아 강보로 싸서 구유에 뉘었으니 이는 여관에 있을 곳이 없기 때문이었다"(누가 2:1~7).

누가복음은 예루살렘에 가는 목적이 후손으로서 호적하기위해 가는 것으로 설정함으로써 이중적으로 다윗의 자손임을 강조한다. 누가복음은 양면성을 나타낸다. 첫째는 예수를 다윗왕의 후손으로 부각시키기 위해 예수의 베들레헴 출생을 넣어야 한다. 예수가 베들레헴에서 태어나려면 요셉과 마리아가 나사렛에서 베들레헴으로 와야 한다. 단순히 출산을 위해 간다면 이것은 요즘 말하는 '원정출산'이다. 베들레헴에 호적하기위해 가는 것은 요셉이 다윗의 자손이고, 다윗이 베들레헴에서 태어났으며 다윗의 후손이 이스라엘의 왕이 된다는 예언에 바탕을 둔 것이다. 마태복음과 함께 누가복음의 저자도 예수의 이미지를 다윗과 연결시켜, 유대인들의 민족감정을 토대로 자긍심을 고취하고 있다. 둘째로 호적을 한다는 것은 로마법을 준수하고 로마당국의 정책에 순응한다는 의미를 전달한다. 누가복음의 호적 이야기는 직접적으로는 마리아와 요셉이 예루살렘에 가는 목적으로 설정되어 있다. 호적이야기는 당시의 상황이 로마항쟁의 후유증 속에 쌓여있었다는 점에서 초대교회가 로마의 정책에 적대적이 아니라는 점을 은연중 보이고 있다.

그러나 아우쿠스투스 황제치하에서는 인구조사가 실지되지 않았다. 실제 인구조사는 예수가 출생한 후 거의 10년이 지나서, 시리아 총독 술피시우스 퀴리니우스에 실시된 것을 누가복음저자가 혼동한 것이다. 누가는 호적등록이 구레뇨가 시리아 총독일 때라고 말하지만 그가 총독이 된 것은 6~7년이며, 호적등록도 본적지에 귀향해서 하라는 지시가 있었다는 기록이 없었다는 것이다.6)

요셉을 기준으로 하면 다윗은 천년을 거슬러 올라간다. 천 년 전의 조상이 출생한 지역에 호적을 하러간다(?). 설령 호적을 하러 간다고 해도 베들레헴에 다윗의 천년족보가 보관되어 있겠는가? 요셉이 다윗의 자손이라고 증명할 수 있는 근거가 있겠는가? 호적을 하는 것이 국가적 사업이라면 요셉만 갈 것이 아니라 이스라엘 주민 모두가 선조의 고향에 가야한다. 그렇다면 인구의 대 이동이 일어나게 되는 대 사건인데 왜 누가복음만 이를 기록했는가?

에밀 쉐레르(Emil Schurer)도 예수의 베들레헴 출생이야기는 로마의 역사와 로마의 관료제를 모르기 때문에 나온 것이라고 지적한다.7) 그 반증으

---

6) 존 쉘비 스퐁, 이계준 역, 『만들어진 예수 참 사람 예수』 (서울: 한국기독교연구소, 2009), p. 59.
7) Emil Schurer(trans. & edited by Geza Vermes et al), *The History of Jewish People in the Age of Jesus Christ: 175 BC-AD 135*, 3 Vols. (Edinburgh: Clark, 1973-1987), 여기의 출처는 Vol. 1, 399-427이며 크로산, 『역사적 예수』 p. 591에서 재인용.

로 1) 아우쿠스투스 황제치하에서는 '온 천하에 인구조사'를 실시한 적이 결코 없었다. 2) 이스라엘의 인구조사는 CE 6~7년, 즉 예수가 출생한 후 거의 10년이 지나서, 시리아 총독 술피시우스 퀴리니우스에 의해 시행되었다(이때의 인구조사는 아켈라우스의 영토를 로마의 행정장관의 직접통치아래 병합시켰기 때문이었다). 3) 로마의 관습은 인구조사를 현주소에서 하거나 일하는 곳에서 등록했지, 조상들의 본적지나 출생지에서 등록하는 것은 아니었다. 인구조사는 세금징수를 위한 것이었던 것이다.

마리아는 베들레헴에 가서는 구유에서 '예수'를 낳는다. 기독교는 누가복음에서 예수가 마구간에서 출생했다는 내용을 근거로 예수에게 서민의 이미지를 덧칠한다. 물론 예수에게는 그런 이미지가 적절하다. 그러나 마구간에 간 것은 여관의 빈방이 없었기 때문이다. 누가복음의 저자는 여관의 만원사태를 통해서 예루살렘에 호적하러 온 사람이 북적거리는 이미지를 전달하고자 한 것 같다. 예수가 출생하자 목자들이 밖에서 자기 양떼를 지키고 주의 사자가 곁에 서고, 천사가 나타나고 하늘의 군대가 천사와 함께 있다가 하늘로 올라간다. 마태의 동방박사를 누가는 천사와 천군으로 대체한 것이다.

그러나 누가복음(2:21)은 예수의 부모가 '할례할 팔 일'간 태평스럽게 그곳에 머문다. 할례(割禮)는 헬라어로 페리토메(περιτομή)라고 하는데 이는 히브리어 물로트(ומלת)를 번역한 말로서 '자르다'는 뜻의 히브리어 물(לוה)에서 온 말이다. 즉, 할례의 통속적인 의미는 남자의 성기포피(包皮)를 자른다는 위미로 포경수술을 말하며 중동과 아프리카지역에서 나타나는 일종의 종교의식이었다.

할례에 이어 정결 예식이 따라야 한다. 누가복음서는 마리아가 "모세의 법대로 정결예식의 날이 차매 아기를 데리고 예루살렘에 올라가고(2:22) 시므온이라는 사람을 만나고(2:25) 성전에 들어가기도 한다. 누가복음에서 예수는 이처럼 구약성서의 내용을 그대로 이행해도 예수에게 박해는 따르지 않는다. 마태복음에서 나타나는 위험의 긴장감은 전혀 보이지 않는다.

이러한 내용들만 보면 마태복음의 아기예수와 누가복음의 아기예수는 전혀 다른 사람처럼 보인다.

예수는 언제 어디에서 탄생했나?

12월 25일이 예수의 탄생일로 전 세계가 떠들썩하지만 사실 이것은 상징적인 것이고 예수가 직접 태어난 날과는 관계가 없다. 12월 25일을 예수의 탄생일로 정한 것은 예수가 죽고 300여년이 지나, 콘스탄티누스 황제의 공인을 받은 이후에 로마교회가 시작하면서 비롯되었다. 교회 사가들에 따르면 이후 승승장구하는 그리스도교가 불패의 태양을 기리는 이교도 축일 — 상징적으로 해가 가장 짧아지는 동지 무렵이 되는 — 을 그리스도의 탄신을 기리는 성탄축일로 변형시킨 것이다.[8] 우선 예수가 태어난 해를 서기 원년으로 계산하지만 실제 역사적 연대와 일치하지 않는다. 마태복음(2:1)과 누가복음(1:5)은 예수가 헤롯대왕 치세동안에 태어난 것으로 기록하고 있다. 그러나 헤롯은 예수가 탄생하기 4년 전에 이미 죽은 것으로 알려져 있다. 그렇다면 예수의 탄생은 최소한 BC 4년 이전의 일이다.

예수의 탄생장소도 불확실하다. 마태복음(2장)과 누가복음(2장)은 예수가 다윗동네인 베들레헴에서 태어났다고 기록하고 있다. 그러나 그 배경은 각기 다르다. 두 복음서가 전하는 '예수의 베들레헴 탄생' 이야기는 우선 예수가 "다윗의 후손으로 태어났다"(로마서 1:3)는 바울의 기술을 바탕으로 구약성서에서 착상을 얻었을 것이다. 구약성서 미가(Micah) 5장, 2장에는 "베들레헴 에브라다야, 너는 유다 족속 중에 작을 찌라도 이스라엘을 다스릴 자가 네게서 내게로 나올 것이라, 그의 근본은 상고(old), 태초로부터 비롯된 것"이라며, 다윗의 후손 즉 메시아가 베들레헴에서 태어날 것을 예고한다. 성서도 예수가 다윗의 후손으로 다윗의 고향인 베들레헴에서 태어나는 것으로 구성되어 있다.

---

[8] 드니 프리게르, 최애리 역, 『예수』 (경기: 웅진 지식하우스, 2007), p. 60.

베들레헴(히브리어: בית לחם)은 다윗의 고향이고 구약에서 선지자가 탄생할 예정지로 기록되어 있다. 당시 예수의 추종자들에게는 구약에서 예언한 선지자가 바로 예수라는 맥락에서 나사렛보다 베들레헴이 더 중요했을 것이다. 현재 베들레헴은 신앙적으로 예수의 탄생지로 확고해졌다. 베들레헴이 탄생지이어야 하는 배경은 다윗의 고향이고 선지자가 탄생할 예정지에서 예수가 태어났다는 것을 강조하여 "나사렛에서 무슨 선한 것이 나올 수 있겠는가?"라는 식의 나사렛에 대한 폄하의식을 극복하고자 했을 것이다. 이것은 역설적으로 예수가 나사렛출신이라는 역사적 사실의 일부가 되기도 한다. 요한복음은 빌립이 나다니엘에게 모세의 율법과 선지자가 기록한 나사렛 예수를 만난 이야기를 하자, 나다니엘은 "나사렛에서 무슨 선한 것이 날 수 있느냐"(1:45~46)라는 반문을 통해 예수의 나사렛출생을 시사하고 있는 것이다.

예수의 동정녀출생에 관해 침묵하고 있는 마가복음(1:24, 10:47, 14:67, 16:6)도 예수를 "나사렛 예수"로 표현하여 예수가 나사렛에서 태어났을 가능성을 강하게 시사한다. 결국 예수는 70년대 전후까지는 베들레헴의 이야기가 등장하지 않고 나사렛에서 출생한 것으로 알려졌다가 마태복음에 의해 베들레헴으로 옮겨진 뒤 요한복음에 의해 다시 나사렛으로 복귀하게 된다.

마태복음과 누가복음은 예수의 출생을 다윗의 자손으로 시작하지만 출생이후에 다윗과의 관계는 사실상 더 이상 언급하지 않는다. 공관복음서의 어디에도 예수가 왕족 또는 귀족의 신분으로서 말하고 행동하거나 그런 신분을 암시하는 장면에 대한 묘사는 없다. 마태복음(2:1)의 저자는 구약성서 미가의 구절을 예수탄생에 대입한다. 미가(5:1)에는 "너 에프라타의 베들레헴아 너는 유다 부족들 가운데에서 보잘것없지만 나를 위하여 이스라엘을 다스릴 이가 너에게서 나오리라. 그의 뿌리는 옛날로, 아득한 시절로 거슬러 올라간다"는 구절이다. 마태복음의 저자는 당시의 그리스도교인들이 로마제국의 압제에서 벗어나기 위해 제2의 다윗을 대망하고 있음을 꿰뚫었을 것이다. 이 상황에서 예수에게 필요한 이미지는 바로 다윗이다. 마태복음과 누가복음의 베들레헴이야기는 예수에게 또 하나의 신화를 덧씌우고 있는 것은 아닌가. 다윗과의 족보연결과 출생지의 언급은 본질이 아니라 시대상황의 반영이다.

예수의 부모

성서에 나타나는 예수의 어머니는 마리아다. 최초의 공관복음인 마가복음에 예수의 어머니로서 마리아의 이름은 단 한번 등장한다. 예수가 고향을 방문했을 때 사람들이 예수를 배척하며 "이 사람은 마리아의 아들 목수가 아니냐"(마가 6:3)라고 확인한 것이 전부다. 마가복음에 예수의 어머니로서 '마리아'는 더 이상 등장하지 않는다. 마가복음에 예수의 아버지로서 '요셉'은 아예 거론초차 되지 않는다. 부계사회에서 아버지 대신 어머니의 이름을 대며 마리아의 아들이라고 부르는 이유는 무엇일까? 마가복음에는 예수가 '성령에 의한 잉태' 즉 '성령의 아들'로 등장하는 것도 아니다.

예수의 출생이야기 자체가 없는 마가복음은 예수를 동정녀인 마리아가 성령으로 잉태한 아들로 그리지 않고 있다. 이 엄청난 일이 실제 일어났다면, 거의 동시대를 살았을 마가복음 저자에게 이 이야기가 전승되지 않을 리 없고, 마가는 어떤 형식의 구성을 통해서라도 이 이야기를 넣었을 것이다. 그럼에도 이 이야기가 없는 것은 마가에게 이런 이야기 자체가 존재하지 않았거나 존재한다고 해도 전승되지 않았거나, 전승되었더라도 비현실적 이야기라서 외면했을 수 있다.

마가복음의 저자는 또한 마리아가 예수를 출산한 또 다른 정보를 접하고 있었을 수도 있다. 마태복음과 누가복음에 나타난 대로 마리아가 처녀의 신분으로 예수를 출산했다는 정보를 들었을 경우 이 이야기를 내세울 필요가 없다고 판단했을 수도 있다. 만일 마리아가 처녀의 신분으로 예수를 낳았다는 이야기가 돌았다면, 그 이야기가 긍정적으로 전파되지 않았을 것이고,

마가는 당연히 '요셉'이라는 존재에 관해서는 알지 못했을 가능성도 고려해 볼 수 있다. 요셉이 예수의 아버지, 설령 의부였거나 죽었더라도 부계사회에서 '마리아의 아들'이 아니라 '요셉의 아들'이어야 하지 않는가. 마가복음만을 읽은 사람에게 예수의 아버지 이름을 묻는다면 대답이 불가능하다.

요셉이 예수의 의부로 등장하는 것은 마태복음과 누가복음이다. 물론 누가복음은 마태복음의 내용을 이어받았을 것이다. 그렇다면 예수의 친부는 누구인가? 요셉은 예수의 의부인가? 미국 성공회의 사제와 주교로 45년 봉직하다 2000년에 은퇴한 존 쉘비 스퐁은 마태복음의 동정녀 탄생 전승은 마태의 창작이며, 육신의 아버지 요셉이 존재한 것으로 믿지 않는다. 동정녀 탄생이 예수전승의 일부분이 되자, 당시의 잔혹한 가부장적 사회에서 임신한 마리아에게 보호자가 될 남성이 필요했던 것이라고 설명한다.[9]

스퐁 대주교는 마가복음 6장 3절의 표현 "이 사람이 마리아의 아들 목수가 아니냐…"는 결국 '사생아'라는 의미를 내포하고 있다고 해석하고 마가복음 저자는 이 구절을 기록할 때 그것을 알고 있었음에 틀림없다고 단정한다.[10] 존 쉘비 스퐁은 예수의 출생이야기를 비역사적인 이야기로 간주하면서, 그렇다면 예수의 부모라고 주장되어 왔던 인물들은 실질적으로 사라지며 그것들은 신화에 불과하다고 규정한다.[11] 물론 스퐁의 예수에 대한 이런 탐구는 이를 통해서 역사적 예수가 우리의 삶에 들어오고 그의 인간성을 정확히 보기 위한 것이지 예수나 기독교를 폄하하려는 것이 아니다. 예수를 사생아로 보는 견해는 스퐁 대주교뿐만이 아니다. 신약 외경인 『니고데모의 행전』에는 대사제들과 율법학자들, 그리고 나머지 유대인이 대회의에 모여 빌라도와 함께 예수가 간통으로 태어났는지의 여부에 관한 논쟁을 하는 장면이 나타난다.

예수왕조(Jesus Dynasty)를 쓴 노스캐롤라이나대 종교학과 교수인 제임

---

9) 스퐁, 『만들어진 예수 참 사람 예수』, pp. 69-70, 73.
10) 스퐁, 『만들어진 예수 참 사람 예수』, p. 69.
11) 스퐁, 『만들어진 예수 참 사람 예수』, p. 79.

스 D. 타보르(James D. Tabor)는 예수의 출생에 관해 "확실성이라는 점에서 … 예수의 출생증명서를 기록하게 된다면 '아버지 모름'이라고 기록해야 할 것"12)이라면서도, 예수가 판테리(Panteri)라는 로마 병정에 의해 임신되었다는 주장에 깊은 관심을 보인다. 그는 여러 문헌을 들어 이에 대한 입증을 시도하면서도 단정하기 보다는 요셉은 예수의 아버지가 아니었고, 누구인지 모를 남자에 의한 마리아의 임신은 사회적 기준으로 보아 '사생아 임신'이었다고 주장한다.13) 이러한 주장은 2세기 말엽의 반(反) 기독교 논객인 켈수스(Celsus)의 저서 『참된 교리에 관해서(On the True Doctrine)』14)에서 따온 것이다. 켈수스의 글에서 그는 예수에게 묻는다. "당신이 처녀에게서 출생했다는 이야기를 꾸며낸 것은 … 불미스런 상황에 대해 소문을 잠재우기 위한 것이 아닌가? … 그녀의 속임수가 발각되고 자신에게 임신하게 된 것이 판테라라는 이름의 로마 군인에 의한 것임이 드러나, 그녀는 남편 ― 목수 ― 로부터 쫓겨났고 간음으로 판결나지 않았던가?"

반면에 크로산은 켈수스가 예수의 아버지를 판테라로 주장하는 것은 이사야서(7:14)에 언급된 '젊은 여인(성서에는 처녀로 표현)'에 해당하는 그리스어 '파르테노스(parthenos)'를 수정해 조롱하고 있는 것으로 해석한다.15) 마커스 보그와 존 도미닉 크로산은 예수가 태어나던 기원전 4년의 나사렛의 상황에 대해 로마제국의 군단들이 유대인들을 도륙했을 것으로 상정하면서 이 상황에서 나사렛에 살던 사람들은 "그 지역 농민들이 잘 알고 있었던 은신처로 때맞춰 피신했던가, 아니면 남자들은 살육당하고 여자들은 강간당하고 아이들은 노예로 끌려가거나 했을 것"이라고 묘사한다.16)

---

12) 타보르, 『예수왕조』, p. 96.
13) 타보르, 『예수왕조』, pp. 96-123.
14) 이 책은 현재 남아있지 않지만 3세기의 기독교 변증가 오리게네스의 반박을 통해서 알 수 있다. 그리고 본서의 켈수스에 관한 내용은 마커스 보그, 존 도미닉 크로산, 김준우 역, 『첫 번째 크리스마스』(서울: 한국기독교연구소, 2011), pp. 141-142에서 재인용한 것임.
15) 존 도미닉 크로산, 김기철 역, 『예수』(서울: 한국기독교연구소, 2007), p. 53.
16) 보그, 크로산, 『첫 번째 크리스마스』, p. 107.

나사렛마을에서 이런 상황이 실제로 전개되었다면 성년이 된 여성들은 로마 군단의 군인들로부터 온갖 수모를 당했을 가능성은 충분하다. 또한 우월적 지위를 가진 로마의 군인들과 당시 유대인의 관습을 넘어서는 삶의 가능성도 배제하기 어렵다.

마가복음에 등장하는 예수 어머니로서의 '마리아'라는 이름이 아주 자연스럽게 제시된다는 점에서 '마리아'는 예수 어머니의 이름으로 보인다. 그러나 이 '마리아'라는 이름은 우연이 아니다. 출애굽기 15장 20절에는 '아론의 누이 선지자 마리암'라는 구절이 있다. '마리암(מרים Maryām)'은 아람어로서, 라틴어로 옮기면 마리아(Maria, 그리스어 Μαρία)가 된다. 또한 그 당시에 '마리아'는 널리 일반화된 이름이었던 것으로 전해진다. '마리아'는 성서에 공통적으로 예수의 어머니지만, 마가복음 이후의 성서들은 마가복음에서 제시된 이름을 그대로 받았을 수도, 아니면 다른 전승이나 이른바 Q문서[17]에 마리아로 나타났을 수도 있다.

∽ 예수의 의부, 왜 요셉일까?

하나의 극단적 가정이 가능하다. 즉 예수왕조의 저자 제임스 D. 타보르의 주장대로 예수의 출생에 관해 '아버지 모름'이라면, 마태복음과 누가복음에서 예수의 아버지는 왜 하필 요셉일까?

요셉은 흔한 이름이다. 요셉이라는 이름을 가진 자의 역할은 이미 창세기(37~50)에 나타난다. 마태복음의 요셉과 창세기의 요셉은 몇 가지 공통

---

17) Q문서는 독일어 Quelle의 첫 자를 따서 부르는 것인데 출처 또는 자료를 뜻한다. 1838년 독일의 신학자이며 철학자인 바이세(C. H. Weisse 1801-1866)가 제기하면서 다수의 성서학자들 사이에서 공유된 생각이다. 성서학자들은 마태복음이나 누가복음의 저자가 마가복음과 함께 이 Q자료를 사용해서 성서를 썼을 것이라는 추론이다. 그러나 이것은 어디까지나 성서의 내용이 동일한 부분과 다른 부분이 있다는 점에서 그 배경을 추론하는 과정에서 나온 하나의 가설일 뿐 그 존재를 확인할 수는 없기 때문에 Q문서의 존재가능성을 부인하는 주장들도 있다.

점이 있다. 첫째, 두 요셉 모두 야곱이라는 아버지를 두고 있다. 둘째, 하나님과 꿈속에서 대화를 나눈다. 셋째, 창세기의 요셉은 백성들을 이집트로 이주시켜 죽음에서 구하며, 마태복음의 요셉은 아기예수를 이집트로 도피시켜 죽음에서 구한다. 이러한 일치가 우연인가? 마태의 저자는 복음서를 쓰면서 그리스어의 구약성서를 놓고 신약을 쓰면서 예수의 탄생을 창작하면서 아버지로 요셉을 선택한 것은 아닌가?

마태복음은 예수의 가계를 '아브라함과 다윗의 자손 예수 그리스도'로 시작한다. 반면에 누가복음은 예수의 족보를 예수로부터 아담과 하느님까지 거꾸로 거슬러 올라간다. 누가복음의 저자는 족보의 순서를 역순으로 나열해 나름의 독창성을 보이려는 시도를 하고 있다. 마태복음은 요셉의 아버지를 '야곱'이라고 한데 빈해 누가복음은 '헬라'로 소개한다. 마태복음과 누가복음은 다윗에서 갈린다. 그런데 여기에서 두 족보 간에 모순이 나타난다. 전자는 솔로몬, 후자는 나단의 계보다. 그렇다면 요셉을 낳은 계보는 야곱인가 나단인가? 아니면 둘 다 허구인가? 다만 일치하는 족보는 다윗이라는 점이다. 예수를 다윗의 후손으로 구성하고자 한 의도 때문이다. 그렇더라도 마태복음의 족보에는 예수가 다윗의 27대손인 반면에 누가복음은 42대손이다. 물론 이것은 누구를 어떻게 끼워넣느냐의 차이일 수도 있다. 그러나 마태복음과 누가복음의 족보가 나름의 특징을 갖는다. 마태복음은 정치적 인물에, 누가복음은 종교적 인물에 초점을 모았다는 점이다. 그렇다보니 족보에 거론되는 인물이 다를 수 있다.

예수는 오히려 '다윗이 그리스도를 주라고 불렀는데 어떻게 다윗이 그리스도의 자손이 되겠느냐'고 반문한다(마가 12:37, 마태 22:45, 누가 20:41). 예수가 성령으로 잉태했다면 다윗의 자손이 될 수 없고, 다윗의 자손이라면 성령으로 잉태되었다는 것이 허구다. 그런데 성령으로 잉태된다는 것이 현실적일 수 없다면 결국 다윗의 자손으로 구성한 것도 지나친 욕심이다.

동정녀잉태설의 정치학

어떤 여성도 남성의 정자가 여성의 난자와 결합하는 과정을 거치지 않고 (육체적이든 시험관을 통하든) 새로운 생명을 잉태할 수는 없다. 그런데 예수는 어머니가 동정녀 즉 숫처녀의 상태에서 남자의 정자 대신에 '성령'으로 잉태했다는 것이다. 예수의 일생가운데 '동정녀 성령 잉태설' 만큼 쇼킹한 이야기는 없다. 부활? 물론 부활도 쇼킹뉴스다. 그러나 '동정녀 성령잉태'와 '부활'둘 중에서 어느 내용을 뉴스의 톱기사로 정할까 하면 당연히 동정녀 성령잉태설이다. 부활은 가사상태(假死狀態)에서 깨어나는 경우도 있다.

인류역사에서 전무후무한 예수의 동정녀 성령잉태이야기가 현실이라면 예수의 일생을 그린 공관복음과 요한복음에 이 이야기가 등재되는 것은 당연하다. 그런데 이상하다. 네 복음서 가운데 예수의 탄생에 관해 언급하고 있는 것은 마태복음과 누가복음의 초반부다. 마가복음과 요한복음에는 예수의 탄생에 관한 언급이 아예 없다.

마가복음이 초대교회의 성서의 방향을 제시한 이정표였다면 요한복음은 1세기 말이나 2세기 초의 그리스도교에서 예수를 어떻게 보고 있는가를 나타내주는 지표다. 즉 요한복음은 저작연대로 보아 당시 그리스도교의 교회에서 신도들이 생각하는 예수, 그리고 신도들에게 제시되어야 하는 예수에 대한 기술이라고 할 수 있다. 따라서 요한복음은 초대교회가 갖는 예수에 대한 이미지와 소망 그리고 믿음을 나타내주고 있다. 예수가 죽은 뒤 20여년이 지난 50년대 초에 바울이 기록한 바울서신들은 최초의 신약문서다. 예수의 생존시가와 가장 근접하는 성서다. 여기에도 예수의 동정녀출생에 관한 언급은 없다. 예수의 전기를 쓴 4개의 복음서 가운데 제일 먼저 씌어져 시간적으로 예수의 삶과 가장 가까운 마가복음은 예수가 세상을 떠난 뒤 35~40년 후 즉 65~70년경에 쓰인 것으로 추정되고 있다. 따라서 마가복음의 저자는 예수와 동시대를 살았을 수도 있다.

예수가 30대 초반에 세상을 떠났다면, 그로부터 40년이라면 예수의 나이로 보면 마가복음 저자의 나이는 70대 초반이다. 예수보다 10년이 젊었다면 60대다. 물론 마가복음의 저자가 예수와 동시대의 인물일 것이라는 어떤 단서도 없다. 다만 예수가 역사적으로 존재했다면 마가복음의 저자는 다른 복음서의 저자보다 예수의 실체에 대해 가장 근접된 정보를 가질 수 있는 위치였을 것이다. 그런데 마가복음은 예수의 출생에 관한 이야기를 하지 않는다.

바울이 56~58년에 쓴 것으로 추정되는 '로마서'에 예수의 출생에 관해 처음으로 언급되지만 여기에서도 예수의 동정녀출생에 관한 내용은 없다. 다만 바울은 예수가 "육신으로는 다윗의 후손으로 태어났으며"(로마서 1:3), "성령으로는 죽은 사람들 가운데서 부활함으로 나타난 권능으로 하느님의 아들로 확정된 분"(로마서 1:4)으로 규정한다.

최초의 복음서인 바울서신뿐만 아니라 4복음서 가운데 가장 먼저 쓰인 것으로 알려진 마가복음과 뒤에 저작된 요한복음에도 왜 출생에 대한 이야기는 나타나지 않는 것일까? 초대교회에서는 바울서신이나 바울의 로마서 외에 마가복음이 유일한 복음서였을 것이다. 여기에 예수의 동정녀 탄생 이야기가 들어있지 않는 것은 최소한 마태복음이 나타나기 전의 초대교회에서는 예수의 동정녀 탄생과 같은 신비주의적 이야기는 존재하지 않았을 가능성이 크다.

성서는 예수의 시시콜콜한 언행도 상세히 묘사한다. 결국 바울의 서신이나 마가복음만 전승되었더라면 오늘날 예수의 모습은 전혀 달랐을 것이다. 초대교회에는 바울 서신이 필사되어 돌고 이어 마가복음이 필독되었을 것이다. 초대교회의 회심한 그리스도인들이 예수의 추종자들 또는 제자들로부터 예수에 관한 이야기를 듣거나 또는 바울의 서신이나 마가복음을 토대로 이야기할 때 제기될 물음은 "예수는 어떤 사람인가?"에서 "언제 어디에서 누구의 자손으로 태어난 사람인가?"로 이어질 것은 당연하다. 그로부터 10여년의 세월이 흐른다. 점점 세력이 늘어가는 초대교회에서 예수의 출생내력에 대한 필요성이 제기되었을 것이다.

마태복음의 저자는 초대교회의 당면 과제 즉 신도들의 의구심과 기대감, 교세의 확장, 신앙심의 공고화 필요성 등에 따라 '부활'로 막을 내리면서 '재림'의 예고편에 걸맞게 출발도 '신의 아들'로 과감하게 설정했을 것이다. 이미 부활신화를 토대로 기독교의 교주로 자리매김 된 예수의 출생에 대해서는 누가 기술해도 비범하고 상징적 내용으로 포장할 수밖에 없다. 신비스럽고 고상한 출생의 이야기로 구성하는 것은 당연하다. 사람을 대상으로 작용하는 종교와 정치가 갖는 공통성이다. 정치에서도 영웅들의 전기는 영웅의 사망 이후에 거슬러 올라가면서 신화적으로 각색되는 경우가 대부분이다.

마태복음으로부터 10여년 뒤의 누가복음의 저자는 예수의 동정녀 잉태설에 대한 기본 줄거리는 그대로 수용하면서 부분적인 내용을 수정하고 있다. 누가복음의 저자는 10년의 세월이 흐르는 동안 마태복음을 접하지 못했을 리가 없다. 당시에 안디옥을 비롯한 대부분의 선교의 중심지에서 사용되었을 것이고 10여년의 세월동안 누가복음의 저자에게 전달되지 않았을 가능성은 약하기 때문이다.

누가복음의 저자는 마태복음을 읽고 자신의 상황과 목적에 맞도록 과감하게 첨삭하고 각색한 흔적이 역력하다. 특히 마태복음은 예배에 사용하기에 적합하고 교회에 대한 구체적인 가르침을 담고 있기 때문에 초대교회에서 가장 많이 — 마가복음보다 더 — 사용한 것으로 전해진다. 이런 상황에서 누가복음의 저자가 누가복음을 저술한 목적과 과정(누가 1:1~4)은 "우리 중에 이루어진 사실에 대하여 처음부터 목격자와 말씀의 일꾼 된 자들이 전하여 준 그대로 내력을 저술하려고 붓을 든 사람이 많은데" 그 모든 일을 근원부터 자세히 미루어 살핀 자신도 데오빌로 각하에게 차례대로 써 보내는 것이 좋은 줄 알았다는 것이다.

여기에서 말하는 '사실'은 예수를 중심으로 일어난 일련의 '사건'들을 의미한다. 또한 '근원'은 '시작(beginning)'을 나타내는데 협의의 의미는 예수를 중심으로 나타난 사건들의 시작일 수도 있지만 더 거슬러 올라가면 구약성서의 단초를 의미 수도 있다. 목격자들은 바람직하게는 예수를 따르던 사람들이겠지만 목격의 대상이 확실할 수는 없다. 예를 들면 바울의 '다메섹 사건도' 목격이라고 볼 수 있다면 각자 상상한 것도 목격의 범위에 들 수 있기 때문이다. '말씀의 일꾼 된 자'들은 초대 그리스도교의 사역자들일 것이다.

누가복음의 저자는 '내력을 저술하려고 붓을 든 사람이 많은데' 라는 표현을 사용하여 기존의 복음서들을 자신이 접했음을 나타낸다. 단적으로 말해 바울서신과 마가복음 및 마태복음을 접했다는 의미일 것이다. 또한 그는 전승뿐만 아니라 자신이 그 내용들을 살폈다고 밝힌다. 누가복음의 저자가 마태복음을 전해 들었거나 읽었다면 한 사람의 예수를 놓고 마태복음과 누가복음이 탄생과정을 서로 다르게 기술한 배경은 무엇인가?

첫째, 저자가 입수한 전승과 자료가 다를 수 있다. 누가복음이 저술될 당시에 새로운 버전의 출생설화가 전승될 수 있고, 마태복음이 복사되는 과정에서 새로운 버전이 추가되고 각색되어 누가복음의 저자에게 전달되었을 가능성이다.

둘째, 구약성서의 메시아 탄생에 관한 이야기에 대해 마태복음 저자와 누가복음 저자의 이해와 해석, 그리고 목적이 다를 수 있다. 이를 토대로 마태복음의 저자가 기대하는 예수의 이미지 및 역할과 누가복음 저자가 기대하는 예수의 이미지 및 역할이 다를 수 있다. 마태복음의 저자는 예수를 모세와 다윗과 같은 민족의 지도자의 역할을 중시하다보니 다윗의 후손임과 모세의 출애굽을 빗대었다. 반면에 누가복음은 예수를 종교적 관점으로 기술한다. 출생한 예수가 피신하는 것이 아니라 예루살렘에 가서 성전의식을 거행하고 있다.

셋째, 누가복음의 저자가 누가복음을 저술하는 당시의 상황이 마태복음의 저술상황과 다르기 때문에 내용을 다르게 구성할 수 있다. 마태복음은 유대인들의 대로마항쟁이 처참한 학살로 막을 내리고 예루살렘의 성전이 파괴되는 상황과 맞물려있다. 팔레스타인지역의 기대가 모세나 다윗의 재림일 수밖에 없는 상황인 것이다. 그러나 누가복음이 등장할 때는 상대적으로 로마지배체제에 대한 저항보다는 적응의 상황으로 변화되었음을 반영하는 것이다.

넷째, 마태복음과 누가복음에서 특히 구별되는 특징은 마태복음은 이스라엘 왕으로서, 이사야서의 임마누엘같은 정치적 예수를 기대하면서 창작한 것 같다. 그러다보니 예수는 정치권력의 탄압의 대상이 되고 이집트로 피난을 간다. 그러나 누가는 이미 예수에 대한 상황과 인식이 종말론적 예언자로 굳어진 상황을 깨닫고 구원을 추구하는 메시아적 예수를 기대했던 것 같다. 즉 마태는 미래를 그리면서 썼고 누가는 현재를 바탕으로 서술한 것이다.

예수의 동정녀 잉태설에 대한 마태복음과 누가복음의 다른 버전은 두 복음서의 독자들과 신도들을 혼란스럽게 만든다. 그러나 이러한 혼란이 오히려 동정녀 잉태설에 대한 본질적 의문보다는 어느 쪽이 옳은지에 대한 관심으로 전이시킨다. 진위에 대한 평가의 문제가 비교의 문제로 변하는 것이다. 성서의 저자들이 이런 효과를 기대하고 서로 다른 내용을 기술했을 리는 없다. 정치적으로 내부의 정교하게 의도된 갈등은 외부의 적을 교란시키기 위한 필요한 전략일 수 있다. 성서의 모순은 이러한 전략적 효과를 초래하는 기능을 하고 있는 것이다.

요한복음의 저자는 마태복음과 누가복음을 통해서 당연히 '동정녀 잉태'이야기를 알고 있었을 것이다. 그런데 그가 그 톱뉴스를 한 줄도 기재하지 않은 이유는? 마가와 비슷한 입장이었기 때문이었던 것인가, 아니면 마태와 누가복음의 내용만으로도 충분하기 때문에 그 내용을 더 이상 이어갈 필요가 없다고 느꼈던 것인가, 아니면 피해가고 싶은 내용이라서 배제한 것인가?

✎ 설화로서의 예수의 탄생배경

예수의 출생 이야기는 전혀 역사적인 것이 될 수 없고,[18] 구약성서의 예언과 예수의 출생을 연결시키려는 작위적 구성일 가능성이 높다. '첫 번째 크리스마스'를 쓴 마커스 보그와 존 도미닉 크로산은 예수의 동정녀출생에 관

---

18) 스퐁, 『만들어진 예수 참 사람 예수』, p. 50.

해 아주 조심스런 문장구성으로 완곡하게 사실성이 아니라면서도 '허구'나 '신화'가 아닌 '비유'로 귀착시킨다.[19] 그렇다고 허구나 비유가 사실로 변하는 것은 아니다.

레인 맥고이는 그리스 유년기 설화들의 완전한 형태는 다음과 같은 다섯 부분 즉 1) 뛰어난 조상들을 보여주는 족보, 2) 비상하고 신비스런, 혹은 기적의 잉태, 3) 천사 혹은 꿈속의 통고 즉 수태고지, 4) 출생과 그에 동반되는 초자연적 징조, 5a) 찬양 혹은 위대한 일에 대한 예고, 5b) 잠재적 경쟁자의 박해 등으로 구성되었고 분석한다.[20]

우리나라에도 그렇지만 그리스-로마 문화에서는 인간이 하느님을 아버지로 갖는다는 생각은 아주 흔한 일[21]이고 "처녀잉태의 이미지는 민담이나 신화에 수두룩하게 등장"[22] 하기 때문에 아주 새롭거나 힘든 것이 아니다. 조셉 캠벨(Joseph Campbell)이 쓴 『천의 얼굴을 가진 영웅』이라는 책[23]에는 수없이 많은 신의 자식들이 등장한다.

세계에 신의 아들은 많다. 특히 고대세계의 영웅이나 왕들은 대부분 신의 아들들이다. 가까운 지역에 예수보다 먼저 나타난 신의 아들로 아우구스투스 황제가 있다. 예수보다 거의 반세기 전인 기원전 42년에 로마 원로원은 율리우스 카이사르를 신으로 선포하고 '신성한 율리우스(Divus Iulius)'라 부르게 하고 옥타비아누스는 자신을 '신의 아들(Divi filius)'임을 강조하고 자신이 하는 일에 정당성을 확보한 뒤 사후에 신격화되었다. 그 결과 많은 수의 아우구스투스 동상과 흉상이 제작되었고, 현재까지도 많이 남아 있다. 아우구스투스 신앙(Divus Augustus)은 391년에 테오도시우스 1세가

---

19) 보그, 크로산, 『첫 번째 크리스마스』, p. 54.
20) Lane McGaughy, "Infancy Narratives in the Ancient World," *The Fourth R5*, 5(1992), pp. 1-3; 펑크, 『예수에게 솔직히』, p. 430에서 재인용.
21) 타보르, 『예수왕조』, p. 89.
22) Joseph Campbell, *The Hero With A Thousand Faces* (1949), 이윤기 역, 『천의 얼굴을 가진 영웅』 (서울: 민음사, 1999), p. 393.
23) 캠벨, 『천의 얼굴을 가진 영웅』.

기독교를 국교로 삼을 때까지 계속된다. 아우구스투스에게는 '신의 아들"이라는 칭호 외에도 '구세주', '주님', '평화를 주신 분', '온 세상의 빛'으로 숭배되었다. 당시 로마인들에게는 한 세기 동안 계속된 혼란과 내전을 종식시킨 아우구스투스 황제에게 이런 칭호들을 붙여 숭배한 것을 충분히 납득할 수 있다.

신약성서의 기록자들은 당시에 그 사회를 지배하고 있는 아우구스투스 황제의 이야기보다 더 거룩하고 신비스런 이야기의 구성이 필요했을지도 모른다. 로마제국을 통일한 아우구스투스황제보다 그 로마제국에 의해 처형된 나사렛 예수가 로마 황제들보다 훨씬 더 위대하고 신령스러울수록 좋을 것이다. 비너스신과 아폴로 신을 족보로 하는 그의 출생이야기에 대응하거나 능가할 이야기는 자신들의 신의 아들이 출생해야하고 그 아기는 동정녀로 출생하는 것이 자신들의 공동체를 결속시키는데 필요하다고 믿었을 것이다.

기독교의 충실한 신도들은 동정녀 탄생이 예수가 하나님의 아들이라는 증거라고 믿는다. 동정녀 잉태는 원죄 없이 태어나 우리의 죄를 대속하신 흠없는 제물의 필수조건이라고 믿는다. 그러나 여기에는 마리아가 이어 받고 있는 원죄에 대한 설명이 궁색해진다.

'예수의 신비들(The Jesus Mysteries)'에서 티모시 그리크(Timothy Freke)와 피터 갠디(Peter Gandy)는 다음과 같은 명제를 제기한다.

> 결국, 새로 발견된 영지주의 복음서를 읽은 사람도, 그들의 환상적인 이야기들을 문자대로 사실로 받아들일 사람도 전혀 없다. 그들은 여전히 신화로 보인다. … 만일 신약성서들도 잃어버렸다가 최근에 발견되었다면, 누가 그 복음서를 처음에 읽고, 인간이 동정녀에서 태어나고, 물위를 걷고, 죽은 후에 부활했다는 역사적 설명을 누가 믿겠는가? 왜 우리는 오리시스(Osiris) … 등의 이교도 구세주 이야기는 모두 비유라고 생각하면서, 근본적으로 동일한 이야기가 유대인의 맥락에서 이야기 되는 베들레헴의 한 목수이야기는 사실로 믿어야 하는가?[24]

---

24) Freke and Gandy, *The Jesus Mysteries*, p. 9. 이 책은 『예수는 신화다』라는 제

예수의 '동정녀 출생'은 기독교의 모든 종파가 믿는 견해다. 그러나 믿는다는 것과 그것이 역사적 사실이라는 것은 다르다. 역사적 사실일 수도 사실이 아닐 수도 있는 것은 사람에 따라 믿거나 믿지 않을 수 있을 것이다. 종교는 또한 반드시 사실이어야 믿는 것은 아니다. 오히려 역사적 사실이라면 종교의 대상이 되기 어려울 수도 있다. 종교는 신화적 요소를 요구하기 때문이다. 사실이 아니라도 그 내용이 갖는 상징성을 추구하여 믿음의 대상으로 삼을 수는 있다. 그러나 도저히 사실일 수 없는 것을 사실이라고 주장하고 믿도록 하는 것은 별개의 문제다.

신화를 제외하고는 동서고금을 통해 인간은 물론이고 어떤 생명체에서도 암수의 교배 없는 잉태와 출생이 일어난 사실은 없다. 예수의 동정녀의 출생이야기도 사실일 수 없는 이야기에서 벗어나기 어렵다. 마리아가 남녀관계 없이 동정녀 상태에서 예수를 낳았다는 생각은 야훼라는 신이 인간을 비롯한 우주만물을 창조하고 주관한다고 생각했던 2000년 전의 유대인들의 사고에서는 가능한 일일 수 있었을 것이다. 그 이후 계몽주의 이전까지 성서의 내용은 정치권력과 결합된 종교권력에 의해 절대적으로 수용되도록 강요되면서 이의는 물론 의심조차도 금기사항이었다. 계몽주의를 전후하여 성서에 대한 비판적 연구가 시작되었지만 2000년이 흐른 지금도 기독교는 예수의 동정녀탄생을 기정사실화하고 있다.

가톨릭과 동방정교 등의 교리에는 마리아의 처녀 잉태설에서 더 나아가 마리아가 평생 처녀였다는 주장도 있다. 마리아는 하나님의 아들을 사람으로 수태하고 탄생하는데 하나님의 이적이 개입되었을 뿐이지 생물학적으로는 영원한 처녀성을 일생동안 유지하였다는 것이다. 결국 마리아는 신적인 존재, '성스러운 하나님의 어머니'로 이상화되었다.[25] 마리아의 영구적 처녀성에 관한 주장들은 5세기 중엽부터 막강한 권위와 권한을 움켜쥐고

목으로 국내에 오래 전에 번역 출간되었으나 교계의 반발로 절판되었다가 2009년에 다시 출간되었다.
25) 타보르, 『예수왕조』, p. 68.

있던 교황과 사제들로부터 비롯되었다는 점에서 노골적으로 인위적 요소를 안고 있다. 이러한 주장은 서기 553년의 콘스탄티노플 공회와 649년의 라테란 공회에서 인정되었다. 종교지도자들이 한 여성의 처녀여부를 결정한 다는 것은 오히려 웃음을 자아내게 한다. 공회의 그런 인정은 신앙으로서의 지침은 될 수 있어도 역사로서의 본질이 그에 따라가는 것은 아니다.

7장
예수 행적의 양면

〽️ 예수 행적에 관한 접근인식

예수의 행적을 추적하기 전에 몇 가지 전제되어야 할 일들이 있다. 예수의 행적을 전해주는 자료는 마가복음을 비롯한 신약 4복음서이다. 이 복음서들은 역사서가 아니다. 성서에 나타난 예수의 말이 현장에서 기록된 것도 아니다. 기껏해야 부분적으로 구전된 것 이외에는 성서의 저자들이 써낸 이야기들이다. 성서의 저자들은 여러 자료를 참고했겠지만 그들이 예수의 활동에 동참해서 현상의 사실과 체험을 써낸 것은 아니다. 저자들이 처음에 썼던 그 내용도 원문은 사라진 채 원문을 필사한 것을 다시 필사하는 등 여러 번 필사한 것들이다.

  예수는 여러 곳을 돌아다니며 장소와 상황 그리고 때에 따라 어떤 말을 하고 어떤 행위를 했을 것이다. 그 행적들은 예수를 따르던 사람들이나 그 현장에서 보고 들은 사람들에 의해 다음 사람들에게 전해졌을 것이다. 당시의 교통과 통신수단은 대면접촉이었기 때문에 그 전달의 범위와 속도는 아주 제한적일 수밖에 없다. 그뿐만 아니라 로마의 식민지배와 유대교의 견제 속에 예수를 따르던 서민층이었던 제자들과 하층민들이었던 추종자들이 과연 얼마나 적극적이고 정확하게 예수의 활동을 잘 담아 전달했을지도 의문스럽다.

  예수의 행적은 이러한 전달과정을 통해 전하는 사람이 자신의 체험의 일부를 전하고 그 과정에서 자신의 판단과 해석 선호를 추가해 자신의 표현으로 전달했을 것이다. 듣는 사람도 이런 과정으로 전달했을 것이고 멀리 갈수록 본래의 의미와는 점점 멀어지고, 또 다른 내용이 첨삭되었을 것이다. 성서의 저자들은 이러한 구전이나 또는 어떤 자료의 정거장일 수 있다. 이 저자들은 자신들이 접한 내용을 토대로 자신들의 해석과 가치, 믿음, 그리고 당시에 당면한 정치 사회적 상황에 적응하고 그리스도교에 필요한 목적에 맞도록 성서를 썼을 것이다.

이 저자들은 기본적으로 유대교의 경전에서 제공하는 예언과 예수를 이으려 했다. 이 성서의 초본은 그리스도교 교인들의 필요에 따라 필사되고 그를 토대로 다시 필사되는 과정을 거치게 된다. 결국 현재 복음서들에서 예수가 한 말로 나타나 있는 가운데 실제 예수가 한 말은 20% 미만이라는 분석결과가 나오고 있는 것이다.[1] 그렇다고 성서에 나타난 예수가 했을 것으로 추정되는 약 20% 가량의 말도 예수가 직접 사용한 내용이거나 어법이나 표현이라고 할 수도 없다. 성서를 통해 예수의 활동을 접할 때 "예수께서 이렇게 말했다"라면서 예수의 말로 나타난 구절을 인용하는 것은 사실 조심스럽고 쑥스런 일이 아닐 수 없다. 따라서 여기에는 '성서에 나타난 바에 따르면' 이라는 전제를 붙이는 것이 보다 객관적이다. 불경은 부처의 말을 시작하기 전에 여시아문(如是我聞: 나는 이렇게 들었다)으로 시작되고 있다. 우리가 성서의 예수에 대한 행적(말과 행동)은 이러한 인식을 바탕으로 출발해야 할 것이다.

ᗰ 비유적 기술(記述)

신약성서 연구자들에 따르면 예수의 '비유의 말'은 공관복음서 전체에서 3분의 1 이상을 차지한다.[2] 공관복음의 대부분의 내용이 '예수의 말과 행적'

---

1) 펑크, 『예수에게 솔직히』, p. 74.
2) Archibald M. Hunter, *Interpreting the Parables* (London: SCM Press LTD, 1981), p. 7.

으로 지칭 되는 대응으로 이루어졌기 때문에 공관복음의 1/3이상이 비유로 기술되어 있다는 의미다. 그러나 예수의 말로 묘사된 내용은 실제 예수가 한 말을 인용한 것이라기보다는 저자들의 창작이라는 점에서 비유적 서술은 어떤 배경을 담고 있을 것이다.

헌터(A.M Hunter)의 정의대로 비유는 "한 영역에서 명백한 것이 다른 영역에서도 명백하다는 가정에서 자연과 일상생활로부터 이끌어 낸 비교"다. 비유를 어떤 의미로 해석할 것인가는 시대적으로 다른 주장들이 이어졌다. 또한 비유에 대한 해석의 방향에 따라 그 의미도 다를 수밖에 없다. 예수의 비유는 공상적인 이야기가 아니라 지상의 이야기에 하늘의 의미를 담고 있는 현실의 이야기다.

예수의 비유는 당시의 헬라문학이 갖는 유행의 표현일 수도 있다. 사람들에게 진리를 가르치고 그 진리를 예증으로 명확하게 밝히기 위해서 비유를 사용할 수도 있다. 물론 이러한 비유는 계시적 효과에 목적을 두고 있다. 그러나 비유는 계시적 효과와 함께 정치적 의도에 대한 은폐적 효과를 노릴 수도 있다. 예수의 추종자들, 초대교회의 그리스도인들이 갖는 당시의 정치와 종교권력에 대한 불만을 직유법으로 표현할 수 없는 상황에서 비유적 표현은 대안이다. 따라서 성서를 이해하는데 비유의 본질적 의미와 그러한 비유가 동원된 배경을 숙고해야 한다.

성장기의 행적

성서를 바탕으로 해도 예수의 생애에서 약 30살까지의 삶에 대한 역사적 기록은 어디에도 없다. 참으로 이상한 일이다. 마태복음의 저자는 예수가 탄생했을 때 하늘에서 별이 이동하고 그에 따라 동방박사가 찾아와 경배했다고 쓰고 있다. 누가복음에는 천사와 하늘의 군대가 찬양하고 다시 하늘로 올랐다. 헤롯왕이 군대를 파견하여 아기 예수를 죽이려하는 등 온 나라를 들썩이게 만들었다. 그렇게 예수는 탄생했다. 하나님의 아들로 태어났다는 예수인데 …

마태복음은 예수가 이집트에서 나사렛으로 온 것은 헤롯이 죽은 뒤 바로 "아기"때다(마태 2: 19). 따라서 예수가 이집트에서 자란 것은 아니다. 그리고 예수가 요한으로부터 세례를 받기 전의 행적을 "나사렛이란 동네에 와서 사니"(마태 2:23)라는 한마디로 표현할 뿐이다. 나사렛에서 무엇을 어떻게 하면서 살았는지에 관한 언급이 전혀 없다.

누가복음에는 "아기가 자라며 강하여 지고 지혜가 충족하며 하느님의 은혜가 그 위에 있더라"(누가 2:40)라는 형식적이고 의례적인 덕담의 표현으로 나타난다. 이어서 12살 때의 모습이 단 한 차례 나타난다. 누가복음(2:41~52)의 해당 구절의 핵심은 이렇다.

> 예수의 부모가 해마다 유월절이 되면 예루살렘으로 가더니 예수가 열두 살 되었을 때에 그들이 이 절기의 관례를 따라 올라갔다가 돌아갈 때에 예수는 … 성전에서 … 선생들 중에 앉아 그들에게 듣기도 하고 묻기도 하니 듣는 자가 다 그 지혜와 대답을 놀랍게 여겼고 그의 부모가 … 네 아버지와 내가 근심하여 너를 찾았다고 하자, 예수가 … 내가 내 아버지 집에 있어야 될 줄을 알지 못하셨나요 하니 그 부모가 그가 하신 말씀을 깨닫지 못했다 … 예수는 지혜와 키가 자라가며 하나님과 사람에게 더욱 사랑스러워 갔다.(누가 2:41-52)

"예수는 지혜와 키가 자라가며 하나님과 사람에게 더욱 사랑스러워 갔다"는 내용은 구약성서의 "아이 사무엘이 점점 자라매 여호와의 사람들에게 은총을 더욱 받더라"(사무엘상 2:26)라는 구절을 연상시킨다. 누가복음의 저자는 먼저 쓰여진 다른 두 복음서가 출생에서부터 요한의 세례 즉 공생애의 시작까지의 공백이 너무 허전하게 느껴져 12살 때의 이야기를 구성했을 수도 있다.

어린 시절에 부모와 함께 예루살렘의 성전에 들렸다는 이야기 외에는 그의 나이 서른이 될 때까지 그의 행적에 대해 어떤 기록도 없다는 점은 의외다. 최소한 본인에 의해서든 아니면 부모나 형제에 의해서라도 한토막이라도 전해져야 하는 것이 아닌가? 그래서 성서학자들은 이 첫 30년을 '예수의 잃어버린 세월'이라고 부른다.

  청년기의 예수가 어떻게 지냈는지를 언급한 내용이 전혀 없는 것은 아니다. 마가복음(6:1~3)에 예수의 어린 시절의 삶을 추측할 수 있는 한 구절이 있다. "예수가 제자들과 고향으로 갔을 때 이 사람이 마리아의 아들 목수가 아니냐 야고보와 요셉과 유다와 시몬의 형제가 아니냐 그 누이들이 우리와 함께 여기 있지 아니하냐 하고 예수를 배척한지라"라는 구절이 나타난다. 마태복음은 이것을 "이 사람이 목수의 아들이 아닌가?"(마태13: 55) 즉 목수의 아들로 바꾼다. 이 구절대로라면 예수는 공생애를 시작하기 전에 나사렛에서 목수로서 일했을 가능성을 보여준다.

  여기에서 목수로 번역된 그리스어 tekton은 실제 우리가 생각하는 목수(carpenter)보다는 더 넓은 의미로 건축현장에서 일하는 건축(업)자(builder)를 가리킨다. 따라서 목수로 알려진 요셉이 예수와 관계가 있다면 예수가 그를 도와서 함께 일을 했을 것이라는 추정이 가능하다. 특히 예수의 탄생 이후에는 요셉의 이름이 등장하지 않는 다는 점에 착안하면 예수가 집안의 장자로서 어린 동생들과 생업을 이었을 가능성도 배제할 수 없다. 그러나 이런 일은 하나님의 아들에게 특별한 의미가 있는 것이 아니라고 판단했을 것이다.

  예수의 성장과정에 대한 성서외적인 또 다른 기록도 있다. 얼마나 사실이냐가 문제이지 전혀 기록이 없는 것은 아니다. 기독교도에 반대하는 후대의 유대인 논쟁가들이 흔히 택하는 논제인데, 예수의 생물학적 아버지가 로마 병사인 '판테라'라고 말한 그리스 철학자인 켈수스(Celsus)의 글에서 언급된다. 예수가 청년기에 마법을 배우기 위해 이집트에 갔다는 이야기다. 어렸을 때 인도로 가서 힌두교 스승들에게 배웠다는 이야기도 있다.[3] 역사가들은 이런 이야기들을 거의 믿지 않는다. 잃어버린 30년을 전설과 우화로 채우는 것이 신약에 나와 있는 예수의 역사를 추구하는데 큰 도움이 될 수 없기 때문일 것이다.

---

3) Tabor, *The Jesus Dynasty*, p. 86.

성서 자체를 사실 혹은 허구로 인식하는 것은 개인의 판단의 문제지만 어떤 기록을 증거로 내세우는 것은 자칫 본질을 오도할 수 있다. 어떤 사안에 대해 최초로 기록하는 사람이 잘못 기록한다면, 그것을 인용하는 모든 문헌은 허구가 될 수밖에 없다. 역사의 잘못 기록은 여러 가지 원인이 따른다. 이에 대한 대답은 카(E. H. Carr)가 대신 해준다.

어떤 기록문서도 그 문서의 기록자가 생각한 것 이상을 우리에게 말할 수 없다. 즉, 그가 일어났다고 생각한 일, 그가 일어나야 한다고 생각했던 일, 일어날 것이라고 생각했던 일, 혹은 자기가 그렇게 생각한다고 다른 사람도 그렇게 생각해 줄 것을 바랐던 일, 심지어는 자신이 그렇게 생각한다고 자기 스스로만이 생각했던 일, 이러한 것이 전부이다.4)

∽ 공생애의 시작

예수의 30살까지의 기록은 부실하다. 기록자가 일어났다고 생각한 것은 고사하고 일어나야 한다든가 일어날 것이라고 생각했던 일에 관한 기록도 없다. 심지어는 기록자 혼자 생각했던 예수에 대한 기록도 없다. 누가복음(3:23)에 "예수 자신은 약 삼십 세가 되어 사역을 시작하셨고 …"라는 내용을 근거로 예수가 30세에 공생애를 시작했다고 생각할 뿐이다.

그렇다고 예수가 꼭 30세에 공생애를 시작했는지도 불명확하다. 그러면 성서의 기록자들은 왜 예수의 30년간 생활을 전혀 기록하고 있지 않는가? 몰랐던 것인가? 아니면 알고 있으면서도 내세울만한 이야기가 없었기 때문인가? 그리고 왜 30세인가? 민수기(4:3)에 성막에서 봉사하는 레위인들이 30세 때부터 사역한 것으로 나타나 있다는 점과 무관하지 않을 것이다.

성서는 30년간 존재가 가려져있던 예수의 공생애 등장을 아주 정교한 전략을 바탕으로 일반에게 선보인다. 당대 최고의 선지자 요한을 통해서 일

---

4) E. H. Carr, *What is History?* (New York: Random House, 1963), p. 16.

반에게 소개하는 것이다. 요한은 무대의 사회자가 스타를 소개하듯 예수를 등장하면서 하느님의 아들로 소개한다. 예수의 공적 활동은 세례자 요한에게 세례를 받는 것으로부터 시작된다. 마태복음과 누가복음은 그의 출생과정을 요란하게 묘사하고 신성화했다. 그리고는 예수의 성장과정을 따라가지 않았다. 작가의 역량부족인가 태만인가? 결국 마태복음과 누가복음에서 설정한 하느님의 아들은 30여년의 공백 속에서 지내다가 요한을 통해서 다시 무대에 등장하는 과정을 밟게 된 것이다.

세례요한

요한은 어떤 인물인가? 요한은 역사적 인물로 나타난다. 예수가 역사적 인물이라면 요한은 당연히 확실한 역사적 인물이다. 요세푸스(Flavius Josephus)의 기술(유대상고사, 18, 116~119)이 이를 잘 알려준다. 복음서는 요한에 대해 유대고대사보다 더 구체적이거나 또는 설화적으로 묘사한다. 요한의 탄생에 관해서는 누가복음에 유일하게 나타난다. 그 이야기의 목적은 "요한이 어머니 뱃속에서부터 하나님의 사자로서 메시아의 길을 앞서 준비하는 사람이라는 것을 증거하려는 것" [5] 인가. 요한이 이스라엘 백성 앞에 모습을 드러낼 때 까지 광야에 머물렀다는 누가복음(1:80)의 기록은 복음서 저자의 편집이라는 주장이다.

요한에 대한 이러한 기록들은 요한으로 하여금 메시아로서의 예수의 등장에 가교적인 역할을 맡기기 위한 것으로 보인다. 누가복음의 저자는 예수의 존재를 높이기 위해 요한의 처지를 최대한 격하시킨다. 예수를 주인공으로 설정하고 요한을 조연으로 그리고 있다.

성서에 따르면 예수는 요한으로부터 세례를 받는다(마가 1:9, 마태 3:13, 누가 3:21). 다만 요한복음은 하느님의 아들이 요한에게 세례를 받는 것이

---

5) 타이쎈, 메르트, 『역사적 예수』, p. 295.

마음에 걸렸던지 요단강에 이르러 요한에게 세례를 받으려하자 오히려 요한이 말리며 자신이 세례를 받을 처지라고 자신을 낮추는 것으로 비켜간다. 성서의 기록대로 실제 요한이 예수에게 세례를 베풀면서 예수에게 경의를 표했다면 요한의 성품이 겸손하거나 또는 당시의 세력분포에 대한 반응일 수 있다. 실제 요세푸스도 요한이 인간관계에서 덕이 있는 인물로 묘사하고 있다. 그러나 요한이 예수를 높인 것은 복음서 저자들의 의도적인 작품으로 보인다.

모든 드라마의 주연은 1인이어야 한다. 드라마의 성공은 관객의 몰입의 정도에 좌우된다. 주연이 1인 이상이면 몰입이 약화되고 감동과 관심도 분산된다. 어느 역할의 하나는 조연으로 격하되어야 한다. 2인 이상의 집단에서는 이러한 주연과 조연의 구별은 더 냉혹하다. 집단의 상징을 대내외에 전파하고 결속을 강화하기 위해서라도 주연의 부각을 위해 조연은 초라해져야 한다.

제임스 D. 타보르는 세례 요한과 예수를 이해하려고 할 때, 신약성서의 복음서는 우리가 가진 최고의 자료인 동시에 최대의 장애물이라고 지적한다. 그는 마가, 마태, 누가, 요한복음이 써질 무렵(70~100년)이면 기독교도 사이에서는 예수의 독자적인 역할을 지나칠 정도로 높이면서 그와 동시에 세례 요한을 경시하고 평가절하 하려는 시도가 노골적으로 일어나기 시작하는데, 요한은 단지 예수를 세계에 소개한 뒤 재빨리 무대에서 사라진 선구자로 다루어졌다는 것이다. 더 나아가 기독교도가 보기에 가장 민망스런 사실은 예수가 요한에게 세례를 준 것이 아니라 거꾸로 받았다는 점이라고 주장한다.

예수가 요한에게 와서 요한의 운동에 가담했고, 고대 유대교의 맥락에서 이러한 일은 예수가 요한의 사도이며 요한은 예수의 랍비 또는 스승이었음을 의미하는데 이러한 내용들은 예수를 떠받드는 후대 기독교도에게 받아들일 수 없는 문제였다는 것이 그의 주장이다.[6] 요한은 예수와는 별개로 당대에 하나님의 사자로서 활동하고 있음을 알 수 있다.

✍ 예수에 대한 세례와 신격화

요한이 체포되고, 헤롯에 의해 살해되면서 메시아 운동은 예수 혼자서 주도하게 된다. 이로부터 복음서들의 내용은 바로 예수의 행적에 대한 상세한 기술이다. 예수의 행적에 대한 기술은 마가복음에 처음 소개되고 이어 이를 토대로 다른 성서들에서 이어지고 있다.

> 예수께서 갈릴리 나사렛으로부터 와서 요단강에서 요한에게 세례를 받으시고 곧 물에서 올라오실새 하늘이 갈라짐과 성령이 비둘기 같이 자기에게 내려오심을 보시더니 하늘로부터 소리가 나기를 너는 내 사랑하는 아들이라 내가 너를 기뻐하노라 하시니라(마가 1:9~11).

마치 현장의 생중계방영을 연상시키는 서술이다. 현대의 영상기술로 이런 장면은 충분히 만들어 낼 수 있다. 그러나 현실에서 나타날 수 있는 상황은 아니다. 기대와 신앙을 토대로 하는 전승과정에서 각색된 이야기 또는 복음서 저자들의 창작일 것이다. 마태복음은 예수가 세례를 받자 하늘에서 예수를 하느님의 아들이라고 말하는 음성이 들린 것으로 기록하고 있다.

> 하늘이 열리고 하느님의 성령이 비둘기같이 내려 자기 위에 임하심을 보시더라 하늘로서 소리가 있어 말씀하시되 이는 내사랑하는 아들이요, 내 기뻐하는 자라 하시니라(마태 3:16~17).

요한복음에는 하늘의 음성이 들렸다는 언급이 없다. 예수가 하느님의 아들인 것을 확인하는 절차에서 세례 받는 예수에게 하늘에서 하느님이 "내 사랑하는 아들"이라고 언급하는 것보다 더 확실한 것은 없다. 여기에 무슨 말이 더 필요한가? 오늘날 이런 일이 일어났다면 모든 방송은 온종일 이 뉴스로 전파를 뜨겁게 달구어야 한다. 신문도 이 기사로 도배를 할 것이다. 요단강에 모였던 사람들도 당연히 이 소리를 들었을 것이다. 그렇다면 이 소문은 일파만파로 번져 퍼졌을 것이다.

---

6) Tabor, *The Jesus Dynasty*, pp. 134-135.

그런데 요한복음 저자는 요한이 "내가 보고 그가 하느님의 아들이심을 증언하였노라"(1:34)라고 말한 것으로 기술한다. 요한복음의 저자는 보이지 않는 생각이나 느낌은 '성령'이라는 단어로 기술한다. 그러나 눈이나 귀의 체험을 통해 판단할 수 있는 대상은 피해가는 노련함을 보인다. 물론 하늘에서 하느님의 소리가 들린다는 것은 2천 년 전에 하느님의 존재를 믿고 살던 사람들의 사고에서 비롯된 비현실적 이야기다.

그럼에도 이런 이야기들이 성서에 등재된 배경은 무엇일까? 세례의식 전에 예수에 대한 기록이 없는 것으로 미루어 예수는 나사렛의 무명인사 이었을 것이다. 선지자로서의 예수의 활동이 세인의 이목을 끌면서 추종자들이 늘어난 상황에서 요한의 세례를 받았을 수도 있다. 세상을 보는 눈이 탁월했을 요한이 예수에 대해 정중한 덕담을 했을 가능성도 생각해 볼 수 있다.

예수가 처형된 이후에 창시된 그리스도교로서는 교주로서의 예수에 걸맞는 이미지가 필요했을 것이다. 여기에 필요한 것은 당연히 예수의 신성(神性)이다. 하늘로부터 하느님의 음성, 하느님의 메시지는 바로 신성의 표현이다.

한 인물을 신격화하는데 하늘과 관련시키는 일은 오히려 평범한 일이다. 신약성서에 나오는 예수에 대한 신격화는 탄생과 부활을 제외하면 오히려 아주 절제되고 있어 오히려 사실과 흡사하게 이끌어가는 장점이 있다. 물로 세례를 받았다는 것은 흔한 종교의식이며, 하늘에서 어떤 음성이 들린다는 것도 동서고금의 설화에 흔히 등장하는 얘기다. 이런 설화는 특정 장소에서 어느 특정인에게만 들릴 수도 있고 그 장소의 모든 사람들에게 쩌렁쩌렁하게 들릴 수도 있다.

예수의 세례에서 들렸다는 하늘의 음성은 그 가청대상과 범위가 분명치 않다. 그러나 예수가 하느님의 아들이라는 것을 확인시켜주기 위한 목적이라면 그곳의 모든 사람들에게 들려야 할 것이다. 하늘의 음성을 들은 사람들은 어떤 반응을 나타내어야 한다. 하늘을 올려본다든지 아니면 땅에 엎드려 경배해야 한다. 그러나 그에 대한 어떤 반응도 이어지지 않는다. 현대적으로 보면 TV카메라기자들은 새로운 장면을 담을 수가 없어 애가 탈 수밖에 없을 것이다. 결국 하늘의 음성은 바로 성서의 저자에게만 해당하는 것, 즉 저자의 창작이라는 것을 말해주는 것이다.

마가복음 저자에게는 예수가 세례를 받은 후 광야로 가서 40일간 머물며 사단에게 시험을 받고 들짐승과 함께 천사들의 수종을 받는다(마가 1:13). 마태복음에는 예수가 밤낮으로 40일간 단식한다(마태 4:1~11). 역시 마태복음의 저자가 마가복음의 저자보다 더 격정적 성격을 가진 것 같다. 누가복음과 요한복음은 이 과정을 기술하지 않는다. 40일간? 40일은 짧지 않은 기간이다. 날짜를 꼬박 계산하기 전에는 40일이라는 기간을 단정하기는 쉽지 않다. 그런데 40일로 단정한 배경은 무엇인가?

마가, 마태복음 등 두 성서가 '40일간'의 행적을 넣은 것은 구약에 나타난 일화를 적용한 것으로 보인다. 노아홍수 후에 새로운 세상을 준비하는 데 40일 주야 비가 내렸다(창세 6, 5~7. 22 참고). 모세는 여호와로부터 돌판을 받으려고 40일간 주야의 단식을 한다(신명기 9:9) 또한 신명기에는 "주께서 40년 동안 너희를 인도하여 …"(29:5)라는 구절이 나온다. 예언자 엘리야도 하느님의 산 호렙에 가기 위해 40 주야를 걷는다(열왕기상 19:7~8).

예수가 요한으로부터 세례를 받았다면 구약성서에 나타난 전례를 따라 40일간 광야에서 선지자로서의 출발의식을 행했을 가능성은 있다. 그러나 성서의 저자들이 구약성서의 내용을 토대로 예수의 세례의식과 40일간의 행적을 구성했을 개연성이 더 강하다.

여기에서 이상한 점이 발견된다. 마태복음과 누가복음의 저자는 왜 예수의 세례과정을 출생과정과 연계시키지 않았는가? 무대에 스타가 등장하는 순간 사회자는 등장인물의 약력을 소개하게 된다. 그러나 요한도 예수에 대한 소개에서 출생과 그동안의 행적에 관한 내용은 일언반구도 언급하지 않는다. "하느님께서 30년 전에 마리아에게 임하시어 잉태하시고 출생하시고 그동안 무엇 무엇을 하신 하느님의 아들 예수이십니다. 그분이 세례를 주러 오셨습니다."라는 멘트는 있어야 하지 않는가? 마태복음에는 "하늘에서 내 사랑하는 아들"이라는 음성이 들렸다고 기술하는 것으로 끝내지만 이 언급이 출생과정과 연계되는 것으로 보이지는 않는다.

하늘나라와 하느님나라

복음서는 예수가 선지자로서 활동을 시작하는 것을 마치 정치집단의 출정식처럼 묘사한다. "때가 다 되어 하느님의 나라가 다가왔다. 회개하고 이 복음을 믿어라"(마가 1:15)고 설교를 시작하자 추종자들이 따랐다는 것이다. 예수는 '하느님나라'를 캐치프레이즈로 들고 나온 것이다. '하느님나라'라는 슬로건을 누가 최초로 사용했는지에 관해서도 복음서들 간에 다르다.

마태복음은 요한이 "회개하라 '천국(βασιλεία τῶν οὐρανῶν)'이 가까이 왔느니라"(마태 3:2)고 외쳤다고 기록하고 있다. 그렇다면 '천국' 즉 '하늘나라'라는 슬로간의 주인공은 요한이다. 마가복음(1:15)과 누가복음(4:43)은 예수의 멘트를 '하느님나라 (βασιλεία τοῦ θεοῦ)'로 표현한다. 하늘나라와 하느님나라가 어떻게 다른가? 하늘나라는 유기체중심으로, 하느님나라는 인물중심으로 표현한 것에 불과하고 같은 의미로 받아들여진다. 그렇다고 '나라'가 단순히 장소의 개념만은 아니다. 우리가 '국가'라고 하면 영토뿐만 아니라 국민과 주권까지 포함되는 의미인 것처럼 여기에서 '나라' 또는 '왕국'도 '통치의 상황'을 함의하는 것으로 이해할 수 있다. 이 용어는 어떻게 기원되었나? 이 용어를 처음으로 사용한 사람을 마태복음은 세례 요한, 마가와 누가복음은 예수로 기술한다. 결국 하늘나라나 하느님나라는 예수의 고유한 용어가 아니고 요한도 함께 사용한 용어로 당시의 묵시문학에 나타나는 종말론적 표현이라고 할 수 있다.

여기에서 유의해야 할 표현이 있다. 그리스어 신약성서의 '하늘(οὐρανῶν)'이 복수(소유격)형으로 표기되어있는 것이다. 의미상으로 보면 하늘이 하나가 아니라 둘 이상이라는 의미로 '하늘들의'이다. 주기도문의 하늘(οὐρ ανοῖς)도 격만 주격이고 역시 복수형이지만 단수로 번역하여 사용하고 있을 뿐이다. 이유는 간단하다. 최소한 2000년 전의 사람들에게는 하늘이 여럿이고 현대인들은 하늘이 하나라고 인식하기 때문이다.

신약성서의 '나라' 또는 '왕국'의 그리스어 '바실레이아(βασιλεία)'는 단수명사다. 따라서 원문대로라면 복수의 하늘과 단수의 나라로 '하늘들의 나라'다. 나라는 하나인데 하늘은 여럿이라는 의미다. 하느님 즉 야훼라는 신은 유일신 사상에 따라 하나이어야 한다. 따라서 설령 하늘이 여럿이라도 하나의 하느님이 통치한다고 할 수 있기 때문에 여럿의 하늘로 둘러싸이거나 여러 층으로 이루어진 하늘에 하나의 나라라는 의미로 이해 할 수도 있다.

55년경에 써진 것으로 추정되는 바울의 고린도후서(12:2)에는 "내가 그리스도 안에 있는 한 사람을 아노니 그는 십사 년 전에 셋째 하늘에 이끌려 간 자라"라는 구절이 나온다. 최소한 둘 이상의 복수 하늘에 대한 관념이다. 결국 성서의 이러한 기술들은 하늘이나 천국에 대한 자연현상으로서의 천체에 대한 묘사가 아니라 인식이나 신념에 대한 표현이라는 것을 나타내는 것이라고 볼 수 있다.

성서의 저자들이 하늘을 복수로 표현한 것은 구약의 창세기 '하늘(שמים, shamaim)'에서 비롯된 것 같다. 구약성서에서 하늘은 쌍수(雙數)명사로 표기되어 있다. 이러한 쌍수형은 쌍으로 된 사물을 나타낸다. 쌍수는 복수를 의미하기도 한다. 예를 들어 '손'의 복수형은 '손들'이라는 복수나 혹은 '두 손'이라는 쌍수의 의미를 갖는다. 신약성서의 하늘을 복수형으로 나타낸 것은 바로 구약성서에서 유래된 것으로 보인다. 구약성서에 나타난 하느님의 아들은 복수다. 한 명이 아니라 여러 명인 것이다. 다음의 구절들에서 하느님의 아들은 이스라엘이다.

너는 바로에게 이르기를 여호와의 말씀에 이스라엘은 내 아들 내 장자라 (출애굽기 4:22).

이스라엘이 어렸을 때에 내가 사랑하여 내 아들을 애굽에서 불러냈거늘(호세아 11:1).

나는 그에게 아버지가 되고 그는 내게 아들이 되리니 그가 만일 죄를 범하면 내가 사람의 매와 인생의 채찍으로 징계하려니와(삼무엘하 7:14).

아래의 하느님의 아들은 하늘에 있는 존재들로 아마 천사나 사자들일 것이다.

하루는 하나님의 아들들이 와서 여호와 앞에 섰고 사탄도 그들 가운데에 온지라(욥기 1:6).

하나님의 아들들이 사람의 딸들의 아름다움을 보고 자기들이 좋아하는 모든 여자를 아내로 삼는지라(창세기 6:2).

구약성서가 하늘을 쌍수로 표현한 것은 창세기가 수메르설화에서 비롯되었기 때문일 것이다. 수메르를 지배한 셈족은 하늘을 하나 이상이라는 사고를 가지고 있었고 이의 전통을 이어받은 유대인들의 창세기의 이야기에 반영된 것으로 볼 수 있다.

성서의 저자들은 예수의 입을 빌어 하느님나라의 도래를 예언했다. "내가 진실로 너희에게 이르노니 여기 서 있는 사람 중에는 죽기 전에 하나님의 나라가 권능으로 임하는 것을 볼 자들도 있느니라"(마가 9:1). 마태복음은 이를 토대로 "하나님의 나라가 권능으로 임하는 것"이라는 표현을 "인자가 그 왕권을 가지고 오는 것"(마태 16:28)이라고 수정한다. 이어서 누가복음의 저자는 "하느님의 나라"(누가 9:27)로 표현을 바꾼다. 여기에서 "임한다", "있다"라는 단어는 모두 가정적 표현이 아니다. 그러나 거기에 서있던 어느 누구도 하느님나라를 보았다는 얘기는 없다. 지금도 교회는 하느님나라의 도래를 기대하고 믿는다. 그러나 하느님의 아들을 자처했던 예수 앞에도 나타나지 않았던 그 나라, 2000년 동안 오지 않았던 그 나라가 오기를 기대하는 것보다 그 '나라'에 대한 실체부터 바로 보아야 할 것이다.

세례 요한이 선창하고 예수가 중창하면서 계속 이어간 하느님나라는 아마 새로운 이스라엘을 칭할 수도 있다. 보다 구체적으로 말하면 주기도문이 실현되는 상황이다. 로마의 식민지배가 종식되고 이스라엘민족의 독립국가를 회복하며, 빈부, 남녀, 신분의 차별이 철폐되는 공동체사회의 건설이다. 더 나아가 "공의가 물처럼 흐르는(아모스 5: 24)사회, 의인에게는 결실, 세상에는 심판하는 하느님이 있는"(시편 58편 12절) 사회일 것이다. 이러한 현실은 기득권세력, 특히 로마로부터 파견된 지배자들에게는 용납될 수 없는 내용이다. 따라서 그 표현을 '하느님나라'로 둘렀을 수 있다.

예수는 이러한 사회를 위해 갈릴리 지방을 돌면서 설교했다. 예수가 추구한 것은 이스라엘의 엄청난 변혁이었을 것이다. 변혁운동은 당연히 위험이 따르고, 예수는 자신에게 닥칠 운명을 예감했을 것이다. 예수의 이러한 의도를 성서는 은유적으로 표현한다.

귀 있는 사람은 들어라. 이 세대를 무엇에 비기랴? 장터에 앉아 서로 부르며 이렇게 말하는 아이들과 같다. '우리가 피리를 불어 주어도 너희는 춤추지 않고 우리가 곡을 하여도 너희는 가슴을 치지 않았다(마태 11: 15~17).

성서의 행간에 숨겨진 의미를 찾으라는 메시지다. 통치세력과의 숨바꼭질이다.

〰️ 하느님의 아들

그리스도의 교주로서 예수는 최고의 지위를 가져야 한다. 선지자로서 세례 요한을 따를 만한 사람은 없다. 이 상황에서 예수가 요한을 극복할 수 있는 방향은 무엇인가? '하느님의 아들'로 격상되는 것이다. 성서에서 예수가 하느님의 아들이어야 하는 이유 중의 하나다. 마가복음과 요한복음은 예수가 하느님의 아들로 출생했다는 점은 피해가지만 마태복음과 누가복음은 출생부터 하느님의 아들이다. 그러나 이 하느님의 아들은 성년예수로 이어지지 못하고 단절된다. 신약성서의 저자들은 공생애의 시작과 함께 예수를 하느님으로 설정해 간다.

　마가복음은 "예수 그리스도 복음의 시작이라"라는 말로 시작된다. 여기에 '하느님의 아들'이라는 표현이 넣어져 마가복음 1장 1절은 "하느님의 아들 예수 그리스도의 복음"으로 발전한다.[7] 그리고 1장 11절에 들어가 하늘에서 들리는 소리로 예수를 하느님 위치로 만든다. 마태복음과 누가복음서의 저자들은 마가복음의 하느님의 아들을 거슬러 올라가 성령으로 잉태된 예수라는 탄생설화로 발전시킨다. 그리고 선지자로 나선 예수가 스스로를 하느님의 아들로 변신한다.

　요한복음은 "진실로 진실로 너희에게 이르노니 아브라함이 나기 전부터 내가 있느라"(요한 8:58)라는 예수의 말을 통해 예수가 유대인의 시조인 아브라함보다 먼저 존재한 것으로 기술한다. 구약성서는 아브라함이 하느님으로부터 계시를 받아 이스라엘을 건국한 인물로 묘사된다. 그런데 예수가 아브라함이 나기 전부터 존재한다면, 예수는 다윗의 자손에서 거슬러 올라가 야훼와 동등한 존재가 된다. 요한복음이 예수를 야훼와 동등한 지위로 격상시킨 것은 당시의 경쟁종교인 유대교를 의식했기 때문일 것이다. 그리스도교가 유대교보다 더 우월하다는 점을 나타내려는 일종의 사다리 싸움으로 보인다.

　요한복음 저자는 이러한 사실을 예수 스스로 단언하도록 한다. "나와 아버지는 하나(요한 10:30)이기 때문에 자신을 믿는 자는 영생이 있다"(요한 3:36)며 스스로를 " … 길이요 진리요 생명 … "(요한 14:6)이라고 주장한다. 여기에서 길과 진리와 생명의 세 단어는 예수가 곧 하느님의 가르침을 나타내고 대신한다는 의미일 것이다.[8] 예수가 자신을 길이요 진리요 생명이라고 말했던, 혹은 기록자의 일방적 기록이던 당시 유대문화의 반영이다.

　예수는 베드로가 자신을 '살아계신 하느님의 아들'이라고 치켜세웠을 때

---

7) 그리스어 신약성서는 "하느님의 아들"이라는 부분을 ( )로 처리하고 있다. 많은 사본들이 이 부분을 생략하고 있기 때문이다.
8) 조철수, 『예수평전』, pp. 138-140 참조.

는 대외적 보안을 당부했지만 이제는 대담하게 스스로 하느님의 아들로 고정시킨다. 예수는 자신이 하느님의 아들이라는 것을 3단 논법으로 구성해 간다. 자신이 토라의 길이니 자신을 통해야 하느님에게 연계되고 자신을 아는 것은 곧 하느님을 아는 것이고 아울러 하느님을 보는 것이, 곧 하느님이라고 단정한다. "내가 곧 길이요 진리요 생명이니 나로 말미암지 않고는 아버지께로 올자가 없느니라 너희가 나를 알았다면 이제부터는 너희가 그를 알았고 또 보았느니라"(요한 14:6~7). 하느님의 아들이 전지전능한 유일신인 야훼의 아들이라는 의미인가? 성서비평학자 바트 어만이 추적한 내용을 보자.

> 우리는 옛 유대인 사회에서 '하느님의 아들'이란 표현이 무척 다양한 의미를 지녔다는 것 알아야 한다. 구약성경에서 '하느님의 아들'은 이스라엘 민족(호세아 11:1)이나 이스라엘 왕(사무엘상 7:14)을 가리킨다. 이런 경우에 하느님의 아들은 하나님께 특별히 선택받아 이 땅에서 하느님의 일을 행하고 하느님의 뜻을 전하는 사람이었다.9)

어만의 고찰이 정확하다면 예수가 스스로 자처한 '하느님의 아들'이라는 표현은 고유명사가 아니라 일반 보통명사에 불과하다. 즉 예수가 야훼의 아들이라는 의미가 아니라 야훼가 계시한 일 즉 토라를 따르는 선도자라는 의미 이상이 아니다. 그렇다면 예수는 평범한 인간으로 특이한 랍비라고 볼 수 있다. 그럼에도 불구하고 예수가 성령으로 태어났다며 그에게 신성을 부여하는 것은 전후가 어긋난다.

예수평전을 쓴 조철수도 종교적으로 '신의 아들'이라고 불릴 수 있는 인물은 신적인 존재성을 가지고 있다고 드러내는 군주들에게 해당하며 특히 예수 당시 통용되던 로마 은전에서 '신의 아들'이라는 문구는 누구나 쉽게 볼 수 있다고 제시한다.10) 예수를 '하느님의 아들', 더 나아가 '이스라엘의 왕'으로까지 부르는 것은 자칫 군주들의 권위에 대한 도전으로 비칠 수 있다. 따라서 예수는 자신을 세속적 지배자가 아니라 하느님의 아들 또는 하

---

9) 바트, 『예수 왜곡의 역사』, p. 122.
10) 조철수, 『예수평전』, pp. 216-217.

느님과 동등한 존재로 자처하면서 세속적 존재에서 벗어나려고 한다.

예수를 신의 아들로 묘사한 성서의 내용과 표현들이 예수 스스로의 언행일 수도 있지만 성서저자들의 구성일 가능성이 더 커 보인다. 당시의 사회적 상황으로서는 신의 아들을 자처할 수도 있었겠지만, 나사렛 목수가 스스로 하느님 아들 또는 하느님의 행세를 하고 다녔다고 상상하는 것은 아주 어색하다. 결국 성서의 표현들은 저자들의 표현일 것이다. 어느 경우든 베드로의 입을 통해서 나온 '신의 아들'은 기독교의 교주인 예수에게는 최고의 효과적인 상징조작이다. 더구나 눈앞에 나타난 인물이 아니고, 신의 작용을 믿던 당시에 이미 사라진 인물에 대한 상징조작으로서는 가능할 수 있다. 물론 오늘날 어느 누가 자신을 신의 아들이라고 한다면, 그가 보내질 곳은 정신병원이다. 신의 아들이라면서 어떤 이득을 취했다면 정신병원이 아니라 유치장이다.

2000여 년 전에 이스라엘의 시골마을 나사렛에서 목수 일을 하다가 30여세에 선지자로 나타난 젊은이에게 어떤 권위가 있었겠는가? 아무리 언변이 뛰어난다고 해도 시골의 목수를 선지자로 따를 사람이 있을까? 그러나 때로는 시대상황이 대중의 영웅을 만든다. 소비자의 욕구를 꿰뚫는 사람이 잘 팔리는 상품을 개발하듯 대중의 시대적 욕구를 갈파하고 영합하는 사람은 대중의 우상으로 올라설 수 있다. 인류역사에서 거대한 권력이나 문명의 흥망은 바로 시대정신과 영합하느냐, 역행하느냐의 문제였다. 메시지가 대중의 소구력을 좌우하는 것은 내용보다는 전달자의 이미지다. 출신성분, 학력, 지위 등의 이미지가 중요하다. 전문성과 타당성은 오랜 시간 검증이 필요하다. 대중에게는 실상보다는 환상과 허상이 더 쉽게 다가온다. 메시지를 전달하는 형식도 수용자의 반응을 예민하게 자극한다. 종교적 의식은 이러한 선전적 요인이 정교하게 배합되어 있다.

고대 이스라엘, 농사일을 하거나 고기를 잡으며 삶과 전쟁에 찌들어 가냘픈 희망이라도 찾던 사람들에게는 웬만한 말도 호기심을 자극할 수 있을 것이다. 암울하고 절망적인 시대일수록 희망적인, 미래지향적인 이야기는 청중의 마음을 끌 수 있다. 시골의 목수일지라도, 예수가 청중을 사로잡고, 많은 사람들이 그를 따랐으며, 급기야는 유대교의 지도자들이 그를 경계하고, 그가 죽은 뒤에 그를 교주로 하는 종파가 형성된 것은 예수가 얼마나 탁월한 인물이었는가를 보여준다.

그리스도교나 성서가 예수 개인의 역량에 의해 예수의 목전에서 이루어 진 것은 아니다. 예수가 죽은 후에 세월이 흐르면서 이루어 진 것이다. 그리스도교가 예수라는 한 인물에 의해 이루어진 예수의 전부라고 하기는 어려운 배경이다. 오히려 예수는 작은 모티브(motive)에 불과할 수 있다. 당시의 시대정신과 시대과제가 기독교의 과제로 포장된 것은 아닌가. 어느 한적한 마을의 한 작은 모티브가 각색되어 거대한 서사시로 구성되면 주인공은 영웅이 되고 그곳은 성지가 된다. 백령도의 심청 사당이나 남원의 춘향과 광한루도 그 예다.

탁월한 선지자로서의 예수를 직접 대면하면 그의 영향력에 장악될 수도 있을 것이다. 그러나 간접전달의 방식에서 그가 석연치 않은 출생배경을 가진 시골마을의 목수라고 소개되면 과거에 그가 했다는 말에 과연 얼마나 권위와 신뢰성이 담보될 수 있을까? 작은 모티브에 어떤 포장을 가하지 않고 실체 그대로 대중에게 들어내면, 그 모티브의 권위가 약화되고 메시지 내용의 영향력도 허물어진다.

로마정권의 탄압과 유대교의 견제와 핍박에서 그리스도교를 확장하는데 필요하고 효과적인 메시지는 무엇일까? 성서의 저자들이 여기에서 떠올린 전략이 무엇이었을까? 유대교의 신 야훼에 버금가는 신이다. 유대교의 압박을 뚫을 만한 가치가 있는 희망이 필요했을 것이다. 여기에서 필요한 것은 예수에게 신의 이미지 즉 그를 하느님으로 그려내는 것이다.

예수는 유일한 하느님의 아들 즉 "아버지의 독생자"(요한 1:14, 3:16)로 발전한다. '독생자'는 예수 외에 다른 인물이 다시 하느님의 아들을 자처하는 것을 사전에 철저히 차단하기 위한 포석이었을 것이다. 예수는 이어 "예수와 아버지는 하나"(요한 10:30)로서 하느님의 아들인 동시에 하느님으로 발전한다. 구약의 복수의 하느님의 아들이 예수로부터 단수로 변하게 된 뒤 다시 하느님으로 격상되는 것이다.

하느님의 아들에 대한 증언

성서는 30년간 침묵하고 세상으로 나온 예수를 세례과정에서 하느님의 아들로 묘사한 뒤에 예수 스스로 자신을 하느님의 아들로 나타나게 한 다음에 다시 여러 입의 증언을 통해 하느님의 아들로 굳혀간다. 마가복음은 우선 귀신의 말을 빌어 예수가 하느님아들이라고 운을 뗀다.

예수가 많은 사람을 고치므로 병으로 고생하는 자들이 예수를 만지고자 하여 몰려왔고 더러운 귀신들도 어느 때든지 예수를 보면 그 앞에 엎드려 부르짖어 이르되 당신은 하나님 아들(마가 3:7~11)이라고 말한다. 이에 예수는 "자기를 나타내지 말라"(마가 3:12)고 경고한다. 이런 구절은 마태복음(16:20)에도 등장한다. "제자들을 경계하사 자기가 그리스도인 것을 아무에게도 이르지 말라하시니라"(마태 16:20).

강력한 긍정이다. 이러한 과정을 통해 예수는 스스로 '예수 그리스도(Jesus Christ)', '기름이 부어진' 즉 구세주라는 것을 기정사실화한다. 그럼에도 예수는 제자들에게도 자신의 정체를 말하지 말라는 당부를 통해 오히려 자신이 그리스도라는 점을 강조한다. 우려인가 전략인가?

> 예수께서 소경의 눈을 만지시며 가라사대 너희 믿음대로 되라하신대 눈이 밝아진지라(마태 9:29) … 예수께서 엄히 경계하시되 삼가 아무에게도 알게 하지 말라 하셨으나 저희가 나가서 예수의 소문을 그 온 땅에 전파하니라(마태 9:30).

이런 진기한 상황을 외부로 터놓지 않을 사람이 있겠는가? 소문을 내지 말라고 소문을 내지 않을 사람이 있겠는가? 인간은 비밀에 대한 호기심이 더 강하다. 자신이 알고 있는 사실을 털어놓고자 하는 욕구가 있다. 이 경우 오히려 자신이 알고 있는 얘기, 그것이 신비하다고 생각되는 경우 더 열을 올려 떠들게 마련이다. 자신이 알고 있는 비밀(?)을 참지 못하고 토해내는 마디스왕에 대한 '임금님 귀는 당나귀'라는 우화도 있다.

어떤 내용을 비밀로 하라는 말은 역설적으로 오히려 전파하라는 말이거나 전파하려는 충동욕구를 자극하는 결과를 초래할 수 있다. 제자들은 돌아다니며 자기들이 추종하는 예수가 하느님의 아들이라고 떠벌렸을 것이다. 실제 예수는 스스로 치유의 기적을 행하면서도 엄격한 보안을 당부했으나 당부 받은 사람은 그 얘기를 온 천하에 퍼트렸다. 정교한 전략적 의도인가 자연스런 결과인가? 자연스런 결과로 보는 것은 너무 순진한 사고일 것이다.

소문이 온 땅에 전파되었지만 소문낸 그 사람을 질책했다는 내용은 없다. 요즘 같으면 수고 했다며 성과급을 지급할 사항이다. 예수는 하느님의 아들이라며 자신의 정체를 드러내는 데는 아주 정교한 과정을 밟는다. 기적을 행하고 "삼가 아무에게도 이르지 말고 … 제사장에게 몸을 보여 … 증거하도록 하라"(마태 8:4)고 한다. 유대종교지도자들에게 자신이 하느님의 아들임을 알리라는 의미로 들린다. 소문내지 말라고 당부했지만 예수가 기적을 행한다는 "소문이 온 시리아(Syria)에 퍼졌다"(마태 4:24). 결국 예수는 자신이 "곧 길이요 진리요 생명"(요한 14:6)이며, 자신을 본 것은 곧 하느님을 본 것이라며 자신을 하느님과 동일시한다(요한 14:6~7). 마태복음은 귀신이나 일반인이 아닌 베드로의 입을 빌린다.

> 예수께서 … 제자들에게 … 사람들이 인자를 누구라 하느냐 가로되 더러는 세례 요한, 더러는 엘리야, 어떤 이는 에레미야나 선지자 중의 하나라 하나이다 … 베드로가 … 주는 그리스도시요 살아 계신 하나님의 아들이시니이다(마태 16:13~16).

예수가 "사람들이 인자를 누구라 하느냐"고 묻는다. 성서의 다음에 이어지는 내용으로 보아 예수에게 하느님의 아들의 이미지를 주기위한 저자의 의도가 엿보인다. '내가 누구'라는 어법보다는 '당신이 누구'라는 어법이 효과적이다. 여기에서 성서는 불특정 인물의 대답과 베드로의 대답을 대비시켜 예수가 하느님의 아들이라는 점을 부각시킨다. 예수의 주변에 있던 사람들은 "사람들이 인자를 누구라 하느냐?"는 예수의 물음에 "선지자중의 한 명"으로 대답하지만 베드로는 "주는 그리스도시요 살아 계신 하나님의 아들"이라고 대답한다. 최고의 찬사다. 베드로의 입을 통해 '선지자의 한 명'이 아니라 '하느님의 아들'이라는 점을 못 박는다. 베드로의 순발력 있는 찬사에 예수도 상응하는 내용으로 화답한다.

바요나 시몬아 네가 복이 있도다 이를 네게 알게 한 이는 혈육이 아니요 하늘에 계신 내 아버지시니라(마태 16:17).

여기에서 예수는 "소문내지 말라"는 당부 대신에 베드로로 하여금 자신이 "살아계신 하느님의 아들"임을 알게 한 이는 "하늘에 계신 내 아버지"라는 응답으로 자신이 하느님의 아들이라는 것을 확인시킨다. 베드로의 대답도 결국 하느님과 교감된 것으로 규정한다.

어떤 현상을 확인시키거나 인정하게 하는데 권위 있는 존재의 이름을 대는 것은 설득과 믿음의 효과를 극대화시킨다. 하느님은 최고의 대상으로 의구심의 대상이 아니다. 베드로가 예수를 하느님의 아들로 인식한 것은 자연인 베드로가 아니라 베드로에게 하느님의 계시가 전해진 것으로 묘사하는 것이다. 이처럼 3중적 인증을 통해서 하느님의 아들로서 예수의 지위는 확고해진다. 예수는 한 걸음 더 나아가 천국의 열쇠까지 준다고 약속한다.

너는 베드로라 내가 이 반석 위에 내 교회를 세우리니 음부(陰府)의 권세가 이기지 못하리라 내가 천국의 열쇠를 네게 주리니 네가 땅에서 무엇이든지 매면 하늘에서도 매일 것이요 네가 땅에서 무엇이든지 풀면 하늘에서도 풀리리라(마태 16:18~19).

예수는 하느님의 아들이 되고 반면에 베드로는 교회의 설립에 대한 연고권과 하늘의 열쇠를 얻게 된다. 예수를 하느님의 아들로 믿고 따르면 이른바 '도깨비 방망이'같은 보상이 따를 것이라는 언질이다.

보상 즉 당근만 주면 요구가 늘어나고 분수를 잃는다. 벌만 주면 반항하거나 속이든지 순종하지 않는다. 지도자는 상벌의 원칙과 시기 그리고 상황을 잘 파악해야 한다. 성서의 저자들도 이런 상벌이 원칙을 꿰뚫고 있어 보인다. 베드로에게 하늘의 열쇠까지 주겠다던 예수는 베드로가 상황판단이 미숙한 답변을 하자 추상같은 질책을 한다. 신을 믿고 섬기는 배경은 신으로부터 오는 은총 즉 보상이다. 실체가 아닌 상징적 보상과 처벌일수록 더 강력한 이미지를 수반한다.

예수의 처벌은 보상만큼이나 매섭다. 베드로에게 도깨비 방망이 같은 보상을 제시했던 예수는 "예루살렘에 올라가 장로들과 대제사장들과 서기관들에게 많은 고난을 받고 죽임을 당하고 제 삼일에 살아나야 할 것을 제자들에게 비로소 나타내자"(마태 16:21), 베드로가 "주여 그리 마옵소서 이 일이 결코 주께 미치지 아니 하리이다"(마태 16:22)라고 말한다. 베드로는 예수가 말한 진의를 이해하지 못한 채 예수가 고난과 죽임을 당하는 일은 없을 것이라는 말로 예수를 위로하기에 급급한 것이다.

현재에 대해 부정하거나 비판하는 말보다는 긍정하고 지지하는 말이, 미래에 대해 비관적인 말보다는 낙관하는 말이 듣기 편하다. 대개는 긍정적이고 낙관적인 말을 하기 좋아한다. 자기의 상사에게는 더욱 그렇다. 충신은 부정이든 비판이든 혹은 긍정이든 낙관이든 사실을 말하지만 간신은 상사가 듣기를 원하는 말을 골라한다. 현명한 군주는 충신의 말을 귀담아 듣는다.

예수 자신이 "예루살렘에 올라가 장로들과 대제사장들과 서기관들에게 많은 고난을 받고 죽임을 당하고 제 삼일에 살아나야 할 것"이라고 한 예언은 예수가 후일에 예수살렘에 입성해서 그대로 일어난다. 성서의 저자들이 과거를 미래의 예언형으로 기술한 것이기 때문이다. 여기에서 예수가 전하는 메시지는 '고난과 죽음'이 아니라 그 후의 '부활'이다. 그러나 베드로는 '부활'에 대한 개념이 들어있지 않았던 모양이다. 베드로가 "이 일이 결코 주께 미치지 아니 하리이다"라는 민망한 반응을 보인 것은 '고난과 죽음'이라는 현실적 문제에 관심이 모아졌기 때문이다. 예수의 반응이 싸늘한 것은 당연하다.

> 사탄아 내 뒤로 물러가라 너는 나를 넘어지게 하는 자로다 네가 하나님의 일을 생각하지 아니하고 도리어 사람의 일을 생각하는 도다(마태 16:23).

'천국의 열쇠'를 주겠다던 보상의 태도가 어느새 너는 나를 넘어지게 하는 사탄이라고 추상같은 채찍을 내린다. '부활'을 인식하지 못하고 오히려 부정하는 베드로의 태도에 대한 당연한 벌이다. 고도의 전략적 메시지나 예언적 메시지는 신중한 판단이 필요하다. 이러한 판단을 토대로 직언해야 한다. 베드로의 대답은 예수의 예언을 제대로 이해하지 못한 책임이 따른 것이다. 성동격서(聲東擊西), 서쪽에 소리를 내고 동쪽을 공격한다는 말이다. 성서는 베드로의 문답을 통해서 예수의 메시지를 제대로 이해하지 못하면 어떤 채찍이 따르는지를 나타내주고 있을 것이다. 또한 예수에 대한 세속적 인식을 버리고 부활의 예수를 믿어야 한다는 경고일 것이다.

베드로는 자신의 목적, 즉 예수가 이스라엘의 왕이 되면 자신에게도 '한 자리'가 돌아올 것이라는 기대 때문인지 자신을 철저히 죽인다. 이를 통해서 예수에 대해 자신을 버리는 순종을 강조하고 있다. 권력주변에서 살아남고 기회를 차지하려면 대개 이처럼 모멸감을 참고 넘겨야 한다. 이것을 못하는, 이른바 자존심을 내세우는 사람은 자신의 자존심 안에서 머물고 만다. 자존심은 자신의 자유를 보장한다. 그러나 대개의 사람들은 권력을 위해 굴종과 비굴한 태도를 극복하지 못한다. 권력에 자신의 자존심을 던지는 비굴한 자는 자존과 비굴을 구별할 수 있는 이성이 마비된다. 어떤 자리를 차지하려는 사람들은 그 자리에서 자신이 어떤 일을 할 것인가 보다는 어떤 권력을 누릴 것인가를 생각한다. 좀 더 빨리 세상이 정의를 향해 달려갈 수 있는 데도 지체되는 것은 이런 부류들이 발목을 잡기 때문이다.

베드로의 처신

인간의 신의와 지조는 편안한 때나 예기치 못한 때보다는 자신에게 불리하거나 위험스런 순간에 나타난다. 성서에서 예수가 유대교의 대제사장들이 파견한 무리들에게 잡히고, 십자가에 처형당하기 전에 가진 최후의 만찬 후에 예수는 베드로에게 "오늘밤 닭 울기 전에 네가 세 번 나를 부인하노라"(마태 26:34)고 예언하자 베드로는 "내가 주와 함께 죽을지언정 주를 부인하지 않겠나이다"(마태 26:35), "주여 내가 주를 위하여 내 목숨을 버리겠나이다"(요한 13:37)고 말한다.

'예언'을 '미래에 일어날 일을 미리 알고 말하는 능력'으로 정의할 때 인간이 예언을 한다는 것은 비현실적 이야기다. 예수의 예언이 비현실적인 이야기라면 베드로의 답변도 결국 성서 저자의 창작이다. 베드로의 예수에 대한 부인과 관련되는 예수의 예언은 예수의 재판과정에서 예수의 처신을 통해 한 치의 오차도 없이 적중(?)된다. 예수의 예언이 적중했다기보다는 성서의 저자들이 과거를 예언적으로 기술했기 때문일 것이다.

성서의 저자들은 '베드로의 예수에 대한 부인사건'의 종말을 베드로가 '통곡'으로 자책하며 고통스러워하는 후회의 모습으로 그려낸다. 유다의 이른바 '배반사건'에서 예수를 판 유다가 "스스로 목매어 죽는"(마태 27:3~5)것으로 최후를 마감하는 권선징악으로 마무리한 것과 함께 이 메시지는 예수 즉 그리스도를 배신하지 말고 부인하지 말라는 유용한 경고로 작용할 수 있다.

베드로의 부인사건은 최초의 공관복음 저자인 마가복음 저자의 창작일 가능성이 크다. 그렇다면 마가복음의 저자는 왜 하필 베드로를 이렇게 수치스런 일의 주인공으로 그려냈는가? 베드로의 예수에 대한 부인사건은 초대교회의 사역자들에게는 천군만마와 같은 귀중한 소재였을 것이다. 사회적 신분이나 사정으로 성전에 조차 들어가지 못한 채 먼발치에서 자신들의 신을 그리워했을 사람들에게 기독교는 그 자체가 구세주였다. 그러나 유대교의 뿌리 깊고 강력한 세력에 둘러싸인 초기의 그리스도교에 대한 회심이 쉬운 일은 아니었을 것이다.

이런 상황에서 신생 그리스도교를 전파하고 신도들의 정체성확립과 단합이 긴요했을 그리스도교의 주도자들에게는 어떤 모멘텀의 이야기가 필요했을 것이다. 초기 기독교도들이 유대교도들에 맞서 기독교도로서 "나는 그리스도교도다"라는 정체성을 당당히 내세울 필요도 있었을 것이다. 집단은 생성초기에 구성원들의 강한 신뢰와 당당한 정체성이 안정과 발전의 초석이기 때문이다.

베드로의 예수에 대한 부인사건은 실제의 이야기였던, 지어낸 이야기였던, 가냘픈 사실을 확대 각색한 이야기였던, 위약한 세력의 그리스도인들이 스스로 자신감과 정체성을 갖도록 하는 중요한 교훈의 기능이 되었을 것이다. 이러한 위기상황을 돌파하는데 스케이프고트(scapegoats)는 명성과 영향력이 클수록 효과도 증대된다. 당시 예수의 집단에서 베드로는 이에 적합한 인물이었을 것이다.

예수 기적의 실체

자신이 신의 아들이라고 해서 신의 아들로 인정받는 것은 아니다. 그에 상응하는 신의 작용, 즉 징표를 보여주어야 한다. 신의 아들을 자처하는 예수가 유대인의 지도자들에게는 하느님을 모독하는 이상한 자로 보일 수밖에 없다. 당연히 예수가 기적을 행한다는 소문을 확인하고 싶어한다.

선생님이여 우리에게 표적을 보여주시기를 원하나이다(마태 12:8).

예수의 대답은 모호하다

악하고 음란한 세대가 표적을 구하나 선지자 요나의 표적밖에는 보일 표적이 없느니라 요나가 밤낮 사흘을 큰 물고기 뱃속에 있었던 것같이 인자도 밤낮 사흘을 땅 속에 있으리라(마태 12:39~40).

요나는 구약성경에 등장하는 하느님이 이스라엘에 보낸 선지자다. 그는 하느님의 명을 거부하는 바람에 바다에서 배가 난파되고 물고기에 먹혔다. 물고기가 사흘 만에 토해내는 바람에 살아난 뒤 하느님의 가르침을 전한 선지자다.

예수가 자신을 요나에게 비유한 것은 선지자 요나를 빗대어 사흘 만에 부활할 것임을 타나낸다. 마태복음이 요나를 등장시킨 것은 십자가 처형 뒤의 부활과 연계시키려는 구상이었을 것이다. 부활은 예수 사후의 기적에 해당하지 생전의 기적은 아니다. 마태복음은 예수가 다른 한편에서는 그가 생전에 많은 기적을 행사했다는 것을 자랑하는 것으로 구성한다.

가서, 너희가 듣고 본 것을 요한에게 고하되 소경이 보며 앉은뱅이가 걸으며 문둥이가 깨끗함을 받으며 죽은 자가 살아나며 가난한 자에게 복음이 전파된다 하라 … (마태 11:2~5).

예수는 또한 동네의 어느 혼인잔치 집에서 어머니 마리아의 청원으로 물을 포도주로 변화시키는 것을 시작으로 여러 기적을 행한다(요한 2:1~11). 성난 파도와 바람을 잠들게 하고(마태 8:23~27), 악령 들린 사람(누가 4:31~37) 열병(마태18:14~15), 하혈하던 여인(마태 9:22), 나병환자(누가 7:11~19)를 치료하고 무덤에서 나사로를 일으키는 기적이다.

물을 어떤 필요한 것(술이나 약)으로 변화시키고 병든 자를 낫게 하며 귀신들린 자의 정신을 온전하게 하는 것, 더 나아가 죽은 사람을 살리는 기적들은 고대 설화에는 자주 등장하는 내용들이다. 물을 술로 바꾸는 기적(?)의 이야기는 예수가 처음이 아니다. 예수가 태어나기 수백 년 전 이집트인들의 고대 그리스 신화의 신인 디오니소스(Dionysus)가 물을 술로 바꾸는 기적을 일으켰다. 신화에서 물이 술로 바뀌는 기적이 처음 일어난 것은 디오니소스와 아리아드네(Ariadne)의 결혼식 때였다.[11] 히포크라테스(Hippocrates)가 신봉한 '약의 아버지' 아스클레피오스(Asclepios)도 병든 자를 치유하고 죽은 자를 살려낸 주인공이다. 초기 그리스도교인들은 예수가 아스클레피

---

11) Freke and Gandy, 『예수는 신화다』, p. 64.

오스보다 더 위대한 의사라면서도, 그의 비문을 가져다가 이름만 예수로 고쳐놓았다.12)

　예수가 갈릴리 바다를 건널 때 강과 바다의 물결을 잔잔하게 만든 기적은 이미 피타고라스가 보여준 기적이다. 피타고라스의 사도인 엠페도클레스(Empedocles)도 미래를 예견하고 바람을 재우며 죽은 후 30일이 된 여자를 살려내는 기적을 일으켰다. 예수가 죽은 후 사흘 된 나사로를 살려낸 것보다 500년 앞선 일이다. 그는 또한 예수처럼 악령을 쫓아내고 빵 5개와 물고기 두 마리로 5천명을 먹인 것(마가 6:41)과 비슷한 기적을 일으켰다. "귀신들이 예수께 간구하여 우리를 쫓아 내실진대 돼지떼에 들여보내소서 한 대 … 가라 하시니 귀신들이 나와서 돼지에게로 들어가는지라"(마태 8:32)라는 주제는 엘레우시스에서의 미스테리아에서도 나타난다.

　이집트의 알렉산드리아에서 초대 교부중의 한 사람인 '오리게네스'와 기독교를 두고 논쟁을 벌였던 겔수스(Celsus), 그는 오리게네스가 옹호하였던 기독교에 대해서 그 종교는 다른 종교를 모방한 것에 불과하고 그 지도자라는 것들은 우둔한 신도들을 세치 혀의 감언이설로 녹여내 그들의 주머니에 들어있는 돈을 긁어내는 일에 불과하다고 통박한 인물이다. 그는 이른바 신인(神人)들의 초자연적인 재주를 수많은 현자들이 행한 환상(illusion)이었다고 반박한다.13)

　질병의 치유는 현대의 신흥종교에서 필수요건이 되다시피 한다. 신흥 종교뿐만 아니라 기존 종교에서도 어느 종교지도자가 치유의 능력이 있다는 말이 공공연한 실정이다. 고대사회에서 특히 종교지도자를 대상으로 하는 일종의 전기(傳記)에서 이런 정도의 내용은 충분히 예견되는 일이다. 문제는 이것을 사실로 인식하고 그러한 기적이 자신에게도 찾아오기를 바라는 헛된 믿음이다.

　여기에서 용어의 차이에 유의해야 한다. 성서에 등장하는 용어는 '치료

---

12) Freke and Gandy, 『예수는 신화다』, pp. 64-65.
13) Freke and Gandy, 『예수는 신화다』, p. 68.

(cure, treatment)'가 아니라 '치유(healing)'다. 요즘에 이 '치유'라는 단어는 TV방송국에서 '힐링 캠프'라는 프로그램으로 인기를 모은다. 치료와 치유라는 용어는 그 엄밀한 차이점을 인식하지 못한 채 자주 섞여 사용되고 있다. 두 단어는 모두 질병(illness) 즉 정상, 안녕(well-ness)과 반대되는 용어이다. 치료는 병을 고치거나 상처를 아물게 하기 위한 의학적 시술 조치를 취하는 것을 말한다. 반면에 치유는 어떠한 외부적 자극이나 요소들을 통해 인간의 삶을 해치는 아픔(sickness)의 근원을 제거하여 몸 스스로 병을 이겨내 본래대로 회복시키는 것이다.

성서에 나타나는 예수의 병 고치는 행위는 치료가 아니라 치유다. 치유는 주로 심리적 회복이라는 점에서 그 결과에 대한 판단은 주관적이다. 자신의 병이 신의 섭리로 치유될 수 있다는 강한 믿음은 강한 정신력의 발휘로 이어질 수 있다. 그 강한 정신력은 질병과의 싸움에서 이길 수 있는 원동력이 된다. 이 강한 정신력의 원동력이 종교적 신념에서 나온다면, 그에게 종교는 의미 있는 대상이다. 그러나 그 원천은 강인한 정신력과 그 투병에 지원되는 여러 재료들이지 신의 작용은 아니다. 어떤 질병의 치유가 아니라 치료가 신의 작용이나 종교지도자의 역할이라는 믿음은 오신이요 맹신이며 미신이다.

⁀ 말로 이루는 기적

예수의 질병치료의 기적들은 예외도 있지만(요한 9:1~7), 어떤 상징적인 동작이나 행위가 아니라 몇 마디의 말로 하는 것들, 즉 치료가 아니라 치유였다. 성서에는 이런 사례가 많지만 몇 가지 예를 보면 더러운 영에 사로잡힌 사람에게는 "입을 다물라"(마가 1:25), 귀머거리에는 "열려라"(마가 7:34), 소경에게는 "무엇이 보이느냐"(마가 8:23), 간질병 소년에게는 "귀신아 … 그 아이에게서 나오고 다시 들어가지 말라"(마가 9:25), 곱사들의 부인이게 "네 병에서 풀렸다"(누가 13:12), 나병환자들에게 "제사장들에게 너희 몸을 보이라" (누가 17:14), 병든 아들을 고쳐달라는 왕의 신하에게 "가라 네 아들이 살았 다"(요한 4:50), 누어 앓는 병자에게 "일어나 네 자리를 들고 걸어가라"(요한 5:8), 죽어서 무덤 속에 있는 나사로를 살릴 때는 "나사로야 나오라"(요한 11:13)고 큰 소리를 불렀다.14)

이러한 일을 예수가 시도했던지 아니면 성서의 저자가 구성했던지, 어느 쪽이던 유추할 수 있는 가능성은 성서의 저자들이 헬라문화에 전래되는 여러 전설들과 유대교의 성서 즉 구약성서에 대해 상당한 지식을 가졌을 것이라는 점이다. 구약성서 창세기에도 하느님은 천지창조를 말로써 한다.

> 하나님이 가라사대 "빛이 있어라"(창세기 1:1), "창공이 있어라"(창세기 1:6), "물이 한 곳으로 모여라"(창세기 1:9), "땅은 새싹을 돋아나게 하라"(창세기 1:11), "발광체들이 있어라"(창세기 1:14), "물에 살아 숨 쉬는 것들이 떼지어 다녀라"(창세기 1:20), "땅은 살아 숨 쉬는 것들이 떼 지어 다녀라"(창세기 1:24).

성서는 왜 예수가 말로써 기적을 행한 것으로 기록되었는가? 대답의 실마리는 요한복음 1장 1~2절이 준다. 요한복음은 "태초에 … "로 시작된다.

> 태초에 말씀이 계시니라 이 말씀이 하느님과 함께 계셨으니 이 말씀은 곧 하나님이시니라 하나님이 가라사대 빛이 있으라 하시매 빛이 있었고(요한 1:1~2).

이 표현은 어디에서 왔는가? 창세기다. 창세기도 "태초에 … "로 시작된다. 일치한다. 요한복음의 저자는 구약을 참고 했음이 분명하다. 예수가 말로 기적을 행한 것도 결국 창세기의 "하나님이 가라사대 … 하라"하면 그대로 이루어지는 것과 같은 형식이다.

창세기의 천지창조에 관한 내용은 고대 신화의 내용을 이은 것이라는 점은 이미 앞에서 기술했다. 마찬가지로 예수의 이른바 기적도 현실적인 일이 될 수 없다는 점에서 '말'로 기적을 행한다는 것은 당시 유대인들의 사고

---

14) 조철수, 『예수평전』, pp. 236-238 참조.

였던 것 같다.

　요한복음의 '말'은 헬라어 'logos'의 번역이다. 영어성서는 'Word' 즉 대문자로 고유명사화 했다. 따라서 말씀은 일반적인 말의 의미가 아니다. 당시에 이 용어는 '이성의 원리'를 의미했다. 인간의 단순한 이성이 아니라 신(divine)성이 담긴 이성이요 지혜다. 로고스는 '말하다'라는 뜻의 레고(legw) 동사에서 파생된 말로서 말(Word)이라는 뜻 이외에도 언어(言語), 이성(理性), 이유, 연고(緣故) 등 여러 가지로 사용되는 단어다.

　로고스의 개념은 예수가 활동하기 반세기 전쯤에 활약했던 유대인 철학자 필론(Philon)의 사상과 이보다 훨씬 이전인 BC 6세기경의 그리스 철학자 헤라클레이토스(Herakleitos)가 사용한 개념에서 그 본질을 찾을 수 있다. 헤라클레이토스는 로고스를 만물을 생성하고 지배하는 만물의 근원인 동시에 존재로서 '우주의 이성 법칙'으로 사용했다. 그로부터 약 5세기 후에 유대인 필론은 창조주 하나님과 헬라인들이 생각한 우주의 이성 법칙인 로고스가 사실은 같은 존재임을 밝히려고 시도했다. 따라서 헬라 문화권에 속한 당시의 사람들에게 로고스라고 할 때는 '말씀'이 아닌 '창조를 담당한 이성 법칙'이라는 개념을 갖고 있는 것이다. 요한복음이 말한 로고스는 이에 해당한다.

　신약성서에서 '말하다'라는 뜻에 해당하는 히브리어는 '다바르(דבר)'다. 그런데 구약성서 창세기 1장에서 하나님이 천지를 창조할 때 했다는 '말(Speaking)'은 히브리어로 '아마르'다. 이 단어는 창세기 이외에 사용된 예가 없다.

　만일 창세기에도 '다바르'가 사용되었다면 로고스와 비슷한 개념으로 볼 수도 있었을 것이다. 그러나 창세기는 그리스 철학자들이 사용하는 '말'의 의미와 구별되는 단어를 사용한 것이다. 요한복음은 결국 로고스(logs)를 '말'의 의미가 아니라 예수가 하나님의 독생자인 동시에 곧 하나님이라는 점을 나타낸 것이다. 그러나 성서에서 예수가 말로 치유하고 기적을 일으켰다는 것은 단순히 그의 외형적 동작을 표현한 것이지 별도의 의미를 담고 있다고 말하기는 어렵다.

창세기의 내용을 설화문학의 일종으로 보는 입장에서 말로 세상을 창조하고 말로 기적을 일으킨다는 것 자체의 진위를 따지는 것은 부질없는 일이다. 그러나 어떤 분야에 권위를 가지고 있는 사람의 말을 통해 질병을 치유하는 사례는 가능하다. 군대에서 소화제나 감기약 대신에 밀가루를 약이라고 주면서 먹도록 해도 배탈이나 감기가 낫는다는 애기가 있다. 어린애에게 엄마 손은 약손이다. 이른바 '심리치유'다. 더구나 신이 세상을 만들고 주관한다고 믿는 전통사회에서 신의 아들이라는 인물이 말로 질병을 치료한다는 점에서, 삶에 대한 애착을 가진 환자들은 심리적인 어떤 반응이 나타날 수 있다. 그렇다고 이것이 '치료'가 될 수는 없을 것이다.

8장
예수 메시지의
내용과 형식

∽ 평등사상

혁명은 거대한 변화를 의미한다. 그러나 아무리 거대해도 변화의 핵심이 필요하다. 그 변화의 핵심은 인간의 자유와 평등이었다. 전통사회에서 자유와 평등은 신분체계와 등식을 이룬다. 귀족과 평민 그리고 노예의 신분체계에 따라 누리는 자유와 평등은 차이를 나타냈다. 혁명은 바로 인간을 귀천으로 갈라놓은 신분체계의 타파라는 변화를 핵심으로 한다. 프랑스혁명, 러시아혁명, 중국혁명 등이 그 예다. 신분체계의 타파를 가장 거대한 변화인 혁명으로 부르는 것은 인간의 신분체계가 그만큼 반인간, 반인류적이기 때문이다. 다시 말하면 전통사회에서 인간의 최고최대의 열망은 자유와 함께 신분적 평등이었다. 이러한 신분체계가 타파되기 시작한 것이 오래전의 일이 아니다. 18세기 말엽의 일이다.

종교도 상류층의 전유물이었다. 당시의 유대사회도 예외가 아니었다. 기독교보다 500여년이 앞선다는 불교는 석가모니의 신분제도 타파에 대한 언행을 잘 나타내고 있다. 그렇더라도 기독교가 예수를 통해 2000여 년 전에 인류평등의 정신을 갖고 이를 실천했다는 것은 위대한 일이다. 신약성서에서 예수가 주창하고 실천한 인간평등정신은 바로 당시의 시대정신이었고 초대 그리스도교가 민중들로부터 전폭적 지지를 받을 수 있었던 원동력이었다. 공관복음의 저자들은 예수의 입을 통해 당시의 신분체계와 경제적 불평등을 노출시킨다. 그러나 그 방식은 간접적이고 비유적이며 우회적이다. 성서 저자들의 문장 스타일이라고 보는 것은 너무 안이한 자세다. 서슬이 퍼런 로마총독의 눈을 피하면서 퇴로를 열어둔 것일 수 있다.

절망 속에서 천대받는 사람들, 질병에 신음하는 사람들 ···. 신분적 귀천과 빈부의 차가 극심한 전통사회에서, 더구나 이민족의 식민지배 상황에서 천민들과 가난한 사람들은 사회로부터 내동댕이쳐지는 것이 보통이다. 예수의 메시지는 천대받고 질병에 시달리며 가난과 압제의 고통에서 시달리는 하층인민들에게 희망이었다. 예수는 이들에게 신을 빌어 누구나 귀천이 없이 평등하다고 외쳤다. 그뿐 아니다. 이런 질곡의 사회가 끝나고, 새로운 세상이 오면 오히려 그들이 주인이 된다고 예언했다.

> ··· 그 당시에 죄지었거나 천대 받는 사람들은 예루살렘 성전에 들어가지 못했다. ··· 이러한 유대교 전통에 정면으로 맞서 개혁을 외친 것이 바로 불구자들과 불치병 환자들과 천시 받는 사람들도 성전에 들어갈 수 있게 하자고 외치는 예수의 성경해석이었다. 종교적으로 속죄될 수 있는 출구가 꽉 막힌 처지에 있다고 설파하는 예수에게 각지에서 모여드는 것은 당연하겠다.[1]

"세리와 창녀들이 오히려 너희보다 먼저 하느님 나라에 들어간다"(마태 21:32)며 급진적 평등적 사고를 나타낸 예수는 제자들이 "천국에서는 누가 크냐"고 묻자 "어린 아이들과 같이 되지 아니하면 결단코 천국에 들어가지 못하리라 ··· 어린 아이와 같이 자기를 낮추는 사람이 천국에서 큰 자"(마태 18:1~4)라고 가르친다.

크로산은 "어린이와 같다"는 말이 겸손하고 순진하며 새롭고 남의 말을

---

1) 조철수, 『예수평전』, pp. 233-234.

잘 믿는다는 뜻 일까라고 반문하면서 당시에 어린이들은 남녀 모두 태어나면서부터 부모로부터 버려지면 쓰레기 더미에서 찾아내 노예로 키워졌던 아이들을 생각해야 한다면서 어린이는 하찮은 존재를 나타낸다고 주장하면서 천국은 하찮은 존재들의 나라로 규정한다.[2]

예수는 도래하는 자신의 세상에 대한 청사진을 제시하면서 "먼저 된 자로서 나중 되고 나중 된 자로서 먼저 될 자가 많으니라"(마태 19:30)고 말한다. 기존서열에 얽매여 있는 후순위 자들에게 희망을, 그리고 선두주자에게 분발심을 촉구하는 교묘한 경쟁 심리를 발동시키는 것이다.

플라톤의 공화국에서 소크라테스는 "사람들이 돈벌이에 더욱 가치를 부여할수록 미덕으로부터는 등을 돌리게 되어 있다"고 주장한다. "돈을 사랑함은 모든 악의 근원이다"(디모데전서 6:10). 사도바울의 말이다. 공관복음에 나타나는 예수의 메시지는 신분적 평등에서 한걸음 더 나아가 가난이 비천의 대상이 아니라 희망의 기대다. "하느님과 재물을 겸하여 섬기지 못한다"(마태 6:24). 둘 중의 하나를 포기해야 한다. "부자가 천국에 들어가는 것보다 낙타가 바늘구멍을 지나가는 것이 더 쉽다"(마가 10:35). 부자는 결국 천국에 들어가기가 불가능하다. 이 메시지는 부자의 탐욕에 대한 경고인 동시에 가난한 자에 대한 희망이다. 그러나 단순히 가난한 자의 희망만은 아니다. 가난한 자에게 자위를 준다. 자위는 현실에 대한 불만과 불평을 약화시키는 진정제다.

예수는 헌금의 예를 들어 "부자들이 많은 액수를 헌금하는 것과 가난한 과부가 두 렙돈 넣는 것을 보고 부자들은 풍족한 중에서 헌금을 넣었으나 이 과부는 그 가난한 중에서 자기가 가지고 있는 생활비 전부를 넣었으니 이 가난한 과부가 다른 모든 사람보다 많이 넣었다"(마가 12:41~44, 누가 21:1~4)고 평가한다.

예수가 예시한 이 가난한 과부의 헌금이야기는 적은 액수를 헌금할 수밖에 없는 가난한 사람에게는 위안이 되지만 부자들에게는 아주 곤혹스런 멘

---

2) 존 도미닉 크로산, 김준우 역, 『역사적 예수』, p. 437.

트다. 부자가 탐욕하다는 말인가 아니면 더 넣으라는 말인가, 극단적으로 자신의 재산을 다 바치라는 말인가? 가난한 과부의 처참한 빈궁참상을 부각하려는 것인가? 생활비 전부를 헌금으로 바치면 그 과부는 무엇으로 생계를 유지하는가?

예수가 말한 의미가 헌금하는 자의 마음자세를 따진 것인가 아니면 부자들이 자신들의 재산에 비해 인색하게 헌금하는 것을 질책한 것인가? 가난한 사람의 입장을 두둔한 것만은 분명하다. 부자들에게 더 많은 헌금을 하도록 촉구한 것도 분명하다. 예수의 헌금이야기는 단순히 교회 안의 헌금에 한정되는 것이 아니라 현대의 용어로 재산의 사회적 "재분배"를 함의하는 것으로 이해해야 한다.

교회의 헌금, 오늘날 한국교회에서 헌금은 교회의 성장재원으로 인식된다. 성서의 가난한 과부의 헌금에 대한 구절은 일부 탐욕스런 목사들이 헌금을 유도하는 설교의 단골메뉴다. 이 구절을 중심으로 다른 성서의 내용을 끌어다 연계시킨다. '모든 재산을 바친다고 하면서 그 일부를 숨겨놓았다가 죽은 아니니아와 삽비라 이야기'(사도행전 5:1~11), '십일조와 헌물을 바치는 일과 축복 이야기'(말 3:6~12)를 바탕으로 철저한 헌금을 통해서 복을 받고 성공을 할 수 있다고 부추긴다.

헌금을 사후에 천국에 가는 보험금정도로 생각하도록 한다. 돈 많은 사람들에게는 헌금을 더 내라는 의미로, 가난한 사람들에게는 가진 것이라도 다 내라는 의미로 사용되기도 한다. 그러면서 "구하라 주실 것이요 찾으라 찾을 것이요 두드리라 열릴 것이라", "무엇을 먹을까 무엇을 마실까 무엇을 입을까 염려하지 말라"(마태 6:25, 31) "수고하고 무거운 짐 진 자들아 다 내게로 오라 내가 너희를 쉬게 하리라"(마태 11:28)는 말로 연결된다.

예수가 재분배를 통해 경제적 평등을 추구한 것은 부자 청년에게 "가서 네 소유를 팔아 가난한 자들을 주면 하늘에서 보화가 네게 있을 테니 그리고 자신을 쫓으라"(마태 19:20~21)는 권유에서 잘 나타난다. 그러면서 예수는 충격적인 메시지를 전한다. 재물이 있는 자는 하나님의 나라에 들어가기가 심히 어려운데(마가 10:23) 어느 정도냐 하면 낙타가 바늘귀로 나가는 것이 부자가 하나님의 나라에 들어가는 것보다 쉬운 정도다(마가 10:25, 마태 19:23~24). 그렇다면 부자는 하느님 나라에 들어가기가 불가능하다는 의미다.

예수는 가난한 사람들을 돕는 자들에게 "구제할 때에 오른 손이 하는 것을 왼손이 모르게 … 은밀하게 하라 은밀하게 하는 중에 보시는 너의 아버지가 갚으시리라"(마태 6:3~4)고 말한다.[3] 자선을 베푸는 자(오른편)와 자선을 받는 자(왼편)의 관계[4], 자선을 하는 자는 자신을 드러내지 말고 자선을 받는 자가 인간으로서의 자존을 지킬 수 있도록 배려하는 것이다. 쥐꼬리만 한 자선을 하면서 코끼리 몸통만큼 떠들어대며 전시적 선행을 하는 정치인들, 의례적인 봉사활동에 요란한 보도 자료에 치중하는 단체들이나 기업들이 가장 먼저 들어야 할 대목이다.

사랑과 용서

성서에 나타난 예수의 사랑과 용서의 메시지는 현실적으로 실천하기는 어렵지만 의미상으로는 감동적인 구절이다.

> … 너희 원수를 사랑하며 너희를 핍박하는 자를 위하여 기도하라(마태 5:44)
> 악한 자를 대적지 말라 누구든지 네 오른편 뺨을 치거든 왼편도 돌려 대며 또 너를 송사하여 속옷을 가지고자 하는 자에게 겉옷까지 가지게 하며 또 누구든지 너로 억지로 오리를 가게 하거든 그 사람과 십리를 동행하고 네게 구하는 자에게 주며 네게 꾸고자 하는 자에게 거절하지 말라(마태5:39~42).

---

[3] 이 구절은 번역상의 문제를 안고 있어 의미가 이중적으로 전달된다. 헬라어로 덱시오스(δεξιός)는 우(右)의 의미다. 오른편 또는 오른 손의 의미를 나타내며 좌(左)도 마찬가지다. 이것을 '오른손' '왼손'으로 표현하면 어색하다. 아무리 비유라도 한 사람의 신체에서 하나의 뇌로 작용하는 오른손, 왼손이 각자 서로 모르게 작용한다는 것은 비유가 아니라 넌센스다. 선행을 하는데 생색을 내지 말라는 의미를 극단적으로 비유하기위한 수단일 수는 있다.
[4] 조철수, 『예수평전』, p. 368.

너희 원수를 사랑하며 너희를 미워하는 자를 선대하며 너희를 저주하는 자를 위하여 축복하며 너희를 모욕하는 자를 위하여 기도하라 너의 이 뺨을 치는 자에게 저 뺨도 돌려대며 네 겉옷을 빼앗는 자에게 속옷도 거절하지 말라 네게 구하는 자에게 주며 네 것을 가져가는 자에게 다시 달라 하지 말며 남에게 대접을 받고자 하는 대로 너희도 남을 대접하라(누가 6:27~31).

다른 사람에 대한 사랑을 이보다 더 간결하면서도 감동적이며 핵심적으로 표현할 수 있는 말이 있는가? 신약성서의 압권인 이 사랑의 메시지는 예수의 직접적인 멘트이건 저자의 창작이건 기독교를 사랑의 종교로 인식하도록 만드는 상징으로 자리잡고 있다.

물론 이 구절이 마태복음저자나 누가복음저자의 창작은 아니다. 이 구절은 구약성서(레위기 19:18)에 그 단초가 있다. "원수를 갚지 말며 동포를 원망하지 말며 이웃 사랑하기를 네 몸과 같이하라 나는 여호와니라". 마태복음 저자는 이를 "나는 너희에게 이르노니 너희 원수를 사랑하며 너희를 박해하는 자를 위하여 기도하라"(마태 5:44)로 표현했고 누가복음에 빛나는 대귀 문장으로 등장하게 된 것으로 보인다. 예수의 이러한 메시지를 하느님과 연계시켜 정당성을 나타내고자 하고 있다.

너희가 사람의 잘못을 용서하면 너희 하늘의 아버지께서도 너희 잘못을 용서하시려니와 너희가 사람의 잘못을 용서하지 않으면 너의 아버지께서도 너희 잘못을 용서하지 아니 하시니라(마태 6:14~15).
서서 기도할 때에 아무에게나 혐의가 있거든 용서하라 그리하여야 하늘에 계신 너희 아버지도 너희 허물을 사하여주시리라 하셨더라(마가 11:25).

예수의 관용 및 양보의 정신은 감내하기 힘들 정도로 극단적이지만, 현실적으로 어떻게 "원수를 사랑"할 수 있으며 "핍박하는 자를 위하여 기도"할 수 있는가? 어떻게 "오른편 뺨을 치는데 왼편도 돌려 댈 수"있는가? 또한 "억지로 오리를 가게 하는데" 오히려 "십리를 동행"할 수 있는가?

가난한 사람들은 복이 있다. 하늘나라가 너의 것이기 때문이다(도마 54).

가난한 자는 복이 있나니 하나님의 나라가 너희 것임이요(누가 6:20).
심령이 가난한 자는 복이 있나니 하늘나라가 그들의 것임이요(마태 5:3).

도마복음과 누가복음은 표현이 동일하지만 마태복음은 "가난" 앞에 "심령(마음)"이라는 수식어가 동원되었다. 크로산은 이것을 마태복음의 저자가 경제적인 가난을 종교적인 가난으로 바꿔놓았다고 이해한다. 여기에 나타난 헬라어의 가난을 나타내는 프토코스(ptochos)나 헤케(heke)는 거지는 아니지만 극빈한 계층으로 이해하면서 하느님 나라는 하찮은 존재와 함께 극빈자, 불결한 자들, 천민들의 나라라는 것이다.[5]

평등적 낙관주의

예수는 사람들과 장소를 가리지 않고 공동식사로 생활하면서 "너희는 다 형제"(마태 23:8)라고 강조한다. 예수의 언행은 원시적 공산주의 모델을 보여준다. 보수주의자, 기득권자들에게는 철없는 이상주의로 보일 수 있는 예수의 급진사상은 그 자체가 하나의 혁명적 사고다.

예수가 "너희는 다 형제"라는 센텐스(sentence)를 실제로 사용했는지에 대해서는 알 수 없지만 이 센텐스가 초대교회에서 추구하는 가치였음은 확실하다. '형제'는 북한이나 중국 등 공산주의사회에서 사용하는 '동무'라는 말보다는 덜 평등적이지만 더 가까운 사이다. '형제'는 '형과 동생'의 위계가 존재하는 반면에 동무는 모두가 수평적이다. '동무'는 불특정 다수 모두를 통칭하는 용어라는 점에서 정체성이 결여된 형식적 용어다. 오히려 친구는 소수의 인간적 유대로 얽힌 사이라는 점에서 구체적이다. '형제'는 가깝게는 혈연을 통한 끈끈한 연대가 존재하면서 함께 지낼 수 있는 관계다.

성서는 인간관계에서 모든 사람을 가족적 관계로 표현한다. 모든 사람의 신분적 평등뿐만 아니라 공생공존의 공동체의식의 발로이다. 이러한 가치

---

5) 존 도미닉 크로산, 『역사적 예수』, pp. 438-443.

는 가난하고 병들고 힘없고 천대받는 사람들에게 기대되는 당시의 시대정신이었던 것이 분명하다.

예수는 이러한 공동체적 가치를 바탕으로 현재와 미래에 대해 아주 낙관적 단정을 한다. 우선 의식주에 대한 걱정을 덜도록 "무엇을 먹을까 무엇을 마실까 무엇을 입을까 염려하지 말라"(마태 6:25,31)고 가르친다. 오늘의 걱정을 내일로 연결시키지 말도록 한다. "내일 일을 위하여 염려하지 말라 내일 일은 내일 염려할 것이요 한날 괴로움은 그날에 족하다"(마태 6:34). 미래에 대한 낙관적 사고로 마음의 평안을 갖도록 유도하고 있다. "수고하고 무거운 짐 진 자들아 다 내게로 오라 내가 너희를 쉬게 하리라"(마 11:28). 든든한 후원자를 자처한다. 성서의 낙관적 메시지는 다음에서 절정을 이룬다. "구하라 그러면 너희에게 주실 것이요 찾으라 그러면 찾을 것이요 문을 두드리라 그러면 너희에게 열릴 것이니 구하는 이마다 얻을 것이요 찾는 이가 찾을 것이요 두드리는 이에게 열릴 것이라"(마태복음 7:7~8).

희망과 확신에 찬 예언이다. 기대에 부푼 약속이다. 전쟁의 질곡에서 생명의 위험과 찌든 삶의 고달픔에 허덕이는 민중들에게 이보다 더 감동적이고 희망적인 메시지가 있을까? 예수 자신은 "여우도 굴이 있고 공중의 새도 거처가 있으되 오직 인자는 머리 둘 곳이 없다"(마태 8:20)며 자신의 처지를 비관하는 것과는 아주 대조적이다.

성서는 예수가 '정도'와 '목적어' 그리고 '행위자'를 구체적으로 적시하지 않음으로써 듣는 청중들에게 각자의 사정에 따라 유리한 해석을 하도록 백지를 제공하는 정교한 프로패간다(propaganda)의 메시지를 전하도록 했다. 이러한 예수를 따라 제자들과 청중들은 설교하는 곳마다 함께 여행했다(마태 4:18~22).

이러한 낙관주의는 19세기 사회주의자들에게서 정치사회로 진입한다. "능력에 따라 일하고 필요에 따라 분배 받는다". 이 말은 19세기 사상가며 사회운동가였던 루이 블랑(Louis Blanc)이 한 말로 전해진다. 후에는 마르크스가 사용하면서 유명한 구절이 되었다. 마르크스는 사회주의 사회는 능력에 따라 일하고, 일한 만큼 분배받지만 공산주의 사회가 되면 "능력에 따라 일하고 필요에 따라 분배 받는다"는 이상향을 제시한다.

루이 블랑이나 마르크스의 이 말은 언뜻 들으면 달콤한 약속이다. 마르크스가 이 구절을 사용한 것은 자본주의 사회에서 자본가가 노동자들의 노동력을 착취하여 잉여가치를 차지하는 것을 비판하면서 그 대안으로 사회주의와 궁극적으로 공산산주의 사회에서는 공정한 분배가 이루어진다는 점을 강조하기 위한 것이었다. 예수의 메시지는 자본가의 지배가 아니라 로마제국의 철권지배를 극복하고 유대교를 견제하기 위한 목적이었을 것이다. 예수에게 기대의 실현자는 하느님이다. 마르크스에게는 공산주의다. 신념이라는 측면은 같지만 전자는 종교인 반면에 후자는 정치경제다.

루이 블랑과 마르크스의 주장들은 '공급'과 '필요'라는 두 수레바퀴를 함의하는 이른바 '필요의 원칙'이다. 자원은 유한하다. 필요의 원칙이 실현되기 위해서는 자원보다는 루소의 상상대로 인간이 연민을 가진 선한 존재여야 한다. 과연 인간은 그러한 존재인가? 토마스 홉스와 아담 스미스가 갈파한대로 인간은 이기적이고 탐욕적인 존재라면 '필요의 원칙'은 구현되기 어렵다. 끝없이 필요를 충족하려고 할 것이고 공급은 약육강식의 정글의 법칙에 좌우될 수밖에 없다. 더구나 '공급'과 '필요'를 결정하는 주체가 자신이 아니라 타인이라면, 더 나아가 강한 국가권력이라면 인간의 능력은 고혈을 짜내야 하는 반면에 필요는 허기진 배를 가까스로 채우는 수준이 될 수도 있다. 오늘날 북한사회의 실정이다.

예수의 "구하라 주실 것이요 찾으라 찾을 것이요 두드리라 열릴 것이라"는 마태복음의 구절도 '필요의 원칙'에서 출발한다. 여기에서 필요원칙의 주관자는 하느님이고 필요한 것은 연민이 아니라 믿음이다. 믿음의 결과는 계량화할 수 없기 때문에 현실적으로는 공허한 메아리지만 흐뭇하고 든든한 포만감을 준다.[6] 루이 블랑이나 마르크스처럼 '구하고 찾고 두드리는

---

[6] 한 성서학자는 이 구절을 동료를 찾아서 그와 함께 토라를 공부하여 깨달으라는 의미로 해석한다(조철수, 『예수평전』, pp.434-436.). 만일 예수가 동료들을 구해 토

일' 즉 '일'하는데 '능력'이라는 수식어가 붙으면 해석을 놓고 논쟁거리가 된다. 시비거리가 되면 그 말은 그 만큼 영향력이 감소된다. 이런 점에서 논리적이고 선동적인 마르크스, 세계적 불후의 선동적 교의서인 공산당선언을 쓴 그도 예수의 직관적 선언에는 빛이 바라게 된다.

예수와 마르크스는 평등주의와 낙관주의 그리고 필요와 공급의 원칙에서 가치를 공유한다. 성서에 나타난 공동체가치는 오히려 원시공산주의 형태를 보여준다. 그럼에도 기독교가 마르크스를 적대시 하는 것은 마르크스가 종교를 '아편'으로 보기 때문이다. 공산주의를 창시한 마르크스와 엥겔스는 기독교의 뇌관인 '원죄로 부터의 구원'을 빼버렸다. 기독교입장에서는 당연히 배척해야 할 주장이다. 종교에 대한 이런 주장이 마르크스에서만 나오는 것은 아니다. 그럼에도 현대의 기독교가 마르크스를 주적으로 삼는 것은 마르크스의 이념으로 세워진 공산주의 국가가 기독교를 불허하는 것이 더 직접적인 배경이다. 마르크스의 종교관에 따라 공산주의 국가에서는 기독교는 물론 종교자체를 통제하고 있다. 그러나 오늘날 공산주의 국가가 새로운 변혁을 추진 중에 있고 아울러 종교의 자유도 꿈틀거리고 있다.

성서의 확신에 찬 적극적 낙관주의는 오늘날 기독교에서 긍정주의로 이용되고 있다. 미국의 목사인 조엘 오스틴(Joel Osteen)이 1990년대에 출간한 『긍정의 힘』이 대표적 사례다. 오스틴은 미국의 개신교 목사다. 오늘날 미국에서 가장 대중적인 목사로 우리나라에 소개된 『긍정의 힘(Your Best Life Now)』, 『잘 되는 나(Become a Better)』 등의 책으로 널리 알려져 있다. 이 책은 우리나라 대형교회 목사들의 추천으로 많은 교회신도들이 찾는 기현상이 벌어졌다. 그는 교회에 300여명의 유급직원을 두고 있지만 자신은 급료를 따로 받지 않는다. '긍정의 힘'은 400~500만부가 팔렸고 '잘되는 나'는 선인세로 1300만 달러를 받는 등 인세수입으로도 충분하기 때문일 것이다. 그는 성서에 나타난 예수의 낙관적 긍정주의 메시지를 재빨리

라를 열심히 공부해서 그 정확한 의미를 깨달으라는 내용을 이런 은유적 표현으로 말했다면 의사소통에 중대한 혼란을 초래할 수 있다.

사용하여 명성과 부를 쌓았다.

　일부 교회에서는 이 '긍정'이라는 용어를 '믿음', '순종'과 동의어로 오용·남용한다. 성서의 기록을 긍정(믿음)해야 한다. 목사의 설교가 무슨 내용이던, 무슨 명목의 헌금이든 긍정(순종)해야 한다. 교회가 무슨 일을 하던 긍정(순종)해야 한다. 긍정하지 않는 것은 교만한 것이다. 교만함은 저주의 대상이다. 구약성서의 바로 왕(출애굽기 5:2), 나아만 장군(왕하 5:11), 웃시야 왕(대하 26:16,19), 히스기야 왕(대하 32:25), 하만(에 3:5), 느부갓네살 왕(단 4:30), 벨사살 왕(단 5:23) 등은 교만으로 응분의 대가를 받은 자들이다. 긍정하지 않는 사람들은 바로 이들의 이미지가 덮어진다. 마태복음(23:12)의 "누구든지 자기를 높이는 자는 낮아지고 자기를 낮추는 자는 높아지리라"는 말은 교회에, 목사에 긍정하고 순종하도록 하는 경구로 인용된다.

　긍정은 오히려 사회나 자신의 발전에 가시가 있는 장미나 독이든 꿀일 수 있다. 긍정은 자칫 현실에 안주하고 단점이 묻혀버릴 수 있다. 부정이 은폐되고 허위가 정당화될 수 있다. 긍정에는 적절한 비판이 조화를 이루어야 한다. 비판은 부패하기 쉬운 긍정의 소금이다.

　긍정이 어떤 사람에게 비굴한 실속을 가져다 줄 수 있다면 비판은 명성을 줄 수 있다. 이 명성은 곧 자신의 목적을 성취하는 실속과 연계될 수도 있다. 비판이나 거부는 지지나 순종보다 선전효과가 크다. 특히 강자에 대한 저항은 강자의 힘에 따라 효과는 증대한다. 이러한 비판이나 거부에 정당성이 담보되는 경우 그 행위자는 즉각적으로 유명세를 탈 수 있다. 권력이 언론을 통제해도 비판의 목소리는 인민들의 소문을 통해서 시시각각으로 전파 된다. 소문은 퍼져나가면서 살이 붙어 과장되면서 신화적으로 변질되기도 한다.

⁂ 교조적 리더십

　성서의 저자들은 예수로 하여금 남에 대해서는 사랑과 관용, 겸손을 요구하면서도 예수 자신에 관련된 문제와 유대교에 대해서는 아주 독선적이며 이분법적인 단호한 모습을 보이도록 설정한다. "나와함께 아니하는 자는 나를 반대하는 자요 나와 함께 모으지 아니하는 자는 헤치는 자(scatter)"(마태 12:30)다. "우리를 반대하지 않는 자는 우리를 지지하는 자"(한글성서는 'for'를 '위하는'으로 번역)(마가 9:40)라고 2분법적으로 구별하면서 양립을 허용하지 않는다. 자신을 지지하지 않는 자는 반대하는 자이며 협력하지 않는 자는 파괴하는 자로 몰아간다. 반대하는 자에 대해 설득을 통해서 이해와 협력을 구하고, 소통과 화합의 방법을 통해서 추종자들의 복종심을 이끌어 내는 방법도 있다. 양립을 단호하게 거부하고, 협력하고 추종하지 않는 자에게 저주나 위협도 복종과 협력을 받아내는 방법이다. 성서의 저자들이 후자의 방법을 택한 것은 기독교가 갖는 자신감의 표현을 통해서 신도들의 마음을 움직이려는 전략일 것이다.

예수는 또한 당시의 전통적인 가르침을 걷어내고 자신의 가르침으로 대체하는 독선을 보인다. 마태복음(5:21~48)의 율법에 관한 내용에서 예수는 "옛 사람에게 말한 바 … 하였다는 것을 너희가 들었으나, 나는 너희에게 이르노니 … 되리라"라는 식으로 기존의 전통을 뒤집고 자신이 새로운 기준을 제시한다. 또한 "나를 버리는 자는 나를 보내신 이를 저버리는 것"(누가 10:16)이라면서 자신을 따르지 않는 것은 하느님을 버리는 것이라면서 자신의 일에 하느님을 끌어들인다. 자신을 하느님과 동일시하면서 "와서 자신을 따르라"(마태 19:21)고 촉구한다. "나는 세상의 빛이니 나를 따르는 자는 어둠에 다니지 아니하고 생명의 빛을 얻으리라"고 호언한다. 예수는 또한 "누구든지 나의 이 말을 듣고 행하는 자는 집을 반석위에 지은 지혜로운 사람, 행하지 아니하는 자는 집을 모래 위에 지은 어리석은 사람과 같다"(마태 22:36-7)고 말한다.

"형제가 자기에게 죄를 지으면 일곱 번까지 용서하면 되느냐"는 베드로의 질문에 예수는 "일흔 번의 일곱 번(70x7)까지라도 용서하라"(마태17:21~22)면서 정작 자신은 자신의 마음에 들지 않는 언행을 하는 사람에 대해서는 가차없이 비판하고 벌을 내리려한다. 다 내형제이니 원수를 사랑하며 미워하는 자를 선대하며 저주하는 자를 위하여 축복하며 모욕하는 자를 위하여 기도하고 이 뺨을 치는 자에게 저 뺨도 돌려대라는 가르침과 너무나 동떨어지며 논리적으로 모순되지 않는가. 그러나 거기에는 나름의 이유가 있다.

추종을 요구하는 메시는 단호하고 판단의 여지를 차단해야 한다. 생각하고 판단할 수 있는 여지를 두면 수용자는 그 메시지를 평가한다. 평가하는 순간 추종은 상대적이다. 즉 따르거나 부분적으로 따르거나 또는 거부로 연결된다. '나를 보내신 이', '세상의 빛', '생명의 빛', '반석' 등의 용어는 판단의 대상이 아니라 수용이나 거부의 대상이다. 판단의 여지가 배제된 오만하고 독선적인 메시지가 오히려 무조건 수용하고 따르는 효과를 낼 수 있다. 성서의 저자들은 경직된 메시지의 이런 특성을 인식하고 있었던 같다.

예수는 서기관들과 바리새인들에게 "말만 하고 행하지 아니하며 또 무거운 짐을 묶어 사람의 어깨에 지우되 자기는 이것을 한 손가락으로도 움직이려 하지 아니하며 그들의 모든 행위를 사람에게 보이고자 한다"(마태 23:1~7)고 비판한다. "잔과 대접의 겉은 깨끗이 하되 그 안에는 탐욕과 방탕으로 가득하게 하는 도다"(마태 23:25)라고 일갈하면서 "너희 집이 황폐하여 버린바 되리라"(마태 23:38)고 저주한다. 황폐하다는 원래의 의미는 야생동물들만 우글거려 인간이 살기 어려운 황야를 일컫는다. 이 말은 엄청난 저주다.

특히 경쟁자들에게는 가혹하리만치 공격적이다. 의심하고 또 의심하라는 것이다. 창세기 이후의 지금까지 전무후무한 환난의 시기가 되면 거짓 그리스도들과 거짓 선지자들이 일어나 큰 표적과 기사(기적)를 보이며 심지어는 선택받은 자들도 미혹하게 할 것이니, 사람들은 그리스도가 여기저기 있다고 해도 믿지 말고, 그리스도가 광야에 있다고 해도 나가지 말고 골방에 있다고 해도 믿지 말라고 경고한다.(마태 24: 21-26) 밖에 나가는 어린이에게 길에서 만나는 사람은 믿지 말고 무엇을 물어도 대답하지 말라고 주의를 주는 부모 같다. 하느님에 대한 인도를 예수에 대한 시인과 조건부로 제시한다. 누가와 마태복음이 약간 다르게 표현되고 있다.

내가 또한 너희에게 말하노니 누구든지 사람 앞에서 나를 시인하면 인자도 하나님의 사자들 앞에서 그를 시인할 것이요 사람 앞에서 나를 부인하는 자는 하나님의 사자들 앞에서 부인을 당하리라(누가 12:8~9).

누구든지 사람 앞에서 나를 시인하면 나도 하늘에 계신 내 아버지 앞에서 저를 시인할 것이요 누구든지 사람 앞에서 나를 부인하면 나도 하늘에 계신 내 아버지 앞에서 저를 부인하리라(마태 10:32~33).

자신을 공개적으로 시인하면 자신도 하느님 앞에서 제자들을 시인해주겠다는 조건을 제시한다. 시인하는 자는 시인하고 부인하는 자는 부인한다는 논법으로 마치 황금률을 적용하는 것과 같다. 자신이 하느님의 아들이라는 것을 인정하지 않으면 하느님께 고해서 불이익을 주겠다는 엄포다. 예수는 자신의 권위나 자신의 본질에 대한 문제는 아주 예민한 반응을 보인다. 예수는 제자들에게 자신의 존재가치에 대한 인정을 묵시종말적 상벌론으로 제시한다.

야누스적인 메시지

세리와 창녀, 가난한자가 천국에 먼저가고 부자가 천국에 들어가는 것은 사실상 불가능하다는 말은 가난한 사람에게 크나큰 위안이다. 그러나 비판적으로 접근하면 이 메시지가 자칫 가난한자들의 현실에 대한 불만을 수용하도록 하는 선무의 메시지가 될 수도 있다. 부자의 처지보다는 오히려 가난한 처지가 낫다는 메시지는 가난한 사람들의 현실에 대한 불만을 잠재우려는 통치자들에게는 반가운 선전이 아닐 수 없다.

사랑의 메시지는 사랑과 관용의 가치에 대한 비유적 표현이라고 할 수 있다. 그러나 '원수', '핍박하는 자', '뺨을 치는 자', '억지로 오리를 가게 하는 자'가 로마총독 당국이라면 결국 그에 순종하라는 의미가 된다. 이것은 순종이 아니라 사실상 맹목적 굴종이다.

바울서신 중에 로마서 13장 1~7절은 국가권력에 대한 복종과 관련하여 오랜 논쟁의 대상이었다. 로마서에는 모든 권세는 하느님으로부터 나온 것이며 다 하느님이 정한 것이기에 각 사람은 이에 굴복하라고 권한다. 권세를 거스르는 자는 하느님의 명을 거스르는 것이다. 물론 이 구절은 앞뒤의 문맥을 연결하여 정의로운 권력에 대한 복종이라고 해석한다. 그러나 절대 군주들이나 나치정권 그리고 심지어는 우리나라의 일제강점기에도 권력에 대한 복종으로 이용되었다.

바울은 물론 예수처럼 로마 권력에 의해 처형되었지만, 이 사실만으로 그의 국가권력에 대한 복종이 정의로운 권력에 대한 복종이라고 해석해야 하는 논거가 되는 것은 아니다. 오히려 당시의 상황에서 그리스도교가 로마지배에 저항하는 집단이 아니라는 점을 알릴 필요가 있었을 것이고, 바울의 서신은 이를 나타낸 것일 수도 있다.

복음서의 저자들도 바울서신의 의미와 당시의 상황에서 전달 할 수 있는 메시지는 한계가 있었을 것이다. '투쟁', '저항', '봉기'라는 메시지가 가능했겠는가? 그렇다고 '복종'이나 '순종'이라는 표현은 너무 노골적이다. 대신 '사랑', '용서'라는 표현을 통해 현실을 피해가려했을 수도 있다. 다만 이러한 시도가 악용, 남용되는 것을 경계해야 한다. "악법도 법이다", 이 말은 일본의 어용학자가 소크라테스의 말을 재단하여 일체식민지정권의 악법을 합리화하기 위한 것이었다. 헤겔의 "현실적인 것은 이성적"이라는 유심철학도 독재권력의 정당화로 악용되었다.

예수는 부(富)가 하늘나라의 장애라고 경고할 뿐만 아니라 낮은 자리에 임하는 겸손을 강조한다.

> 어린이와 같이 자기를 낮추는 사람이 하늘나라에서는 가장 큰 사람(마태 18:4)
> 첫째가 되고자 하면, 모든 사람의 꼴찌가 되어 모든 사람을 섬겨야(마가 9:35).
> 자기를 높이는 자는 낮아지고 낮추는 자는 높아질 것(누가 14:11).
> 너희 마음을 하나님께서 아시나니 높임을 받는 모든 것은 하나님께 미움을 받는 것(누가 16:15).

인자가 온 것은 섬김을 받으려 함이 아니라 도리어 섬기려고 자기 목숨을 많은 사람의 대속물로 주려함이라(마태 20:27~28).

예수의 이러한 메시지는 낮출 것도 없는 비천한 사람, 남을 섬기는 노예, 삶에서 뒤처지는 무기력한 사람들에게 자기 합리화의 근거를 제시하여 스스로 위안을 삼도록 한다. 정당한 권력, 정당한 지위, 정당한 부에 대서는 '높고 낮음'을 수용할 수 있지만 부당한 권력, 걸맞지 않은 지위, 부당한 부에 대해서도 수용한다면 이 땅의 정의는 무엇인가?

예수는 로마제국의 정치권력 대신에 종교권력에 대해서는 신랄하게 비판한다. 당대의 특권계급인 귀족과 사두개파 성직자, 바리새파, 율법학자 등에 대해 "말만하고 행하지 않는, 지기 힘든 무거운 짐을 남의 어깨에 지우면서 손가락 하나 까딱하지 않는, 하는 모든 일은 남에게 보이려고 하는, 회당에서는 높은 자리, 잔치에서는 윗자리, 장터에서 인사받기와 사람들에게 랍비라고 불리기를 좋아한다"(마태 23:1~7) 고 꼬집는다.

성서의 사랑과 용서의 메시지는 로마권력에 대해서는 순종을 합리화할 수 있다. 반면에 유대교에 대해서는 극단적으로 비판적이다. 성서가 기록될 당시 성서의 저자들은 로마 당국의 통제와 감시의 망을 심각하게 의식할 상황이었을 것이다. 이 망을 교묘하게 은유적 언사로 빠져나갈 수 있는 구성과 표현의 선택에 고심했을 것이다. 로마당국에 의해 불온문서로 낙인찍히지 않아야 되기 때문이다. 일제 강점기에 우리 문학을 반추해보면 짐작이 간다. 반면에 유대교는 제로섬 게임이 불가피한 일전불사의 경쟁자였다. 물론 그 대상은 기독교로의 회심이 가능한 평범한 유대교 신도가 아니라 기독교를 핍박하는 유대교 지도자들이었다. 당연히 강력한 공격의 대상이다. 세리와 창녀보다 못한 비하대상이다. 신약성서는 바로 일반민중의 욕구와 로마당국의 감시 그리고 유대교 지도자들의 핍박에서 일반 민중을 결집해 나아가는데 필요한 절묘한 선택의 집약이라고 할 수 있다.

∽ 동문서답과 양시양비

성서의 저자들은 예수를 통해 철학적이거나 신앙의 문제에 대해 반문과 비유 또는 동문서답을 통해 자신의 메시지를 전하려는 기법을 적절히 사용하는 탁월한 지혜를 보이고 있다. 바리새인들의 가시 박힌 우문에 예수의 은유는 모호하지만 현답이다. 바리새인들이 예수의 약점을 잡기위해 "하느님의 나라가 어느 때에 임하나이까"라고 묻는다. 질문의 핵심은 '때'다. 답은 '언제'이어야 한다. '때'에 관한 질문은 수리적 질문이다. 답변은 연, 월, 일이 필요하다. 예수의 대답은 '때'가 아니라 '특성'과 '장소'로 이어지지는 동문서답이다.

> 하나님의 나라는 볼 수 있게 임하는 것이 아니요 또 여기 있다 저기 있다고도 못하리니 하나님의 나라는 너희 안에 있느니라(누가 17:20~21).

여기에서의 본질은 예수가 동문서답 같은 선문답을 통해서 바리새인들의 덫을 잘빠져나가고 있다는 점이다. '때'에 관한 질문이라도 때의 '상황적 질문'은 '상황적 답변'이 필요하다. 예수의 제자들이 "주의 임하심과 세상 끝에는 무슨 징조가 있사오리이까"(마태 24:3)라고 묻는다. "세상 끝"이라는 '때'와 "징조"라는 '상황'을 합쳐 '상황적 때'에 관한 질문이다. 이에 예수의 대답은 이렇다.

> 많은 사람이 자신이 그리스도라고 사칭할 것이고 민족과 민족 나라와 나라의 전쟁이 발생할 것이며 곳곳에 지진과 재난이 따르고, 많은 사람이 시험에 빠져(서로 불신하고) 미워하며 거짓 선지자가 나타나 미혹하고 불법이 성하고 사람의 사랑이 식어지게 되는데 끝까지 견디는 자는 구원을 얻을 것이며 이 천국복음이 모든 민족에게 증거 되기 위하여 온 세상에 전파되면 끝이 올 것이다(마태 23:5~14).

객관적 기준이 없는 '상황'에 대한 판단은 주관적이기 때문에 어떤 답변도 가능하다. "주의 임함과 세상 끝의 징조"에서 특히 "징조"는 아주 주관적 상황이다. 이러한 주관적 답변은 또 하나의 새로운 질문을 제기할 뿐이지

종착역이 아니다. 성서가 예수로 하여금 이처럼 모호한 주관적 답변을 하는 것으로 기술한 것은 성서의 저술당시의 상황과 깊은 관련이 있을 것이다. 즉 초대교회의 신도들은 예수의 재림이나 하느님나라의 도래를 학수고대하는데, 이를 피해갈 수 있는 방법은 객관적인 수리적 답변보다는 주관적인 상황적 답변이 필요했을 것이다. 이러한 답변은 2천년 이상 기대감으로 이어지고 있다.

예수는 권력이나 엄격한 율법에 관한 문제는 교묘한 언사로 즉답을 비켜간다. 순발의 지혜인가? 자신의 보신을 위한 기회주의적 회피인가? 가장 유명한 이야기가 세금과 간음 그리고 사마리아인, 부활한 자의 모습, 십계명 등에 대한 이야기다. '세금의 이야기'는 예수를 옭아맬 구실을 찾던 바리새인들이 로마의 화폐인 가이사의 동전을 갖고 와서 가이사에게 세를 바치는 것의 가부를 묻자 예수는 왜 자신을 시험하느냐면서 "가이사의 것은 가이사에게, 하나님의 것은 하나님께 바치라"(마태 22:15~22)고 응대한다. "바치지 말라"고 하면 반란선동 죄요, "바치라"고 하면 하나님의 백성인 유대인들 외에 로마 황제가 합법적으로 군림한 왕이란 사실을 시인하는 셈이 되어 바리새인에 의해 매국노로 지탄받을 것이다. 예수의 이 답변은 진퇴양란의 상황에서 양쪽으로부터 공격을 피할 수 있는 절묘한 명답인 것으로 치부된다.

"모난 돌이 정 맞는다"는 속담이 있다. 피해갈 수 있는 대표적 유형이 양시론(兩是論)과 양비론(兩非論)이다. 양시론이 편하고 쉬운 입장이다. 양비론은 양쪽 모두와 적대적일 수 있지만 양시론은 양쪽 모두 혹은 최소한 어느 한쪽으로부터는 호의적이다. 흑백논리와 양립불가의 교조적 리더십을 보이던 예수가 이처럼 세금문제에 대해 양시론적 태도를 취한 배경은 당연히 로마당국에 대한 의식이었을 것이다. 민족주의를 행동화하는 열혈당원의 '세금거부'의 입장에서 예수의 양시론이 오히려 자신들에게는 일시일비(一是一非)가 된다.

간음한 여인에 관한 처벌이야기도 이와 유사하다. 서기관들과 바리새인들이 간음 중에 잡힌 여자를 끌고 와서 가운데 세우고 예수에게 "선생이여 이 여자가 간음하다가 현장에서 잡혔나이다. 모세는 율법에 이러한 여자를 돌로 치라 명하였거니와 선생은 어떻게 말하겠나이까"(요한 8:3~5)라고 묻자 예수는 "너희 중에 죄 없는 자가 먼저 돌로 치라!"(요한 8:7)라고 하자 어느 누구도 나오는 사람이 없고 그 자리를 떠버린다. 참으로 절묘한 대답이다. 만일 서기관들과 바리새인들의 요구에 부화뇌동하여 그 여인을 돌로 치도록 했다면 사랑과 용서를 가르쳐온 예수의 정체성은 허물어진다. 반면에 예수가 돌로 치는 것을 직접적으로 반대했다면 율법을 거부하는 것이다. 예수는 돌로 치라고 했다. 그러나 거기에는 "죄 없는 자"라는 조건이 전제되었다. 무슨 죄인가? 예수는 "여자를 보고 음욕을 품는 자마다 이미 마음에 간음한 것"(마태 5:28)이라고 말한바 있다. 예수는 결국 유대교의 율법에 따라 돌로 치라면서도 조건을 달아 유대교 율법의 비현실성과 부당성을 지적한 셈이다.

재림의 예언

기독교에게 남은 대망의 하나는 예수의 재림이다. 예수의 종말론적 예언은 지금도 기독교 신앙의 토대로 작용하지만 당시는 아마 기독교 전체를 지배하는 믿음이었을 것이다. 예수는 제자들에게 "모든 일을 너희에게 미리 말하였노라"(마가 13:23)면서 예언을 한다.

> 그 때에 그 환난 후 해가 어두워지며 달이 빛을 내지 아니하며 별들이 하늘에서 떨어지며 하늘에 있는 권능들이 흔들리리라(마가 13:24~25).

예수의 이러한 충격적 예언은 구체적인 객관적 대상이다. 현대과학으로 이런 현상은 일식과 월식에서 나타난다. 예수나 또는 성서의 저자들이 이러한 과학적 지식이 있을 리가 없다. 다만 밝은 것이 어두워지고 흰 것이 검어지는 등의 극단적 반전은 커다란 변화의 예로 쉽게 인용될 수 있는 대상들이다.

이러한 내용은 구약의 여러 구절들(이사야 13:10, 24:23, 34:4, 에스겔

32:7~8, 요엘 2:10, 요엘 3:15, 아모스 8:9)에 나타난다. 신약성서(사도행전 2:20, 베드로후서 3:10, 요한계시록 6:13~14, 8:12)에도 이어진다. 예수는 여기에서 또 다른 예언을 한다.

> 그 때에 인자가 구름을 타고 큰 권능과 영광으로 오는 것을 사람들이 보리라(마가 13:26~27).

이러한 메시지는 구약성서에 통달한 성서의 저자들에 의해 적절히 원용되어 구성된 것들로 보인다. 기독교는 이 이야기를 예수가 죽은 다음에 부활하여 하늘로 올라간 뒤에 할 역할을 예시한 것이라고 해석한다.

예수는 환란의 시기를 좀 더 구체화한다. "민족이 민족을, 나라가 나라를 대적하여 일어나겠고 곳곳에 지진이 있으며 기근이 있으리니 이는 재난의 시작이니라"(마가 13:8) 그리고 "이 세대가 지나가기 전에 이 일이 다 일어나리라"(마가 13:30)고 못 박는다. 예수의 메시지가운데 정치적으로 해석될 수 있는 가장 근접한 내용이다. 이런 내용은 로마항전의 경험을 간접적으로 비쳤겠지만 이러한 상황이 되면 "천지는 없어지겠으나 자신의 말은 없어지지 않을 것"(마가 13: 31)라는 말로 비정치적 메시지로 비켜간다. 없어진다는 의미는 헬라어의 지나갈 것이라는 의미다. 따라서 영어로 '죽어버리는', '사라져 버리는' 의미로 우리말 성서의 '없어진다'는 적절한 의미다. 천지가 없어지면 우주에 무엇이 존재하는가? 예수는 그 때에 "하느님이 천사들을 보내어 자기 택하신 자들을 땅 끝으로부터 하늘 끝까지 사방에 모을 것"(마가 13:27)이라고 예고한다. 그때 이들은 어디로 가나? 아마 하늘나라로 올라간다는 의미일 것이다.

"이 세대"는 언제인가? 세대로 번역되는 헬라어의 의미는 세대, 족속 외에 한 개인의 일생을 의미한다. 예수는 "그 날과 그 때는 아무도 모르나니 하늘에 있는 천사들도, 아들도 모르고 아버지만 아시느니라"(마가 13:33)라고 말하지만 "이 세대가 지나가기 전 …"이라던가 "주의하라 깨어 있으라 그 때가 언제인지 알지 못함이라"(마가 13:32)점에서 보면 예수의 생전 또는 아무리 길어도 예수를 기점으로 1세기를 넘지는 않아야 한다.

예수가 예언한 천지의 환난은 결국 공허한 말이 되었다. 구름타고 큰 권능과 영광으로 오는 것(마가 13:26)을 사람들이 보지 못하고 있다. 예수가 구름타고 온다는 말은 새로운 것이 아니다. 인자가 구름타고 오는 모습은 이미 다니엘 7:13절에 예시되어 있다. 예수가 다니엘의 구절을 인용했는지 혹은 "구름타고"라는 흔한 말을 사용했는지는 알 수 없다. 예수가 구름타고 오는 것은 심판하기 위한 것이다. 예수가 구름타고 올 때 하느님이 천사들을 보내어 하느님이 택한 자들을 땅 끝으로부터 하늘 끝까지 사방에서 모은다는 구절(마가 13: 27)이 이를 말해준다.

마가복음이 작성된 시기와 당시의 상황을 종교적 관점에서 벗어나 정치사회적 측면에서 바라보면 성서가 예수를 통해 이런 말을 한 배경을 짐작할 수 있다. 로마총독부가 예수와 같은 선지자들에 의해 야기될 수 있는 민중의 소요나 봉기가 드디어 66년에 폭발했다. 마가복음이 써지기 몇 년 전이다. 유대인의 저항이 결국 로마인들이 이스라엘 전역을 짓밟으며 유대인을 학살하고 성전이 파괴되는 대 환란으로 이러진 것이다. "민족이 민족을, 나라가 나라를 대적하여 일어난 것"이다. 이 환난은 "이 세대가 지나가기 전에 일어난 것"이다. 이로 인해 유대인들은 각지로 흩어져 사실상 "천지는 없어지게 된 것"과 다름없지만 그리스도교는 "없어지지 않았다".

초대 기독교는 종교적으로는 유대교를 극복하고 정치적으로는 로마제국의 탄압을 피해야 하는 부담을 안고 있었을 것이다. 이 상황에서 정치적 상황을 종교적으로, 종교적 상황은 양립불가의 교조적 내용으로 기술하는 것은 불가피하다. 따라서 성서의 저자들은 자신들이 경험한 정치적 환란을 예수의 말을 통해 예언으로 기술한 것으로 보인다. 그러나 예언에는 경고나 압박만이 아니라 희망이 있어야 한다. 오히려 희망이 더 중요한 메시지가 되어야 한다.

성서가 말하는 예수의 재림과 지구의 종말현상은 신도들에게는 두려움이자 희망이다. 성서는 환란의 상황이 되면 "천지는 없어지겠으나 자신의 말은 없어지지 않을 것"(마가 13:31)이며, 천지가 없어지면 "하느님이 천사들을 보내어 자기 택하신 자들을 땅 끝으로부터 하늘 끝까지 사방에 모을 것"(마가 13:27)이라는 희망을 준다. 그때 이들은 어디로 가나? 아마 하늘나라로 올라간다는 의미일 것이다.

예수를 종말론에 대한 상징적 인물로 설정한다면 예수의 재림은 아주 유동적이다. 상황에 따라 수많은 예수가 나타날 수 있다. 그러나 예수의 제자들이 얼굴을 맞대고 말했던 그 예수라면 예수는 아직 오지 않았다. 아마 영원히 오지 않을 것이다. 예수가 부활했다는 신화는 2000년 전의 과거에 만들어진 이야기지만, 현재에도 그런 신화를 사실로 전파한다면 종교의 범위를 넘어서는 일이 아닐 수 없다. 이성적으로 도저히 불가능한 일을 종교적 이름으로 가능한 것으로 전파하는 것이 정당화될 수 있는가? 사이비는 종교적 상징물의 설치가 아니라 이런 이야기를 사실처럼 전달하는 것이다. 인류의 역사에는 성서에서 묘사되는 예수의 언행과 유사한 언행을 하는 수많은 선지자라는 사람들이 출몰했다. 이들은 자신들이 믿는 종교의 교주를 따라 제2의 화신으로 자처했다. 석가모니의 추종자는 자신을 부처로, 예수를 추종하는 하는 자는 그리스도를 자처했다.

이런 일은 과거에도 그랬고 앞으로도 반복적으로 이어질 것이다. 이런 일들은 예언이라고 할 대상도 아니다. 사회가 돌아가는 모습을 잠시라도 생각하는 사람이라면 충분히 할 수 있는 이야기다. 더구나 2천 년 전의 격동기 사회를 경험하면서 새로운 종교의 이데올로기를 수립해가는 성서의 저자들에게 이런 생각은 당연할 수 있다.

예수의 메시지는 예수의 입을 통한 성서저자들의 메시지다. 성서저자들은 초대교회의 지식인이었고 리더였을 것이다. 이들은 초대교회를 둘러싼 정치사회의 흐름을 꿰뚫고 있었을 것이다. 초대교의 실상과 방향을 체험적으로 파악하고 있었을 것이다. 지식인으로서 구약성서에 대한 지식도 충분했을 것이다. 무엇보다도 헬라어에 정통했을 것이다.

이들이 당시의 선교문서를 저술할 때는 분명한 용도가 있었을 것이다. 그러나 필요한 내용이나 필요한 표현을 그대로 쏟아낼 수는 없었음이 분명하다. 로마당국이 서슬 퍼렇게 감시하고 있었다. 유대교가 염탐하고 있었다. 자신들의 목적을 포기하지 않은 채 이 장벽을 넘을 수 있는 묘안은 무엇인가?.

정교하게 고려되고 디자인된 메시다. 예수의 말을 비유적으로 구성하고 은유적으로 표현하는 것이다. 예수의 메시지는 난해할 정도로 은유적 표현이 많다. 형식도 동문서답형, 양시양비형, 반문형, 모호형 등 다양하다. 국가를 잃은 민족이 살아가는 처절한 방식의 발로이다. 고대 전제국가에서 민중이 표현할 수 있는 최대치가 바로 성서의 글로 보인다. 이러한 구성과 표현은 고도의 체험적인 지식인에게는 행간의 숨은 뜻의 파악을 통해 메시지의 의미가 전달 될 수 있다. 그러나 일반인들은 표면적 의미를 그대로 수용하게 된다. 이것이 바로 예수의 메시지가 갖는 다른 측면의 역기능이다.

하늘, 신에 관한 메시지는 비실체적이고 비현실적이기 때문에 아무리 구체적이고 사실적 표현이라도 모호하고 허구적일 수밖에 없다. 이런 메시지는 비유와 은유가 최선이다. 감시와 통제 하에서 비실체적, 비현실적 내용의 메시지를 전달하는데 동원될 수 있는 방법은 바로 필요한 동문서답형, 양시론형, 양비론형, 반문형 모호형 등이 적절할 것이다. 이런 형태의 메시지는 코에 걸면 코걸이 귀에 걸면 귀걸이 식이기 때문에 다원적 해석이 가능하다. 이런 메시지에 대해 문자주의를 고집하는 것은 성서를 법조문으로 보는 단견이다. 그럼에도 예수의 이런 메시지 형태는 고대의 난세를 거쳐 2,000년이 흐르는 동안 수많은 해석을 낳으며 기독교가 존속하는 기반이 되고 있다.

9장
예수 수난의 정치학

ᘉ 예루살렘 입성

복음서들은 예수의 예루살렘 입성을 아주 드라마틱하게 기술한다(마태 21:1~11, 마가 1:1~10, 누가 19:28~38, 요한 12:12~15). 예수는 나귀를 타고, 무리들은 겉옷을 길에 피거나 나무 가지를 베어 길에 펴고 앞뒤로 따르면서 호산나 다윗의 자손이여 찬송한다는 함성을 외친다. 구약성서 스가랴에서 선지자 스가랴는 "시온의 딸아 … 네 왕이 네게 임하나니 그는 … 나귀를 타나니 나귀의 작은 것 곧 나귀 새끼니라"(스가랴 9 : 9)라고 예언한다. 그 예언이 이제 예수가 다윗의 후계자로 거듭나 예루살렘에 온다는 것으로 연결되고 있다.

예수가 6월절에 맞추어 추종자들과 예루살렘에 입성했다면 어느 정도 무리를 지어 걸었을 것이다. 이들의 겉 행색은 초라했을 것이지만 마음으로는 대단한 긍지와 자부심을 가졌을 것이다. 자신들이 구약성서의 스가랴의 주인공이 되기를 바랐을 수도 있다. '호산나(Hosanna)'는 히브리어 '호시안나 (הושׁנא)'에서 나와 "도와주소서, 구원을 베푸소서"의 의미다. 이 말의 기원은 시편 118편 25절에 나타난다. 따라서 시편(118:25~26)을 인용한 것이다.

성서의 저자들은 예루살렘에 오는 예수와 그 제자들의 모습을 승리한 개선장군의 입성처럼 기술한다. 이러한 모습이 실제 일어나지는 않았더라도 그들의 바람이 이야기로 전달되면서 사실로 기록될 수 있다. 그러나 각지에서 예루살렘에 모여든 사람들이 예수를 중심으로 한 몇 명의 시골사람들이 걸어가는 것을 얼마나 눈여겨보았을까?

예수의 예루살렘일정은 바로 이러한 시나리오를 크랭크 인(Crank In)하고 상영하는 것으로 이어진다. 시나리오에 비해 관객동원은 너무나 초라했겠지만 그 시나리오의 파장은 지금까지도 이어진다. 성서의 저자들은 예수의 예루살렘입성 장면도 예수의 마지막 모습도 함께 썼을 것이다. 그런데 두 장면은 너무나 대조적이다.

성서는 예수가 예루살렘에 입성할 때 무리들의 대대적인 환영을 받은 것으로 기술하고 있다. 그 무리들은 얼마의 규모인가? 당시 예루살렘의 주민수에 대하여 한 연구서는 예루살렘의 주민수가 25,000여명, 대축제일에는 이보다 더 많은 인파가 몰린다는 주장이다.[1] 여기에 상당수의 순례객이 모인다면 조그만 고도 예루살렘은 인산인해를 이루게 된다.

예루살렘이 주민들과 순례객들로 북적거린다고 해도 시골 변두리의 선지자에 대한 정보가 예루살렘에 얼마나 전달되었을까? 그가 생소한 예루살렘에 오는데 과연 얼마나 많은 사람들이 관심을 가졌을까? 새로운 이스라엘 왕이 금의환향하듯 예루살렘에 왔다면, 총독부에서 그 행진을 보고만 있었을까? 이러한 상황에서 총독은 정위치를 지켜야 하고 로마군대는 거리로 나가 질서유지 특히 반로마운동으로 번질 상황을 예의 주시해야 한다.

예수의 입성에 질서유지나 폭동예방을 위한 로마군대가 파견 나온 흔적은 보이지 않는다. 그렇다면 '무리'는 약간의 예수 추종자들에 불과할 수밖에 없다. 성서는 예수의 입성을 이스라엘 왕이 즉위식장으로 가는 모습으로 묘사했지만 오히려 이런 묘사는 예수의 캐릭터와 어울리지 않는다. 그

---

1) 에두아르트 로제, 박창건 역,『신약성서배경사』(서울: 대한기독교출판사, 2005), p. 179.

러나 초대교회 신도들에게는 예수가 군중들의 환호를 받으며 개선장군처럼 장엄하게 예루살렘에 입성했다는 상징조작이 필요했을 것이다. 과거의 영광을 통해서 신도들은 오늘의 자긍심을 갖게 되기 때문이다.

유월절과 최후의 만찬

복음서(마가 10:32)는 예수가 예루살렘으로 올라가는 길에 열두 제자들에게 자신이 예루살렘에서 당할 일을 예고한 것으로 기술한다. 그 시나리오는 다음과 같다. 첫째, 대제사장들과 서기관들에게 넘겨진다. 둘째, 대제사장들과 서기관들이 죽이기로 결의하고 이방인들에게 인계한다(마가 10:33 마태 20:17, 누가 18:31). 셋째 이방인들은 능욕하며 침 뱉으며 채찍질하고 죽인다. 넷째 예수는 삼 일 만에 살아난다(마가 10:34)는 내용이다.

예수의 예루살렘 입성은 유월절에 맞추어져 있다. '유월절(逾越節)', 히브리어 페사흐(פסח)를 우리말로 번역한 것이다. 하그 페사흐(חג הפסח, Passover, 출 34:25)라고도 불려진다. 히브리어의 פסח라는 말은 어원적으로 "넘어가다(to pass over)"라는 뜻을 가지고 있다. 장자(長子)를 죽이는 재앙을 무사히 넘겼다는 의미다. 유월절은 예루살렘 근교의 유대인 성인남자는 의무적으로 예루살렘에 참가해야 하는 오순절, 초막절과 함께 제일 중요한 절기로 지내는 삼대 절기다. 이스라엘인들에게 지금도 가장 오래된, 1년 중에서 가장 먼저 지키는 대단한 명절이다. 유월절은 과월절(過越節)이라고도 한다.

예수는 이에 맞추어 최후의 만찬을 갖는 것으로 기술된다. 최후의 만찬은 예수가 처형되는 것을 전제로 한다.

> 그들이 유월절 음식을 먹을 때에 예수께서 떡을 가지사 축복하시고 떼어 제자들에게 주시며 … 이것은 내 몸이니라 하시고 또 잔을 가지사 감사 기도 하시고 그들에게 주시니 … 사람을 위하여 흘리는 나의 피 곧 언약의 피니라 … 하시니라(마가 14:22~25).

예수는 빵이 자신의 몸이요 포도주는 자신의 피로 '언약의 피'라는 의미를 부여한다. 이것은 오늘날 성찬예식으로 전해온다. 가톨릭교회의 예배에서 이 의식은 하이라이트다. 예수의 이른바 최후의 만찬 이야기는 고린도전서(11:23~24)에서 바울이 먼저 기술해 놓은 내용이다. 공관복음의 내용은 바로 바울의 고린도전서 복사판이다.

공동체구성원들 간에 어떤 물건을 교환하는 것은 구성원들의 상호우의와 결속을 다지는 계기를 조성한다. 그러한 물건은 음식도 포함된다. 클로진스키(Klosinski)는 음식을 교환하는 것은 인간관계의 기본적인 것으로 이 속에는 주고, 받고, 갚는 것과 같은 일련의 의무들이 함축되어 있으며, 이런 관계는 개인을 사회적 호혜성 및 의무의 뿌리와 연관시키는 것으로 본다. 음식을 교환하는 것은 또한 인간 상호관계의 상징이 될 수 있으며, 식사하는 것은 감정과 관계를 상징하는 행동이고, 사회적 지위와 권력을 매개하며, 집단 정체성의 경계선을 표현한다는 것이다.[2]

최후의 만찬은 단순한 음식의 교환이 아니라 예수를 중심으로 공동체 즉 당시의 초대교인들의 목숨을 담보로 하는 결연이다. 예수가 이런 의례를 한 것은 제자들이 이를 행하여 예수를 기념하라는(누가 22:19) 것이다. 마태복음 26장 28절에는 "이것은 죄 사함을 얻게 하려고 많은 사람을 위하여 흘리는 바 나의 피 곧 언약의 피"라고 기록되어 '새 언약'이 아니라 단순한 '언약'이다. 그러나 누가복음에서는 예수가 "저녁 먹은 후에 예수의 피로 세우는 새 언약으로 곧 제자들을 위하여 붓는 것"(누가 22:20)이라고 말한다.

이스라엘 백성이 하느님과 맺은 언약이 '구약'이라면 '새 언약'은 메시아가 도래한 새 시대에 메시아를 믿고 따르는 사람들이 하느님과 새롭게 맺는 언약을 뜻한다는 해석이 제시되기도 한다.[3] 이러한 행위는 예수 공동체가

---

2) Lee Edward Klosinski, *The Meals in Mark* (Ann Arbor, MI: University Microfilms International, 1988), pp. 56-58. 존 도미닉 크로산, 『역사적 예수』, p. 545에서 재인용.
3) 조철수, 『예수평전』, p. 627.

의례를 시작으로 새로운 종교공동체를 시작하는 것을 뜻하고, 이후 교회에서 이 성만찬을 행하는 것은 예수의 몸과 피를 기억하는 속죄 의례로 이어진다.[4] 여기에서 예수가 말한 "언약의 표시"는 구약에서 나타나는 야훼와 유대인과의 약속을 대체하는 새로운 약속과는 다르다. 구약에서는 야훼가 甲이고 아브라함이 乙이다. 여기에서는 예수가 甲이고 제자들이 乙이다. 야훼가 빠진다. 따라서 예수를 중심으로 하는 예수공동체의 언약인 것이다. 다만 예수가 신의 자리에 오르면서 乙의 대상이 확대된 것이다.

빵조각을 나누어 먹고 포도주잔을 돌리는 것은, 더구나 그 빵을 자기의 몸이라 하고 포도주를 자신의 피라고 하면서 돌려 먹고 마시는 의식은 식사에 참여한 사람들을 한 마음으로 묶어 생각과 행동을 통일할 수 있는 매개체가 될 수 있다. 인간의 "살과 피"는 인간의 마음을 섬뜩하게 만든다. 공동체구성원의 리더인 예수의 살을 받아 씹고 피를 받아 마신다는 것은 생사를 함께한다는 서약과 같다. 결연(結緣)의 매개로서 식사는 서로 간에 끈끈한 정과 함께 공동체의 목표를 향해 합심할 수 있는 동기를 부여해 준다.

초대교회는 신도들의 단결을 위해 철끈을 묶는 것과 같은 의식이 필요했을 것이다. 그러나 예수의 이러한 '식사정치'는 결정적 순간에 그 한계를 드러냈다. 예수가 체포되고 재판을 받고 처형되는 과정에서 식탁에서 빵과 포도주로 몸과 피를 섞었던 제자들은 모두 예수와의 관계를 부정하거나 달아나 버렸기 때문이다.

예수와 제자들 간에 살과 피로 맺은 언약이, 예수가 곤경에 처하자 헌신짝처럼 버려진 배경은 무엇인가? 최후의 만찬이 실제 이루어지지 않았기 때문에 추종자들에게는 그런 의식이 배어있지 않았을 가능성이다. 다른 측면에서는 추종자들이 예수에게 기대하는 것은 이스라엘 왕으로서의 권력이었는데, 초라하게 처형당하는 상황에 직면하면서 극도의 실망감과 배신감 때문이었을 가능성도 있다. 사람들이 어떤 지도자를 따르는 것은 그 지도자의

---

[4] 조철수, 『예수평전』, p. 627.

인품이나 이념, 목표를 공유하거나 또는 그 권력자가 현재 권력을 누리고 있거나 미래에 권력을 누릴 가능성 때문이다. 추종자들이 지도자에서 발견하고자 하는 것은 권력이다. 꿀을 찾는 벌과 같다. 꿀이 마른 꽃에는 벌이 날아들지 않듯 권력이 마른 지도자는 추종자들이 떠난다.

유다의 배신스토리

인류역사에서 유다는 배신의 상징이다. 유럽에서는 강아지의 이름조차도 유다를 붙이는 것을 꺼린다는 얘기가 있다. 그 당시에 실제 유다라는 제자가 예수를 따랐고 그 유다가 예수를 배신했는가? 아니면 성서가 유다를 배신의 상징으로 설정한 것인가? 예수는 "너희가 아는 바와 같이 이틀이 지나면 유월절이라 인자가 십자가에 못 박히기 위하여 팔릴 것"(마태 26:2)이라고 예언한다. 예수는 유월절 음식을 앉아 먹을 때에 "너희 중의 한 사람 곧 나와 함께 먹는 자가 나를 팔리라"(마가 14:18)면서 배신자의 윤곽을 그려낸다. 마가복음의 저자는 구약의 시편(41:9)에 "나의 신뢰하는바 내 떡을 먹던 나의 가까운 친구도 나를 대적하여 그 발꿈치를 들었다"라는 구절을 섞은 것 같다. 대부분의 주석가들은 '발꿈치를 든다'가 발로 차기 위해 뒷발을 드는 행동으로부터 파생된 은유로, 발의 먼지를 터는 것과 관련시켜 '발꿈치를 들다'는 것은 은혜를 배반함을 나타낸다고 풀이한다.[5]

성서에서 유다는 아주 간교한 인물로 묘사된다. 이미 예수를 팔아놓고 (마가 14:10~11, 마태 26:14~16, 누가 22:3~6) "나는 아니지요"라고 묻자 예수는 "네가 말하였도다"(마 26:25)라고 대답한다. 무슨 의미인가? 과거형은 단정하는 것이다. "너다"라는 의미다. 영어성경이 "그렇다 바로 너다(yes, it is you)"로 번역한 배경일 것이다. 한글 성경은 헬라어의 '표현'을 옮겼고 영어성경은 '의미'를 번역한 것이다. 성서는 유다와 제자들은 예수의 대답이

---

5) 최홍진, "사랑과 배반의 이야기: 요한복음 13장 1-38절," 『성서마당』, 2007년 여름, p. 56.

함의하는 내용을 몰랐던 것으로 기술한다. 만일 제자들과 유다가 이 의미를 알아차렸더라면 그 분위기가 어떻겠는가? 성서는 이런 장면에 대한 묘사가 전혀 없다.

유다의 배신과 예수의 체포

공관복음서(마가 14:43~50, 마태 26:47~56, 누가 22:47~53, 요한 18:2~12)는 예수가 잡히는 순간의 유다의 행적과 예수의 대응을 각기 나타낸다. 예수가 말할 때 유다가 대제사장들, 서기관들, 장로들에게서 파송된, 검과 몽치를 든 무리와 함께 온다. 그리고 그들과 군호를 짜고 자신이 입 맞추는 자가 예수니 그를 잡아 끌어가라면서 예수와 입을 맞춘다. 마가복음과 마태복음의 입맞춤을 누가복음은 유다가 "예수께 입을 맞추려고 가까이가자 예수가 유다야 네가 입맞춤으로 인자를 파느냐"(누가 22:48~49)라고 묻는 것으로 각색해 입맞춤을 생략한다. 누가복음으로부터 20여년이 더 흐른 뒤에 나타난 요한복음에는 입맞춤 장면을 삭제하고 오히려 체포조가 예수 앞에 엎드리는 것으로 구성된다. 요한복음이 저술되는 시기에는 예수에 대한 신격화가 강화된 것을 보여준다. 유다가 예수를 잡을 사람들과 왔을 때(요 18:3)예수는 당할 일을 다 알고 누구를 찾느냐(요 18:4)고 묻고 자신이 나사렛 예수라고 대답하자(요 18:5)오히려 그들이 물러가서 땅에 엎드린다(요 18:6). 요한복음 저자는 이런 과정을 두 번 반복하는 것으로 기술하여 예수의 위상을 제고시킨다.

성서에는 예수의 체포과정에서 체포를 막으려는 '칼 사건'이 벌어진다. 그런데 이에 대한 예수의 대처방식은 복음서마다 다르다. 마가복음, 마태복음, 누가복음에서는 칼로 대제사장 시종의 귀를 베는 일이 벌어진다. 다만 마가복음에서는 '칼 사건'에 대해 예수는 아무런 언급이 없다. 마태복음은 칼로 친 사람에게 "네 칼을 도로 칼집에 꽂으라, 칼을 가지는 자는 다 칼로 망한다"(마태 26:52)라는 말을 덧붙인다. 이 장면이 누가복음(22:50)에서는

"이것까지 참으라 하고 그 귀를 만져 낫게 한다"(누가 22:50~51). 요한복음 (18:10~)은 '옆에 서있던 사람'을 '시몬 베드로' 그리고 귀가 잘린 대제사장의 종은 '말고'라고 이름을 적시하며, 유다가 올 때 횃불을 가졌다고 묘사하여 시간상으로 밤이라는 것을 나타낸다.

언론사 기자들이 사건현장의 실황이나 보도자료를 토대로 기사를 작성할 때는 기자들의 시각에서 취사선택을 하고 이를 토대로 편집자가 정리하기 때문에 동일한 사건이나 보도자료를 토대로 한 기사라도 신문과 방송마다 보도내용이 약간씩 다를 수 있다. 예수의 피포과정에 대한 공관복음들의 내용 그리고 요한복음의 내용이 다른 이유도 언론기관의 기사취사선택과 가치측정에 따라 비중을 결정지은 것과 같은 것인가?

시간이 지나면서 먼저 나온 선교문서가 늘어나고 새로운 이야기들이 발굴 또는 발전되었을 것이다. 성서 저자들은 이 자료들을 토대로 복음서를 작성하면서 그 상황을 배경으로 저자가 나름대로 내용을 취사선택하여 구성하고 표현을 고르거나 창작했을 것이다. 잘린 귀를 봉합했다는 내용도 지금부터 2,000년 전 그 당시의 이스라엘 사람들의 사고의 일단일 수는 있어도 허구적일 수밖에 없다.

돈 때문에 예수를 팔았다?

네 개의 복음서들은 유다의 배신을 비난하지만 세부적인 내용은 서로 다르다. 마가복음은 유다의 배신에 대한 이유를 알려주지 않는다. 마태복음은 돈이 이유다. "가롯 유다라 하는 자가 대제사장들에게 가서 내가 예수를 너희에게 넘겨주리니 얼마나 주려느냐고 묻자 그들이 은 삼십을 달아 주자 유다는 그 때부터 예수를 넘겨 줄 기회를 찾았다"(26:14~16)는 것이다. 왜 하필 "은 삼십"인가? 마태복음의 저자 책상에는 구약성서의 스가랴(11:12~13)가 펼쳐져 있었던 것은 아닌가? 거기에는 "은 30량을 지불"했다는 표현이 있다. 구약성서 창세기(37:26~27)도 읽었을 것이다. "유다가 자기 형제들에게 이르되 우리가 우리 동생을 죽이고 그의 피를 은익한 들 무엇이 유익할까 그를 이스마엘 사람들에게 … 은 이십량에 팔고 …"라는 구절이다. 동생을 노예로 팔자고 제안하여 은 이십량에 팔도록 한 것이 바로 "유다"다. 이어서 출애굽기(21:32)에는 "소가 만일 남종이나 여종을 받으면 소 임자가 은 삼십 세겔을 그 상전에게 줄 것이요"라는 구절이 나온다. 여기에서도 "은 삼십 세겔"은 자신이 기르는 소가 다른 사람의 종을 받으면 배상해야 할 액수다.

누가복음(22:3~6)은 유다의 배신을 사탄(Satan) 즉 악마가 들어간 것을 원인으로 진단하다. 대제사장들과 서기관들이 예수를 무슨 방도로 죽일까 궁리할 때 유다에게 사탄이 들어간다(누가 22:2~3). 요한복음은 한 걸음 더 나간다. 예수의 입을 빌려 유다를 아예 마귀로 낙인찍는 것에서 출발한다. 그러나 요한복음은 유다의 마귀적 특성에 대해 모호하게 기술하고 있다. 마귀 즉 사단은 이미 마가복음의 도입부분에서부터에서 등장한다.

예수는 공생애를 시작하면서 요한으로부터 세례를 받은 후 광야에서 사십 일을 지내면서 사단에게 시험을 당한다(마가 1:13). 사탄이 이번에는 유다에게 들어가 예수를 배반토록 했다는 것이다. 현대인들도 중대한 잘못을 저지르고서는 스스로 귀신에 씌었다고 말하는 경우가 있다는 점에서 누가와 요한복음의 이런 언급은 가장 편리한 분석이다.

예수는 12제자 외의 추종 제자들이 자신 곁을 떠나는 것을 보고 12제자들에게 너희도 떠나겠느냐고 묻자 베드로가 대표하여 예수를 따르겠다고 하자 "내가 너희 열둘을 택하지 아니하였느냐 그러나 너희 중의 한 사람은 마귀니라"라고 말한다(요한 6:70). 그리고 요한복음은 "이 말은 가룟 시몬의 아들 유다를 가리키는 것이며 그는 예수를 팔 사람이었다"(요한 6:70~71)는 해설을 덧붙인다. 예수의 이 말은 유다의 본질이 마귀라는 소리로 들린다. 그런데 유월절 전에 예수가 자신의 앞 운명을 알고(요한 13:1)제자들과 식사를 하고, 또한 제자들의 발을 씻기는 일을 할 즈음에 "마귀가 벌써 시몬의 아들 가룟 유다의 마음에 예수를 팔려는 생각을 넣었다"(요한 13:2)는 것이다. 요한복음은 유다가 예수가 준 떡 조각을 입에 넣는 순간 마귀가 들어갔고, 이에 예수는 유다에게 네가 하는 일을 속히 하라(요한 13:27)고 말한 것으로 전한다. 그렇다면 유다는 천부적 마귀가 아니라 예수가 체포되기 얼마 전에 마귀로 변한 것인가?. 그런데 요한복음은 또 다른 기술을 한다. 시몬 베드로가 예수에게 예수를 팔 사람이 누구냐고 묻자 예수는 자신이 떡 한 조각을 적셔다 주는 자라면서 떡 한 조각을 적셔서 유다에게 주니(요한 13:26) 조각을 받은 후 곧 사탄이 유다 속으로 들어간다(요한 13:27).

유다는 배신자인가?

성서는 예수에 대한 유다의 입맞춤을 예수를 잡으러 온 사람들에게 누가 예수인지를 알려주는 신호로 기술한다. 성서대로라면 예수는 이스라엘 왕처럼 또는 개선장군처럼 군중들의 환호 속에 예루살렘에 입성했다. 그동안 바리새파와 사두개파들이 예수를 시험하고 감시하면서 예수와 접촉한 사람들도 있다. 예수의 얼굴을 모른다면 당연히 이들을 골라 대동해야 한다.

예수는 자신을 잡으러 온 무리에게 "너희가 강도를 잡는 것 같이 검과 몽치를 가지고 나를 잡으러 나왔느냐 내가 날마다 너희와 함께 성전에 있으면서 가르쳤으되 너희가 나를 잡지 않았다. 그러나 이는 성경을 이루려 함이다"고 말한다. 예수를 체포하려는 측에서 예수의 얼굴을 충분히 알 수 있을 것이라는 정황이다. 그럼에도 예수를 체포하는데 예수의 얼굴을 몰라 유다에게 돈을 주고 입맞춤으로 누가 예수인지를 체포조에게 알려주도록 하는 구성은 너무 유치하고 허술하다.

입맞춤의 구성은 '배반의 유다'가 예수를 팔아넘기고 예수의 체포까지 주도했다는 점을 각인시키는 목적을 이룰 수는 있을지라도, 오히려 예수를 무명의 초라한 존재로 전락시킨다. 화려하게 예루살렘에 입성한 예수가 예루살렘에서는 얼굴이 전혀 알려지지 않은, 나사렛이라는 시골의 알려지지 않은 인물로 전락된 것이다. 더구나 이때 제자들은 예수를 다 버리고 도망가는 것(마가 14:50)으로 연결된다.

예수는 또한 자신의 체포조에게 칼을 빼든 사람을 향해 "너는 내가 내 아버지께 구하여 지금 열두 군단 더 되는 천사를 보내시게 할 수 없는 줄로 아느냐"(마태 26: 53)라고 반문한다. 자신의 체포를 충분히 방어할 수 있지만 그렇게 하지 않고 있다는 점을 내비치지만 너무 유치한 내용이다. 방어하지 않는 이유는 "내가 만일 그렇게 하면 이런 일이 있으리라 한 성경이 어떻게 이루어지겠느냐"(마태 26: 54), "이렇게 된 것은 다 선지자들의 글을 이루려 함이다"(마태 26:56). "이는 아버지께서 내게 주신 자 중에서 하나도 잃지 아니하였다고 한 말을 응하게 하려는 것이다"(요한 18:9). 자신이 체포되는 것은 결국 '성경의 예언을, 선지자들의 글을, 하느님의 말을 응하게 하려는 것'이다. 그런데 예수는 겟세마네에서 기도하다가 "인자가 죄인의 손에 팔리느니라"(마태 26:45)며 유다를 "죄인"으로 취급하고, 인자를 파는 그 사람에게는 화가 있을 것이고 그 사람은 차라리 나지 않았더라면 자기에게 좋을 뻔했다고 말한다. 체포되는 것이 성경의 계시를 성취하는 것이라면 유다는 오히려 당면한 과제를 처리한 일꾼이 아닌가. 유다복음은 유다의 행동이 희생과 부활로 인류를 구원하려는 예수의 계획에 충실하기 위해서 예수의 요구에 따른 것으로 기술한다.6)

> 유다가 예수에게 말했다. "보십시오. 당신의 이름으로 세례받은 사람들은 무엇을 합니까?" 예수가 말했다. "진실로 내가 [네게] 말한다. … 유다야, 사클라스에게 희생제사를 바치는 [사람들은] […] 하나님 […] 악이 되는 모든 것. 그러나 너는 그들 모두를 능가할 것이다. 왜냐하면 너는 나를 싸고 있는 그 남자를 희생제사로 드려야 하기 때문이다. … 보아라, 너는 모든 것을 들었다. 너의 눈을 들어 구름과 그 안에 있는 빛과 그것을 둘러싸고 있는 별들을 보아라. 길을 인도해줄 그 별이 너의 별이다" 유다가 그의 눈을 들어 빛나는 구름을 보았고 그는 거기로 들어갔다. 땅 위

---

6) 강성모, 『유다복음: 그 허구성을 밝힌다』(서울: 나눔사, 2006), pp. 84-85; 유다복음에 관해서는 허버트 크로즈니, 『유다의 사라진 금서』(서울: YMB si-sa, 2006)를 참고할 것.

에 서 있던 사람들이 구름으로부터 나와 이렇게 말하는 목소리를 들었다. … 몇몇 율법학자들은 거기에서 그가 기도하고 있는 동안 그를 붙잡기 위해 주의깊게 지켜보고 있었다. 왜냐하면 그가 모두에게 예언자로 여겨지기에 그들은 백성들이 두려웠던 것이다. 그들은 유다에게 다가가 말했다. "너는 여기서 무엇을 하느냐? 너는 예수의 제자다" 유다는 그들이 원하는 대로 그들에게 대답했다. 그리고 그는 약간의 돈을 받고 그를 그들에게 넘겨주었다.7)

유다복음은 유다가 약간의 돈을 받고 예수를 넘긴 것은 확실하지만 배신은 아니라는 것이다. 그리스어 '파라디도미(παραδιδωμι)'는 '배신하다'는 의미가 아니라 '넘겨졌다'라는 뜻이다. 특히 허버트 크로즈니는 이 단어에는 '배신하다라는 말에서 풍기는 도덕적 비난의 뉘앙스가 빠져있다는 주장을 더한다.8)

∽ 유다 배신의 정치적 함의

'유다의 배신사건'은 목적이 이중적이다. 한편으로는 예수의 체포를 하느님의 뜻으로 포장해야 하고 다른 한편으로는 유다라는 배신자를 등장시켜야 한다. 예수의 체포가 하느님의 뜻이라면 유다의 역할은 '배신'이 아니다. 그런데 성서의 저자들에게 배신자가 필요하다. 여기에서 내용의 모순이 들어나게 된다. 유다복음은 이 모순을 어정쩡하게 봉합하고 있다. 그동안 유다복음은 가사상태로 묻혀있었다. 유대복음서에 대한 비판은 외경이라는 배척과 위경이라는 비판으로까지 이어진다. 당시의 성서들을 임의로 베껴 멋대로 구성한 것이기 때문에 성서로서의 가치가 없다는 것이다.

유다복음은 서기 180년 무렵 프랑스 리옹의 주교 이레니우스가 '이단'이라고 강력히 비판한 사실을 통해 존재 자체는 알려져 있으나 실물은 전해지지 않았었다. 이 사본이 1976년 이집트의 한 골동품 시장에서 발견되었

---

7) 본문 내의 […]는 원문소실, … 는 존재하는 내용의 생략이다.
8) 크로즈니, 『유다의 사라진 금서』, p. 61.

고, 여러 단계의 거래과정을 거쳐 2006년 4월 6일 내셔널 지오그래픽에 의해 일부 복원되고 영어, 프랑스어, 독일어 등 세계 주요 언어로 번역되어 동시에 공개되었다. 유다복음은 2세기(AD 130~170년) 무렵에 그리스어로 쓴 것을 4세기 무렵 이집트에서 사용하던 콥트어로 번역되어 파피루스에 기록된 것으로 추정된다.

유다복음은 가치를 인정하는 입장과 허구라는 입장의 극명한 대치의 한복판에 놓여있다. 성서학계는 이 문서가 서기 2세기경 유행했던 '영지주의(靈智主義)'파 중 '가인파(Cainites)'가 만든 것으로 추정한다. 이런 인식은 이레니우스의 주장에서 비롯된다. 영지주의자는 예수의 죽음과 부활에 대한 믿음이 아니라, 예수가 대중이 아닌 측근에게 전한 비밀스런 지식(gnosis, 즉 '영지'란 그리스어로 지식을 뜻함)을 통해 구원을 얻을 수 있다고 믿었다.[9]

영지주의는 육체보다 그 안에 존재하는 영성을 중요시하며 육체 안에 존재하는 영성과 신이 일치한다는 믿음을 바탕으로 한다. 인간은 영성과 연결된 후 육체로부터 자유로워지고 생명의 근원인 신과 합쳐진다는 것으로 육체의 죽음을 두려워하지 않는다. 그들은 예수를 이런 현상의 대표적 존재로 여긴다. 자칫하면 영지주의 자살사이트가 생기고 무지몽매한 신앙으로 생명을 경시할 풍조를 경계해야 할 믿음이다.

육체 안에 영성이 신과 일치한다는 믿음은 야훼만이 유일신이라는 구약에 바탕을 두는 기독교의 입장에서 볼 때는 사단을 전제하는 행위이기 때문에 이단으로 규정됐고, 도마복음도 자취를 감추게 되었다가 세상에 들어난 것이다. 유다복음서의 내용이 사실이 아닐 것이라는 주장이 추정을 바탕으로 하는 것처럼 공관복음과 요한복음의 내용이 역사적인 실증적 사실이라는 주장도 추정이라면 모든 성서는 결국 추정이 공통적이다. 따라서 실체적 사실을 찾는 근원으로서 어느 하나를 배제하는 것은 지혜롭지 못한 일이다.

---

9) 크로즈니, 『유다의 사라진 금서』, p. 2.

유대교의 율법위반자를 체포하려고 그 제자를 회유해서 돈으로 매수하고 그 스승을 체포한다는 내용의 구성은 법리적 또는 상식적 측면에서 쉽게 납득되지 않는다. 그렇다면 유다의 배신의 실체는 무엇인가? 스퐁은 유다가 실제 인물이었다고 믿지 않는다. 요셉처럼 유다도 창작된 소설적 인물이라는 것이다. 예수의 배신스토리는 바울이 고린도전서에서 표현한 "주 예수께서 잡히시던 밤에 떡을 가지사"(11:23)에서 시작되었다며 가룟유다는 존재하지 않았고, 배신행위도 없었다고 단언한다.[10] 스퐁은 영역성서에서 "잡히다"를 '배신하다', '팔다'는 의미의 betrayed로 사용된 것에서 착안한 것 같다. 물론 바울이 별도로 배신사건을 언급한 것은 없다.

성서는 배신자 유다의 말로를 비참하게 그린다. 마태복음에서는 목매어 자결을 한다(마태 27:5). 왜 하필 목매어 자살하는가? 마태복음의 저자는 다윗을 해하려던 아히도벨이 자신의 모략이 실현되지 못하자 목매에 자결했다는 구절(사무엘 하 17:23)에서 자살의 방법을 착안한 것은 아닐까. 누가복음의 저자가 기록한 것으로 알려진 사도행전(1:17~19)에서는 유다가 배가 터져 죽는다. 배신자의 말로를 끔찍하고 처참한 죽음으로 그리고 있는 것이다.

'유다의 배신'사건이 등장한 배경은 무엇일까? 어느 공동체든 그 공동체의 결속과 발전을 위해서는 나름의 가치규범이 필요하다. 공동체에 대한 헌신과 봉사에 대한 가치가 필요하다. 전통적으로 모든 공동체가 중요하게 추구하는 가치는 공동체와 공동체 리더에 대한 충성이다. 이 충성심은 어떤 가치나 능력보다 우선한다. 충성이 선의 한 극단이라면 배신은 악의 다른 극단이다.

집단에서는 충성심을 유발하기 위한 충성의 스토리가 필요한 만큼 배신을 억제하기 위한 배신의 스토리도 필요하다. 인류의 역사는 충신의 영광스러움과 배신자의 비참함을 교차적으로 그리고 있다. 공동체나 조직의 결

---

10) 스퐁, 『만들어진 예수 참 사람 예수』, pp. 91-93.

속이 허술할수록 배신의 바이러스활동은 촉진된다. 초대교회가 직면한 상황은 바로 이러한 바이러스의 퇴치가 절실한 상황이었을 것이다.

초대교회나 현대교회도 기독교에 회심(conversion)한 신자들을 기독교의 틀 속에 매어놓는데 필요한 선전 전략이 필요하기는 마찬가지다. 선전은 선교와 사실상 같은 개념을 갖는다. 메시지가 정치적이라면 선전이고 종교적이라면 선교다. 초대교회에서 유다의 배신스토리는 기독교 신자가 다른 종교로 개종하는 것을 차단하고 기독교에 충성심을 고취시키는데 중요한 기능을 수행한 효과적인 선전메시지였을 것이다. 유다라는 이름은 2,000여 년간 기독교 신자들이 기독교에 대해서 다른 생각을 갖지 못하도록 만드는 파수꾼이었다. 배신이 얼마나 엄청난 잘못인지에 대한 배신의 비 윤리를 일깨워주는 윤리교과서였다. 기독교에서 배교자는 유다의 후손이라는 주홍글씨가 새겨진다. 유다의 배신사건은 기독교에 대한 일종의 '반(反) 배교법', '주홍 글씨'였다.

베드로의 예수에 대한 부인사건은 후에 기독교인들의 정체성을 강화하는데 중요한 이야기였다. 기독교인들은 스스로 기독교도임을 자랑스럽고 당당하게 나타냄으로서 스스로 기독교신자로서의 정체성을 강화할 뿐만 아니라 이를 통해 포교의 효과도 거두는 것이다. 도마의 의심사건은 구약과 신약의 이야기 자체를 믿도록 독려한다. 야훼의 천지창조, 예수의 동정녀탄생 그리고 예수의 부활을 행여 의심하는 것은 도마의 전철을 밟는 것이다. 도마의 사건은 기독교 성서의 모든 이야기를 믿고 더 나아가 사제와 목사의 설교를 믿고 따르도록 하는 촉진제가 되었다. 성서에 나타난 유다의 배신사건은 그 진위여부를 떠나 베드로의 부인사건, 그리고 도마의 의심사건과 함께 2,000여 년 간 기독교공동체를 공고하게 만드는데 아주 중요한 기능을 수행하고 있는 것이다.

산헤드린의 재판

마태복음(26:57~68)은 예수가 산헤드린으로 압송되어 대제사장과 서기관, 장로들이 예수에게 심문하는 장면을 묘사한다. 산헤드린(Sanhedrin)은 히브리어(סנהדרין), 그리스어(συνέδριον)로 "함께 앉는다"는 의미다. 로마제국은 지배하고 있는 각 국가들에 대해 반로마적 정치투쟁을 하지 않는다는 조건하에, 식민지 국가의 종교와 자치활동을 인정했다. 이런 정책에 따라서 당시에 모든 유대의 도시에도 유대교 법에 따라 최고법원 역할을 하는 23명의 판관들의 재판기구가 설치되었다. 중앙 기구로서 대산해드린(Great Sanhedrin)은 대제사장을 비롯한 70여명의 평회원으로 구성되어 AD 70년까지 예루살렘의 성전에서 열렸는데 주로 사두개파와 바리새파에 속한 유대인들이 좌우했다.

체포된 예수를 끌고 대제사장 가야바에게로 갔을 때 거기에 서기관과 장로들이 모여 있었다(마태 26:27). 유대인들의 예수에 대한 재판은 네 복음서들이 일관되게 전하고 있다.(마태 26:57~68, 누가 22:54~55, 63~71, 요한 18:13~14, 19~24). 물론 이 네 복음서 중에서 마가복음이 기초다. 마가복음에 나타난 예수의 심문과정이다.

> 그들이 예수를 끌고 대제사장에게로 가니 대제사장들과 장로들과 서기관들이 다 모이더라 … 대제사장들과 온 공회가 예수를 죽이려고 그를 칠 증거를 찾되 얻지 못하니 이는 예수를 쳐서 거짓 증언 하는 자가 많으나 그 증언이 서로 일치하지 못함이라 … 대제사장이 … 예수에게 물어 이르되… 네가 찬송 받을 이의 아들 그리스도냐 예수께서 이르시되 내가 그니라 인자가 권능자의 우편에 앉은 것과 하늘 구름을 타고 오는 것을 너희가 보리라 하시니 대제사장이 … 자기 옷을 찢으며 이르되 우리가 어찌 더 증인을 요구하리요 그 신성 모독 하는 말을 너희가 들었도다 너희는 어떻게 생각하느냐 하니 그들이 다 예수를 사형에 해당한 자로 정죄하고(마가 14:53~65).

성전정화사건

예수의 재판과정에서 복음서의 저자들이 의도하는 것은 예수의 존재를 각인시키는 것으로 보인다. 저자들은 예수의 혐의인 '성전정화(Temple Cleansing)' 사건을 중심으로 예수가 하느님의 아들이고 심판자로 재림할 것이라는 것을 전하려고 한다. 성서에서 말하는 성전은 BC 19년 헤롯 왕 때에 시작되어 AD 64년에 완공되었으나, AD 70년에 로마군대에 의해 완전히 파괴된 역사적 존재다. 당시의 유대교 관습으로는 20세 이상의 유대인 남자들은 성전에 반 세겔의 성전세(출애굽기 30:13~16, 마태 17:24~27)를 바쳐야 했다. 이 성전세는 성전용 은전인 히브리나 두로의 돈으로만 받았기 때문에 헬라, 애굽, 로마 등의 나라에서 통용하는 돈을 가지고 있던 순례자들은 성전세를 내기 위해 환전 한다. 희생제물에 필요한 양이나 염소를 준비하지 못한 가난한 사람들은 대신 비둘기를 사야했다. 따라서 성전 앞의 환전상이나 비둘기를 파는 것은 필요하고 합법적인 영업이었다.

동서고금을 통해서 어느 분야든 독점이나 독과점은 부조리가 따르기 마련이다. 폭리와 상납의 고리는 결국 소비자들의 등을 치는 것이다. 성전 관리자들, 이들의 상전인 제사장들은 각각 이 부조리의 순환고리를 이루고 있었을 것이다. 성전은 결국 예배와 기도하는 곳에서 유대교 지도자들의 탐욕을 충족하는 돈의 파이프라인으로 전락되고 있었던 것이다. 복음서의 저자들은 이에 대한 예수의 반응을 속 시원하게 기술해 간다.

성서(마가 11:15~18, 마태 21:12~17; 누가 19:45~48; 요한 2:13~22)는 성전에서 예수가 하는 행위를 신문의 사회면 사건기사처럼 현실감있게 묘사한다. 우선 예수의 캐릭터를 상당히 과격하게 묘사한다. 예수가 성전에 들어가 성전 안에서 매매하는 자들을 내쫓는다. 돈 바꾸는 자들의 상과 비둘기를 파는 자들의 의자를 둘러엎는다. 예수의 코멘트도 넣는다. "내 집은 만민이 기도하는 집이라 칭함을 받을 것이라고 하지 않았느냐 너희는 강도의 소굴을 만들었다"고 일갈한다.

구약성서 이사야(56:7)의 "내 집은 만민의 기도하는 집이라" 그리고 에레미아(7:11)의 "내 이름으로 일컬음을 받는 이 집이 너희 눈에는 도적의 굴혈(掘穴)로 보이느냐"를 마가복음의 저자가 예수의 입을 통해 다시 들려준다. 마태복음은 여기에 시편(8:2)을 빗대어 몇 가지 내용을 더 추가한다. 요한복음은 시편(69:9)의 "주의 집을 위하는 열성이 나를 삼키고 주를 훼방하는 훼방이 내게 미쳤나이다"라는 구절을 인용하다. 유대인들이 예수에게 네가 이런 일을 행하니 무슨 표적을 우리에게 보이겠느냐는 물음에 "너희가 이 성전을 헐라 내가 사흘 동안에 일으키리라"라고 답한다. 유대인들이 "이 성전은 사십육 년 동안에 지었거늘 네가 삼 일 동안에 일으키겠느냐"고 한다. 여기에서 요한복음은 "예수는 성전된 자기 육체를 가리켜 말씀하신 것이라 죽은 자 가운데서 살아나신 후에야 제자들이 이 말씀하신 것을 기억하고 성경과 예수께서 하신 말씀을 믿었더라"라는 해설을 곁들인다.

성전정화사건의 구성은 초대교회입장에서 유대교에 대한 심각한 경계와 경쟁의식의 발로로 보인다. 사랑과 용서를 강조하는 예수의 언행이 하느님의 아들로서의 자신에 대해서는 철저히 옹호하고 유대교에 대해서는 양립불가의 단호하고 공격적이다. 그 속성은 성전정화사건에서 정점에 달한다. 성전정화사건은 예수 처형의 부당성, 예수 실체에 대한 분명한 선언, 당시의 성전을 둘러싸고 빚어지는 유대교 지도층의 이중성을 적나라하게 묘사한다. 앞으로는 유대의 율법을 떠들며 뒤로는 부패하고 타락한 탐욕의 이중적이고 위선적인 모습, 자신들의 자리에 급급해 경쟁자를 짓누르며 초조해 하는 모습을 그려낸다. 예수가 유대교 지도자들을 거칠게 비판하고 돈을 쏟으며 상을 엎으며 호통을 치는 모습에서 초대교회 신도들은 통쾌함을 맛볼 수 있을 것이다.

성전정화사건은 초대교회의 신도들에게 유대교 지도자들과 성전운영의 부패와 비리를 비롯한 성전내부의 추잡한 실정을 적나라하게 알려줌으로서 기존의 자신들의 종교였던 유대교에 대한 향수를 단절하고 신흥 기독교에 대한 필요성과 애착을 갖도록 하는 유용한 메시지다. 예수는 성전의 대제사장을 "도둑"보다 더한 "강도"라고 힐책한다. 이 사건은 초대교회 신도들에게 유대교에 대해 우월감과 자긍심을 심어줄 수 있을 것이다.

심문

예루살렘이 함락되면서 베스파시안 황제(Vespasian, AD 69~79년)의 아들 티터스(Titus)가 로마에 저항하는 유대인들 수만 명을 학살하고 성전을 비롯해 전 도시를 완전히 파괴 한다. 이 당시 로마 군인은 성전의 돌 사이에 보물이 숨겨져 있다는 소문에 보물을 찾으려고 성전을 70여 차례에 걸쳐 파괴한 것으로 전해진다. 마가복음을 비롯한 복음서들이 AD 70년 이후에 기술되었다고 보면 예루살렘의 성전이 파괴된 이후이다.

성전정화사건의 기술은 결국 성전이 파괴된 사실을 알고 있는 저자가 시계바늘을 40여 년 전으로 되돌려 파괴되기 전의 성전을 대상으로 구성한 것이다. 성전이 실제로 파괴되지 않았다면 성전정화스토리에 "헐어버린다", "다시 세운다"는 내용이 들어갔을지는 의문의 대상이다. 마가복음의 저자는 군사, 정치적으로 허물어진 성전을 교묘하게 종교적 비유로 기술한 것으로 보인다.

예수가 산헤드린에서 재판받는 혐의가 바로 "하느님의 성전"을 헐어버리겠다고 말했다는 것이다.[11] 재판의 쟁점은 예수가 "너희들은 이 성전을 헐라"(요한 2:19)고 말했지 "내가 헐겠다"고 말 한 것은 아니라는 것과, "내가 사흘 동안에 일으키리라"(요한 2:19)고 말했지 "짓겠다"고 말한 것은 아니라는 점에 모아진다.

대제사장은 예수에게 "네가 하느님의 아들 그리스도인지 우리에게 말하라"(마태 26:63)고 묻는다. 예수는 이에 "네가 말했다. 그러나 내가 너희에게 이르니 이 후에 인자가 권능의 우편에 앉아 있는 것과 하늘 구름을 타고 오는 것을 너희

---

11) 조철수, 『예수평전』, p. 665.

가 보리라"(마태 26: 64)라고 답한다. 헬라어의 "네가 말했다"는 과거형을 영어성서는 "Yes, it is as you say" 즉 "그렇다. 네가 말하는 대로다"로 옮겨져 있다. 한글성서의 번역은 표현을 옮긴 것이라서 의미가 불분명하지만 영서성서의 번역은 예수 자신이 하느님의 아들이라는 대답이다. 헬라어의 표현을 토대로 하면, 질문에 대한 과거형의 "네가 말했다"는 대답은 바로 "그대로다"라는 긍정의 의미다. 유다의 배신의 스토리에서 예수가 제자들 중에서 배신자가 나올 것이라고 말하자 유다가 "나는 아니지요"라고 부정문으로 묻자 예수가 "네가 말했다"로 대답한 기술이 있다. 이 경우는 "너는 아니라고 말하지만 바로 너다"라는 의미로 결국 긍정이다. 유다나 제자들이 이해하지 못했을 뿐이다.

자신이 하느님의 아들이라고 답한 예수는 더 나아가 구약성서의 구절을 엮어서 대제사장은 앞으로 두 가지 사실을 목도하게 될 것이라고 예고한다. 핵심은 인자가 "권능의 우편에 앉아 있는 것"과 "하늘 구름을 타고 오는 것"이다. 재판의 이야기가 성서 저자들의 창작적 구성이라도 이 구절이 저자의 독창적 창작으로 보기는 어렵다. 다윗의 시인 "여호와께서 … 너는 내 우편에 앉으라 하셨다"(시편 110:1)는 구절의 인용이다. "내 우편"과 "권능의 우편"은 같은 말이다. 권능은 야훼 즉 하느님을 대신하는 말이다. 인자는 다니엘의 내용이다. 다니엘에는 "인자" 즉 사람의 아들이 다음과 같이 등장한다.

> 내가 또 밤 환상 중에 보니 인자 같은 이가 하늘 구름을 타고 와서 옛적부터 항상 계신 이에게 나아가 그 앞으로 인도되매 그에게 권세와 영광과 나라를 주고 모든 백성과 나라들과 다른 언어를 말하는 모든 자들이 그를 섬기게 하였으니 그의 권세는 소멸되지 아니하는 영원한 권세요 그의 나라는 멸망하지 아니할 것이니라(다니엘 7:13~14).

인자(son of man) 즉 '사람의 아들'은 호칭이 아니라 '사람'을 가리키는 셈족어의 표현방식이다. 언제나 "사람의 아들은 의(義)를 지녔다"라고 수식되며,[12] 하늘의 상대역이다.[13] 아람어 용법에서 '사람의 아들'은 나(I) 자신을 가리키는 완곡한 표현이거나 일반적 의미로 누구나 또는 인간을 가리킨다. 따라서 예수가 "인자"라고 했을 때 그만의 어떤 칭호가 아니라 자신을 가리키는 완곡한 표현이었고 이를 듣는 사람들도 그렇게 이해했을 것이다.[14] 마가복음은 "그 때에 인자가 구름을 타고 큰 권능과 영광으로 오는 것을 사람들이 보리라"(마가 13:26), 마태복음에서도 예수는 "인자가 아버지의 영광으로 그 천사들과 함께 오리니 그 때에 각 사람이 행한 대로 갚으리라"(마태 16:27)는 예언을 한다.

공관복음은 예수의 고난이 예수의 잘못이 아니라 유대교 지도자들의 간교한 농간으로 비롯되었다는 것을 재판이라는 기술을 통해 들어내고 있다. 동서고금을 통해 재판은 정당성과 논리성이 일치하는 것은 아니다. 정당한 재판은 긍정이 사실이고 부당한 재판은 부정이 긍정일 수 있다. 대제사장은 '예수는 죄인'이라는 점에서 출발했다. 검사의 입장이다. 반면에 예수의 입장은 무죄와 함께 하느님의 아들이라는 것을 가르쳐주기 위한 것이 출발점이었다. 복음서 저자들은 이 양자의 목적을 절묘하게 엮어서 예수의 억울함과 정체성을 살렸다.

성서 저자들의 과녁은 위선적인 종교지도자들이 제기한 예수에 대한 혐의의 배경을 율법의 위반이나 교리의 배반이 아니라는 의도다. 성전을 매개로 하여 이속을 챙기는 성전 안의 독점 상납 고리에 대한 예수의 모욕적 비판에 대한 수치스런 감정을 풀고자 하는 편협성을 드러내는 것이다. 기독교가 이어받은 유대교의 교리나 율법에 대한 문제를 피하면서 유대교를 비판하기 위한 우회전략이다. 유대교의 교리나 율법에 문제가 있는 것이 아니라 유대교 지도자들의 문제로 이제 유대교가 아니라 유대교의 개혁적 계승종교인 기독교이어야 한다는 메시지를 주고자 하는 목적에는 아주 효과적이다.

---

12) George W. E. Nickelsburg, *Jewish Literature Between the Bible and the Mishnah* (Philadelphia: Fortress Press, 1981), p. 215; 존 도미닉 크로산, 『역사적 예수』, pp. 205-206에서 재인용
13) 존 도미닉 크로산, 『역사적 예수』, p. 206.
14) 존 도미닉 크로산, 『역사적 예수』, pp. 395-396.

탐욕스런 유대교지도자들이 스스로의 지위를 유지하기 위해 얼마나 위선적이고 이중적인가를 보여주는 것은 유대교에 대한 간접적인 비판과 기독교에 대한 신뢰성을 더해 준다. 예수에 대한 입건이 이들의 사리사욕에 의한 것이라는 비판을 통해 기독교의 교주인 예수가 억울하게 처형되었다는 점과 그 배경이 바로 유대교의 간악한 대제사장들이라고 규정하는 기회로 활용한다. 늙은 유대교의 실상에 대한 폭로를 통해 젊은 기독교를 선교하는 것이다.

성서의 저자들은 다른 한편으로 '예수의 재판'을 예수가 하느님의 아들이라는 점을 변증법적으로 확인시켜 나가는 장으로 활용한다. 예수가 하느님아들이라는 것을 입증하기위해 재판과정을 구성했던 유대교의 심장에서 유대교의 최고지도자들에게 예수가 하느님의 아들로 재림할 것이라는 메시지를 변증법적 방식으로 분명하게 전달하는 것이다. 헬라문화가 휩쓸고 있던 당시의 이스라엘에서 성서의 저자들이 플라톤과 아리스토텔레스의 변증법을 모를 리 없다. 이들은 이러한 변증법적 차원에서 예수와 대제사장 간의 심문과 응답이라는 구성을 통해 예수가 하느님의 아들이며 재림할 것이라는 결론을 이끌어 내고 있는 것이다.

판결

성서에 기술된 예수의 재판장면은 예수가 하느님의 아들로서 대제사장 앞에서 자신의 현 위치와 미래의 위상에 대해 여유만만하고 당당하게 말하지만 결론은 참람(僭濫)한 말을 하여 신성모독(blasphemy)을 한 혐의로 막을 내린다. 재판에 관한 역사적 기록이 전무한 상태이기 때문에 재판과정, 재판결과, 심지어는 재판의 실시자체마저 확인할 길은 없다. 재판 자체가 이루어지지 않았거나 설령 재판이 이루어 졌다고 해도 관심을 끌만한 사안이 아니기 때문에 역사적 기록의 대상에서 벗어난 것인가?

성서는 산헤드린의 재판 말미에 유죄확정 표결을 1표의 차이로 가까스로 부결시키는 드라마틱한 전개를 시도한다. 유대교지도자들은 한통속일 것이 뻔하다. 그럼에도 대제사장의 의도와는 달리 산헤드린은 예수의 유죄확정에 대한 표결결과 정원 23명중에 찬반이 12대 11의 결과로 나타난 것으로 기술한다. 확정을 위해서는 찬반의 차이가 2표이어야 하는데 1표차라서 결정을 다음날로 미루도록 한 것이다. 실제 재판이 이루어졌다면 당시의 상황에서 12:11의 결과가 나올 가능성은 로토에 당첨될 가능성보다 희박하다. 23명의 재판관들 가운데 11명이 반대했다는 기술은 재판이야기를 창작하는 과정에서 이야기전개를 위해 만들어낸 매직숫자로 보인다. 아쉬움과 아슬아슬함은 늘 사람의 마음을 사로잡는다. 비밀투표의 절묘한 우연을 보여주기 위한 것이 아니라 이야기를 빌라도로 연결시키기 위한 구성일 것이다. 재판에 대한 역사적 기록은 없지만 만일 재판이 이루어졌다면 만장일치의 결과가 당연할 것이다.

"새벽에 모든 대제사장과 백성의 장로들이 예수를 죽이려고 함께 의논하고 결박하여 끌고 가서 총독 빌라도에게 넘겨 주니라"(마태 27:1~2). 성서는 다음날 예수의 무죄에 반대한 제사장들과 원로들이 편법으로 빌라도에게 넘겨준다.[15] 대제사장과 장로들이 새벽에 모여 논의했다는 것은 상식적으로 납득하기 어렵다. 예수는 산헤드린에서 과연 재판을 받았는가? 로버트 핑크는 이 재판이 창작이었을 가능성을 제기한다. 로버트 핑크는 역사가 요세푸스의 '유대 고대사'의 기록에 나타난 유대교지도자들이 예수를 고발했고 빌라도는 그를 사형에 처했다는 짧은 문단을 확대시켜 기독교적 관점에 맞도록 개작했을 가능성도 제기한다. 그는 마가복음 15장 1절이 사건의 진실을 가장 잘 요약한 대목이라고 주장한다.[16] "새벽에 대제사장들이 즉시 장로들과 서기관들 곧 온 공회와 더불어 의논하고 예수를 결박하여 끌고 가서 빌라도에게 넘겨 주니"(마가 15:1)라는 구절이다.

---

15) 조철수, 『예수평전』, p. 674.
16) 핑크, 『예수에게 솔직히』, p. 337.

대제사장이 심문하고 증인이 증언하며 예수가 답변하는 재판은 실제 이루지지 않고 유대교 지도층이 모여 예수가 사형에 처할 대상이라며 빌라도에게 인계했다는 주장이다. 마가복음 15장 1절의 내용은 재판이 끝나고 예수를 빌라도에게 넘겨주는 상황이다. 로버트 펑크의 주장대로라면 예수의 산헤드린 재판에 대해 기술하고 있는 마가복음 14장 53~65절의 내용은 창작이다.

예루살렘의 산헤드린 멤버들이 선지자를 자처하는 농촌의 한 젊은이에게 과연 얼마나 대단한 관심을 가졌을 지에 대한 의구심은 당연하다. 당시의 재판절차에 따른 정식재판이 아니라 소수의 구수회의를 거쳐 예수를 총독부당국에 인계했을 것이라는 주장의 배경이다. 존 도미닉 크로산도 성서에 나타난 예수 재판 이야기의 실제성에 대해 회의적이다.

> 예수와 같은 한 사람의 성가신 농민을 제거하기 위해 로마 관료조직의 어느 수준에서 그 권한을 행사했는지에 대해서도 확신이 서지 않는다. 심지어 그 과정을 '재판'이라고 부를 수 있는 것인지에 대해서도 의심이 가는데, 심지어 재판이라는 말의 최소한의 의미로 생각된다 할지라도 그렇다.[17]

크로산의 추정대로라면 예수에 대한 심문이 최소한 재판이라는 형식적 요건이라도 갖추어졌는지 의심스럽다. 또는 빌라도에게 넘기기 전에 재판이라는 절차 없이 유대인 수뇌부의 회의만을 거쳤을 수도 있다. 유대인의 지도층은 유대의 율법에 다른 결정을 내리는 형식을 취했을 가능성도 있다.

이스라엘의 당시 상황은 식민통치라는 특수한 상황이기 때문에 정치권력과 종교권력의 결탁과 야합은 더 심각할 수 있다. 이 상황에서 정치권력은 악법으로, 종교권력은 독선적인 교리로 권력을 확대하고 유지한다. 유대교 지도자들은 자신들의 권력을 강화하고 유지하기 위해 로마총독에 아부하면서 '유대율법'에 스스로를 가두었다. 남을 가두기 위해 자신들이 유대율법에 갇힌 것이다. 유대율법은 유대교 지도자들의 권력과 명예 그리고

---

17) 존 도미닉 크로산, 『역사적 예수』, pp. 618-619.

생존의 무기로 악용되었다. 그 기준으로 유대인들을 재단했다. 예수에 대한 처형도 로마총독부와 유대교 지도세력이 합작한 그들만을 위한 그들만의 잔치였음이 확실하다.

총독의 예수심문

성서는 사제들과 원로들 즉 사두개파와 바리새파는 산헤드린에서 예수에 대한 결심공판을 하지 않고 바로 빌라도총독에게 넘기는 것으로 기술한다. 결심공판이 아니라 산헤드린 재판자체가 없었다는 주장을 되돌아보게 하는 내용이다. 그렇다면 예수를 잡아다 총독부에 넘긴 것이다. 성서의 기록을 토대로 하면 제사장들이 주장하는 혐의는 신성모독이지만 혐의내용에는 당연히 빌라도가 우려하는 내용 즉 민중소요 등 정치적 사안도 포함시키는 것은 당연하다(마가 15:3, 마태 27:13, 누가 23:2). 산헤드린은 유대율법에 의한 종교재판인 반면, 총독부의 재판은 로마법에 따른 형사재판인 동시에 결국은 정치재판이다.

이미 헤롯으로부터 처형된 세례 요한(누가 3:19~20)의 예가 있다. 처형을 하려면 처형권이 있는 총독부로 넘겨야 한다. 총독부에 넘겨지면 총독이 심문할 수 있다. 성서에는 총독인 빌라도가 예수를 심문한다. 그러나 총독이 모든 피고와 1:1로 심문하고 확정판결을 내리는 것이 현실적으로 가능한가? 마태는 이 의문에 미리 쐐기를 막는다. 총독이 재판석에 앉았을 때에 빌라도의 아내가 빌라도에게 사람을 보내어 "저 옳은 사람에게 아무 상관도 하지 마시오, 오늘 꿈에 내가 그 사람 때문에 애를 많이 태웠다"(마태 27:19)고 말하는 장면을 삽입한다. 재판석에 앉은 둘 만의 대화를 누가 듣고 전승하겠는가. 누가복음은 아예 헤롯 대왕까지 끌어들인다(누가 23:5~12).

무리가 … 그가 갈릴리에서부터 시작하여 여기까지 와서 백성을 소동하게 하나이다 빌라도가 듣고 그가 갈릴리 사람이냐 물어 헤롯의 관할에 속한 줄을 알고 헤롯에게 보내니 그 때에 헤롯이 예루살렘에 있더라 헤롯이 … 그의 소문을 들었으므로 보고자 한 지 오래였고 또한 무엇이나 이적 행하심을 볼까 바랐던 연고러라 여러 말로 물으나 아무 말도 대답하지 아니하시니 … 헤롯이 … 빌라도에게 도로 보내니 헤롯과 빌라도가 전에는 원수였으나 당일에 서로 친구가 되니라(누가 23:5~12).

헤롯은 BC 4~AD 39년까지 갈릴리 지방을 통치했던 분봉왕 안티파스를 말한다. 헤롯이 예루살렘에 있더라는 구절을 놓고 유대출신인 안티파스가 유월절을 기념하기 위해 예루살렘에 왔을 것이라는 주장도 있다. 그러나 최고통치권은 로마에 있고 안티파스도 로마로부터 위임통치를 받는 입장에서 아무리 유대인이라도 자신의 임지를 벗어나, 더구나 누가복음대로 헤롯과 빌라도가 서로 원수 사이였다면 다른 총독의 통치관할에 와서 머문다는 것은 납득되기 어려운 일이다. 결국 복음서의 저자들은 예수의 심문과 재판과정을 산헤드린과 총독부의 최고지도자와 예수의 구도 즉 정상 대 정상의 대응으로 엮어가면서 이의 반증으로 마태복음의 저자는 빌라도의 부인을, 그리고 누가복음의 저자는 헤롯을 등장시키고 있는 것 같다.

빌라도가 예수의 체포에 대해 알고 있었다면 그의 주관심사는 신성모독이 아니라 민중소요나 반정부저항운동에 대한 염려였을 것이다. 식민권력은 항상 민족주의라는 불이 당겨진 화약고를 덮어야 한다. 불꽃같은 민족주의의 저항에 항상 노출되어 있기 때문이다. 이스라엘은 이미 끊임없는 민족적 저항의 장이었다. 식민정부의 총독인 빌라도에게는 또 다른 과제가 있다. 유대인들을 지배하기위해 유대인의 종교지도자들을 적절히 이용하는 것이다. 그들의 종교를 인정해주고, 그 종교의 지도자들의 지위를 보장해주는 것이다. 종교지도자들을 적절히 선무하고 조종하며 때로는 위협하여 이들로 하여금 종교라는 이름으로 유대인들을 지배하도록 만드는 것이다. 그렇다보니 사두개파와 바리새파의 비위를 적당히 맞춰가면서 이들과 밀월관계를 유지해야 할 입장이었을 것이다. 빌라도총독이 예수의 문제를 놓고 선택의 길은 아주 제한적일 수밖에 없는 배경이다.

빌라도가 예수를 직접 심문했을까? 빌라도 수하의 어떤 관리가 심문한 것은 아닌가? 예수에 대한 최고 통치자의 심문에 대한 기록이 전무하다는 것은 의아스럽다. 성서대로라면 빌라도가 자기 앞에 심문을 받기 위해 서 있는 예수에게 던진 첫 질문은 "네가 유대인의 왕이냐?"(마태 27:11)였다. 그 의도와 의미는 무엇인가. 권력이라는 끈에 매달려 있는 사람의 최대관심은 그 권력이 도전받는 일이다.

무력으로 지탱하는 빌라도에게 "이스라엘 왕"은 충분히 경계심을 일으킬 만한 과제다. 성서는 빌라도가 "네가 이스라엘 왕이냐"고 물을 것으로 기술한다. 이 물음에는 조롱이 담겨있었을 수도 있다. 예수에 대한 소문을 듣고 약간의 경계심을 가졌으나 예수의 초라한 행색을 보고 빌라도는 예수를 평가절하하면서 비웃음의 대상으로 삼을 수도 있다. 성서는 빌라도의 심문에 대한 예수의 답변을 산헤드린 답변의 반복으로 서술한다. 산헤드린에서 대제사장이 종교적 관점에서 "네가 하나님의 아들 그리스도인지 우리에게 말하라"라고 묻자 예수는 "네가 말했다"는 대답으로 응대했다. 여기에서 예수가 사용한 말은 "말했다"는 과거형이다. 유다의 물음에도 "네가 말했다"고 표현한다. "네가 말했다'는 과거형은 사실의 긍정으로 인식했다. 그렇다고 분명한 긍정도 아니다. 부정으로 해석할 수 있는 여지도 충분하다. 시인도 부인도 않으면서 필요에 따라 시인하거나 부인하는 이른바 NCND어법이다.

예수의 대답을 시인으로 들으면 혐의를 인정하는 것이고 부인으로 들으면 불인정하는 것이다. 즉 "네가 그렇게 말했으니 그렇다면 그렇다"는 긍정의 의미와 "네가 그렇게 말했을 뿐, 실제는 아니다"라는 부정의 야누적 표현이다. 산헤드린의 대제사장들은 예수를 옭아매려는 의도였기 때문에 '시인'으로 이해하고 '신성모독'으로 몰고 갈 수 있다. 누가 예수를 팔 사람이냐는 질문에 대한 답변에는 '부인'이거나 '불시인'으로 들었기에 유다와 예수의 제다들은 담담했을 수 있다.

유다의 질문에 대한 대답과 산헤드린 재판에서 예수의 "네가 말했다"는 대답이 과거형이었다면, 빌라도가 "네가 이스라엘 왕이냐"는 심문에는 현재형으로 "네가 지금 그렇게 말한다"로 답변한다. 한글성서의 마태복음에는 "네 말이 옳도다"(27:11), 영어성서는 "Yes it is as you say"로 긍정하는 내용이다. 이 표현을 NCND의 관점에서 보면 "당신이 지금 그렇게 말하고 있을 뿐이다"라는 의미다. 총독은 초라한 행색의 예수를 유대인의 왕으로 인식할 리가 없기 때문에 '부인'으로 이해할 수 있다. 요한복음은 이를 분명하게 한다. "네가 스스로 하는 말이냐 그렇지 않으면 다른 사람들이 나를 대하여 네게 한말이냐"(요한 18:34)고 반문한다. 예수의 이 말은 자신은 정치적으로 이스라엘 왕이 아니라는 대답이다. 예수는 "내 나라는 이 세상에 속한 것이 아니다"라고 말하며 만일 자신이 유대인의 왕이었다면 유대인들이 자신을 재판에 넘기지 않았을 것이라고 부연한다. 빌라도가 "그러면 네가 왕이냐"고 응대하자 예수는 왕이지만 진리를 증거하는 자라고 말한다.

예수는 자신이 정치적인 목적의 운동가 특히 빌라도가 우려하는 반체제 인사가 아니라는 점을 분명히 한다. 이에 빌라도의 표현에 대해 각 성서마다 다르다. 요한복음에는 "유대인의 왕"이라는 표현으로 기록되어 있다. 이스라엘의 왕이라면 이스라엘을 통치하는 정치적 왕이다. "유대인의 왕"이라는 표현은 유대인들끼리의 비정치적 의미가 담겨 정치적 경계심과 그에 따른 부담이 해소된 호칭으로 보인다. 이 말에는 이제 예수는 민중을 선동할 정치적 인물로서 왕을 자처하는 혐의는 벗어났다는 의미다. 마태복음(27:17)에는 "그리스도라 하는 예수"로 호칭한다. "그리스도라 하는 예수"는 물론 예수를 비하하는 칭호다. 자칭 그리스도라고 떠들고 다니는 예수라는 의미일 것이다.

성서는 산헤드린의 대제사장 심문에서 예수의 태도를 위압적이고 당당하게 묘사하고 있는 반면에 빌라도총독의 심문에는 상대적으로 부드럽게 반응하면서 예수가 비정치적 인물이라는 점을 분명히 한다. 이것은 결국 로마지배체제에 대한 초대교회의 태도라고 할 수 있다. 초대교회는 로마지배체제에 도전이나 저항세력이 아니라는 메시지를 전하고 있는 것으로 보인다. 성서가 나타내는 분위기는 빌라도와 유대교의 제사장들을 놓고 빌라도는 예수에게 동정적인 반면에 제사장들은 적대적이다. 성서가 저술되는 당시 빌라도는 지배자가 아니었으나 빌라도는 예수 처형당시의 지배자라는 점에서 로마지배세력의 상징이다. 빌라도에 대한 긍정적 서술은 현실적 권력인 총독당국에는 영합하고 현실적 경쟁자인 유대교에 대해서는 비판적인 것으로 이해할 수 있다. 빌라도의 예수심문에 대한 성서의 기술을 들여다보면 저자들의 반유대감정이 노골적으로 들어난다. 빌라도는 예수를 선처하려는데 반해 예수와 같은 종족인 유대인의 제사장들과 서기관들은 오히려 예수를 처형해야 한다고 우겨댄다. 예수의 고난은 빌라도보다는 오히려 유대교의 지도자들 때문이라는 논리다. 종교집단으로서 신흥종교인 기독교도들에게 읽혀야 하는 복음서가 반유대교적 감정을 담고 있는 배경일 수 있다. 성서들이 빌라도의 입장을 불가피한 선택으로 옹호하는 것은 성서를 대하는 로마총독당국이 초대교회를 탄압의 대상이 아니라 오히려 우군으로 생각할 수 있도록 하려는 의도일 것이다.

10장
죽음과 부활신화의 정치학적 함의

죽음의 역사적 사실

예수에 관한 신약성서들의 모든 이야기들 가운데 역사적 사실로 평가되는 유일한 근거는 예수의 죽음 즉 예수가 당국에 의해 처형되었다는 것이다. 앞에서 언급한 것처럼 로마인 코르넬리우스 타키투스는 그의 저서 『역사(Histories, 110년대)』에서 플라비우스 왕조의 몰락을 기술한다. 그 후 『연대기(Annals, 120~130년대)』에서 율리오-클라디우스 왕조에 대해 기록하면서, AD 64년 로마의 화재사건이 네로황제의 책임이라는 소문이 돌았다는 내용의 후미에 다음과 같이 기술하고 있다.

> 그러므로 그 소문을 없애기 위해 네로는 대중들이 기독교인들이라고 불렀던 집단을 그 범죄자로 몰아 가장 잔인하게 처벌했다. 그 이름의 창시자 크리스투스는 티베리우스 통치 시대에 본디오 빌라도 총독에 의해 사형이 집행되었는데, 그 유해한 미신은 잠시 억제되었지만 곧 다시 나타나 그 질병의 근거지였던 유대만이 아니라, 그 수도에도 나타났다.[1]

유대인인 폴리비우스 요세푸스의 『유대 고대사(Jewish Antiquities,

---

1) 존 도미닉 크로산, 『역사적 예수』 p. 595에서 재인용

93/94년도)』에도 "우리의 지도자들이 그를 고발한 것을 듣고 빌라도는 그를 십자가형에 처형했는데, 그를 처음 사랑하게 된 사람들은 그에 대한 사랑을 포기하지 않았다"라는 구절이 나온다. 한 사람은 로마인이고 다른 사람은 유대인이다. 이들이 기록한 문헌들의 사실성에 대해서는 일부 논쟁이 있다. 특히 요세푸스의 기록은 후에 기독교적 입장에서 첨삭되었을 것이라는 주장이다. 그렇더라도 예수의 처형에 대한 기본적 기록은 사실로 받아들여진다.

다만, 예수의 처형과정에 대한 성서의 묘사가 마치 비디오 화면을 보는 것처럼 시간단위로 너무나 상세해서 오히려 그 과정에 대한 기술(記述)에 어떤 의도성을 따져보게 만든다. 이에 관해 존 도미닉 크로산은 다음과 같이 자문한다.

> 예수의 수난에 관한 그처럼 구체적인 세부사실들, 인용된 대화, 이야기의 연결, 그리고 거의 신문 기자처럼 시간별로 그 진행과정을 설명한 것의 출처에 관한 것이다. 즉 그 수난 이야기는 역사에서 비롯된 것인가, 아니면 예언에서 비롯된 것인가? 역사를 예언화한 것에서 비롯된 것인가 아니면 예언을 역사화한 것에서 비롯된 것인가? 세부적인 역사를 밑받침으로 하여 그 위에 예언을 적용시킨 것인가, 아니면 세부적인 예언에 역사라는 윗덮개를 적용시킨 것인가?[2]

하나의 십자가-다른 모습의 예수

십자가에 달린 예수의 최후의 모습은 성서마다 다르지만, 예수에 대한 묘사는 비디오를 보는 느낌이다. 모든 과정이 너무나 생생하게 그려져 있다. 십자가 위에서 예수가 소리쳤다는 내용도 전달한다. TV뉴스에서 기자가 보도하는 과정에서 관련자의 말을 직접 삽입하는 인서트 기법을 사용하는 것과 같다.

마가복음(15:34)이 전하는 십자가 위의 예수의 인서트는 "엘리 엘리 라마

---

[2] 존 도미닉 크로산, 『역사적 예수』, pp. 595-596.

사박다니(나의 하나님, 나의 하나님 어찌하여 나를 버리셨나이까)"라는 애절하고 안타까운 내용이다. 예수의 절규는 한탄인가 원망인가? 성서대로라면 예수의 죽음은 이미 자신이 예견하고 기다리며 준비한 하나의 과정이다. 예수에게 죽음은 고통과 좌절이 아니라 환희와 영광이어야 한다. 그렇다면 "나의 아버지, 나의 아버지 이제 이루었나이다", 이런 외침으로 구성해야 하지 않나? 예수는 여기에서 "아버지"라는 호칭 대신에 '하느님'을 사용한다. 예수는 "하느님", "아버지"라는 호칭을 사용해왔다. 예수가 제시해준 주기도문은 "하늘에 계신 우리 아버지여"로 시작된다. 하느님을 "아버지(파테르 $πα'τηρ$)"로 부른 것이다. 언어는 습관이다. 절체절명의 죽음 앞에서 "아버지"가 먼저 튀어 나와야 하지 않는가?

　예수가 이른바 공생애기간동안 성서에 기술된 내용처럼 추종자들 앞에서 하느님의 아들로 여러 기적을 행했다면, 예수의 처형과정을 지켜보는 사람들, 최소한 예수를 추종하던 사람들은 하늘로부터 어떤 불가사의한 조화가 나타나기를 기대했을 수 있다. 최소한 예수의 장엄하고 결연한 모습이라도 기대했을 것이다. 마가복음의 묘사는 이들에게 허망감을 넘어 배신감을 안겨줄 수밖에 없다. 하느님의 아들 예수가 십자가에서 초라하게 하느님을 부르니 예수의 모습을 어떻게 생각할 것인가.

　마가복음(마가 15:38)이 예수의 죽음과 관련해서 신비로움을 등장시킨 것은 "성소 휘장이 위로부터 아래까지 찢어져 둘이 되니라"라는 구절뿐이다. 성소는 비유적으로 보면 특정 유대교 지도자들이 주도하고 가난하고 힘없는 하층민들을 외면하거나 억압하는 장벽을 허문다는 의미를 찾을 수 있다. 유대교가 둘로 갈려져 새로운 그리스도교가 출현할 것이라는 징조를 함의하기 위한 것과 관련될 수 있다. 의미는 심오하지만 징조는 초라하다. 이 초라함이 마태복음에서 극복된다. 마태복음의 저자는 마가복음의 이 '절규의 표현'을 그대로 받아들이지만 마가복음에서 나약하게 그려진 신적인 요소를 보강한다(마태 27:51~52). 휘장이 찢어져 둘이 되고 땅이 진동하며 바위가 터지고 무덤들이 열리며 자던 성도의 몸이 많이 일어난다.

누가복음의 저자는 십자가의 예수를 평상시의 예수처럼 아주 담대하게 묘사하면서 마가복음의 애절한 절규를 "아버지여 저희를 사하여주옵소서 자기의 하는 것을 알지 못함이니이다"(23:34), "아버지여 내 영혼을 아버지 손에 부탁합니다"(23:46)로 바꾼다. 내용뿐만 아니라 호칭도 "하느님"에서 통상적으로 사용하던 "아버지"로 되돌려놓는다. 마가복음과 마태복음의 표현이 마음에 걸렸을 것이지만 사지가 못에 박혀 매달린 상태에서 이러한 평상심의 발위내용을 끼워 넣은 것은 십자가 죽음의 고통을 너무 가볍게 여기고 있는 것이다. 자연의 조화도 더 극적으로 묘사한다. 예수가 숨지기 전 "해가 빛을 잃고 온 땅에 어둠이 임하여 제 구시까지 계속하며 성소의 휘장이 한가운데가 찢어졌다"(누가 23:44~5).

요한복음도 마가복음이나 마태복음의 절규의 말을 삭제하고 "다 이루었다"(19:30)로 바꾼다. 마가복음에서 하느님에 대한 '원망과 절규'로 시작된 최후의 말은 누가복음에서 '부탁'으로, 요한복음에서는 '성취'의 버전으로 발전한 것이다. 요한복음은 해가 빛을 잃고 온 땅에 어둠이 임하는 등의 신적요소는 담지 않는다. 누가복음의 저자와 요한복음의 저자도 마가복음과 마태복음에 나타난 예수의 비탄스럽고 하소연하는 애절한 마지막 절규가 그동안의 묘사해온 예수의 신적인 즉 하느님의 아들로서의 이미지와 너무나 동떨어진다고 생각했을 것이다. 그 절망적인 절류를 '성취'와 '확신'과 '승리'의 내용으로 대체하는 것은 당연하다.

구약성서로 읽는 예수의 처형

십자가 처형이 역사적 사실이라고 해도 그 장면에 대한 묘사는 아주 비현실적이다. 못을 밖을 때 기절하지는 않았을까? 설령 의식이 있다고 해도 고통스런 십자가 위에서 과연 어떤 말을 할 수 있는 상황인가, 어떤 말을 했던들 제한적인 목격자에게 그 말이 전달될 가능성을 기대할 수 있을까? 목격자가 어떤 말을 들었다고 해도 목격자가 제한적일수록 그 표현은 일치될 가능성이 높다. 처형 당시의 상황은 느끼는 사람마다 다를 수도 있겠지만 예수가 했다는 말이 성서마다 다른 배경은 무엇인가?

복음서의 저자들이 구약성서와 바울서신에 의존한 것은 분명해 보인다. 마가복음의 저자는 자신이 마가복음을 쓰기 시작하면서 최소한 10여년 이상 먼저 나온 고린도 전서(15:3~4)에서 바울이 말한 "내가 받은 것을 먼저 너희에게 전하였노니 이는 성경대로 그리스도께서 우리 죄를 위하여 죽으시고 장사지낸 바 되셨다가 성경대로 사흘 만에 다시 살아나"라는 구절에서 구약성서를 다시 뒤지고 구약성서의 시편 "내 하나님이여 내 하나님이여 어찌 나를 버리셨나이까 어찌 나를 멀리하여 돕지 아니하옵시며 내 신음하는 소리를 듣지 아니하시나이까"(22편 1절)를 마음에 새겼을 것이다. 복음서의 저자가 이 구절을 머리에 담고 있다가, 이 구절을 활용하기 위해 "엘리 엘리 라마 사박다니"라는 구절을 넣었는지 혹은 예수가 십자가에서 어떤 반응을 보였을까를 생각하면서 적절한 구절을 찾다가 시편(22:1)의 구절을 보고 각색한 것인지, 아니면 구전으로 전승되는 것을 채집한 것인지는 알 수 없다. 혹은 십자가에 매달려 있으면서 고통에 울부짖는 것을 그렇게 듣고 그를 전승하는 과정에서 와전되었는지도 모른다. 마가복음(15:35)은 엘리 엘리 하는 소리를 엘리야를 부르는 것으로 들은 사람도 있는 것으로 기술한다.

예수가 십자가에 매달릴 때의 모습도 마찬가지다. 군인들은 갈대로 그의 머리를 치고 침을 뱉으며 희롱을 한다(마가 15:19~20). 예수를 끌고 "골고다라 하는 곳(번역하면 해골의 곳)에 이르러 … 십자가에 못 박고 그 옷을 나눌 새 누가 어느 것을 가질까 하여 제비를 뽑는다"(마가 15:22~24). 다음은 이보다 최소한 200년 전의 시편에 나오는 구절이다.

> 나는 물 같이 쏟아졌으며 내 모든 뼈는 어그러졌으며 내 마음은 밀랍 같아서 내 속에서 녹았으며 내 힘이 말라 질그릇 조각 같고 내 혀가 입천장에 붙었다 주께서 또 나를 죽음의 진토 속에 두셨다 개들이 나를 에워쌌으며 악한 무리가 나를 둘러 내 수족을 찔렀다 내가 내 모든 뼈를 셀 수 있다 그들이 나를 주목하여 보고 내 겉옷을 나누

며 속옷을 제비 뽑나이다(시편 22:14~18).

마가복음은 결국 시편의 내용을 인용하면서 어떤 부분은 그대로 옮겨다 놓는다. "옷을 제비 뽑는다"는 표현은 200년 전의 표현과 일치한다. 요한복음은 이를 토대로 더 발전시킨다.

군인들이 예수를 십자가에 못 박고 그의 옷을 취하여 네 깃에 나눠 각각 한 깃씩 얻고 속옷도 취하니 이 속옷은 호지 아니하고 위에서부터 통으로 짠 것이라 군인들이 서로 말하되 이것을 찢지 말고 누가 얻나 제비 뽑자 하니 이는 성경에 그들이 내 옷을 나누고 내 옷을 제비 뽑나이다 한 것을 응하게 하려 함이다(요한 19:23~24).

가난한 천민들도 아니고 제복을 입는 군인들이 시골 농촌의 예수, 더구나 중죄인인 예수가 입고 있던 땀에 배고 피에 물들어 더럽혀진 옷을 서로 취하려고 제비뽑기를 했다는 것은 어처구니없는 발상이다. 그럼에도 성서들이 이런 내용을 삽입한 것은 시편(22:19)의 "제 옷을 저희끼리 나누어 가지고 제 속옷을 놓고서는 제비를 뽑습니다."라는 구절과 직접 연결시켜 이것이 구약성서의 시편의 내용을 응하게 한 것이라고 보기 때문이다.

십자가에 매달린 예수를 향해 지나가는 자들과 대제사장들은 "성전을 헐고 사흘에 짓는다는 자여 네가 너를 구원하여 십자가에서 내려오라 그가 남은 구원하였으되 자기는 구원할 수 없다"(마가 15:29~32)면서 예수를 모욕한다. 예수에 대한 이런 묘사의 연상되는 내용은 시편이다. 구약의 번안(飜案)같다.

나는 벌레요 사람이 아니라 사람의 비방 거리요 백성의 조롱거리이다. 나를 보는 자는 다 나를 비웃으며 입술을 비쭉거리고 머리를 흔들며 그가 여호와께 의탁하니 구원하실 걸, 그를 기뻐하시니 건지실 걸 하나이다.(시 22:6~8).

성서의 저자들은 예수가 예루살렘에 입성할 때는 개선장군처럼 그렸다. 성전에서 대제사장들에게는 강도라며 일갈했다. 산헤드린에서 심문받을 때는 "권능의 우편에 앉아 있는 것과 하늘 구름을 타고 오는 것을 너희가 보리라"(마태 26:64)며 하느님의 아들로서 당당한 모습을 보이는 것으로 묘사했다. 예수가 "떡을 가지사 축복하시고 떼어 제자들에게 주시며 받아서 먹으라 이것은 내 몸이니라"(마태 26:26), 또 "잔을 주시며 너희가 다 이것을 마셔라 이것은 죄 사함을 얻게 하려고 많은 사람을 위하여 흘리는 바 나의 피 곧 언약의 피다"(마태 26:27~28)라는 비장한 최후의 만찬도 구성했다. 그렇다면 이런 장면들과 어울리는 '최후의 일성'으로 장식해야 하지 않는가?

"예수의 십자가 처형을 묘사한 이야기가 실제로는 히브리 성서에 기초한 것이라는 사실이 명백해 질 때, … 그 처형 사건은 아마도 묘사된 것처럼 실제로 일어나지 않았을 … 매우 특유한 스타일의 해석적 묘사이며, … 히브리 성서 독자들이 익히 아는 메시아 이미지와 예수를 동일시하기 위해 조립되었다"[3]는 주장은 매우 설득력이 있다. 마가복음보다 10여년 앞서 바울에 의해 기록된 빌립보서(2:5~8)에는 다음과 같은 구절이 있다.

> 너희 안에 이 마음을 품으라 곧 그리스도 예수의 마음이니 그는 근본 하나님의 본체시나 하나님과 동등 됨을 취할 것으로 여기지 아니하시고 오히려 자기를 비어 종의 형체를 가져 사람들과 같이 되었고 사람의 모양으로 나타나셨으매 자기를 낮추시고 죽기까지 복종하셨으니 곧 십자가에 죽으심이라.

빌립보서를 통해 바울이 그려낸 예수의 모습은 그가 하느님과 동등한 하느님의 본체지만 자기를 비우고 종의 형체를 가져 사람들과 같게 되었으며 십자가에 죽은 것도 자신을 낮추어 죽기까지 복종한 것이다. BC 7세기경 암울했던 유다시대의 예언서로 알려진 구약성서 중의 이사야서(53: 3~12)에는 예수의 재판과 처형과정에서 비롯된 고난의 실상과 더 나아가 그 고난의 의미를 판박이 해놓은 것 같은 묘사가 있다. 여기에서 '그'를 '예수'로 바꾸면 예수에 대한 재판과 처형장면을 기술한 신약성서를 읽는 느낌이다.

> 그는 멸시를 받아 사람들에게 버림 받았으며 간고를 많이 겪었으며 질고를 아는 자라 … 멸시를 당하였고 … 우리의 질고를 지고 우리의 슬픔을 당하였거늘 … 그가 찔림은 우리의 허물 때문이요 그가 상함은 우리의 죄악 때문이라 그가 징계를 받으

---

3) 스퐁, 『만들어진 예수 참 사람 예수』, p. 178.

므로 우리는 평화를 누리고 그가 채찍에 맞으므로 우리는 나음을 받았도다 … 여호와께서는 우리 모두의 죄악을 그에게 담당시키셨도다 그가 곤욕을 당하여 괴로울 때에도 그의 입을 열지 아니하였음이여 마치 도수장으로 끌려 가는 어린 양과 털 깎는 자 앞에서 잠잠한 양 같이 그의 입을 열지 아니하였도다 그는 곤욕과 심문을 당하고 끌려 갔으나 … 강포를 행하지 아니하였고 그의 입에 거짓이 없었으나 그의 무덤이 악인들과 함께 있었으며 그가 죽은 후에 부자와 함께 있었도다 여호와께서 그에게 상함을 받게 하시기를 원하사 질고를 당하게 하셨은 즉 그의 영혼을 속건제물로 드리기에 이르면 그가 씨를 보게 되며 그의 날은 길 것이요 또 그의 손으로 여호와께서 기뻐하시는 뜻을 성취하리로다 … 그가 많은 사람의 죄를 담당하며 범죄자를 위하여 기도하였느니라.

마가복음은 산헤드린에서 예수의 재판 받는 모습을 기술하면서 "대제사장이 예수에게 너는 아무 대답도 없느냐 이 사람들이 너를 치는 증거가 어떠냐고 물었지만 침묵하고 아무 대답도 아니 하거늘"(마가 14:60~61)이라는 내용은 바로 위의 이사야서(53:7)의 "그가 곤욕을 당하여 괴로울 때에도 그의 입을 열지 아니하였음이여 마치 도수장으로 끌려가는 어린 양과 털 깎는 자 앞에서 잠잠한 양 같이 그의 입을 열지 아니하였도다 "에서 따왔을 것으로 생각하는 것은 어렵지 않다. 마가복음의 "강도 둘을 예수와 함께 십자가에 못 박으니 하나는 그의 우편에, 하나는 좌편에 있더라"(마가 15:27)는 "그의 무덤이 악인들과 함께 있었으며"를 확대발전시킨 내용일 것이다. 마가복음에서는 침묵하던 이 강도들이 마태복음에서는 입을 열어 "예수를 욕한다"(27:44). 마태복음의 저자는 마가복음에 배경으로 서있는 두 강도에게 역할을 부여(?)한 것이다.

누가복음(누가 23:39~43)은 십자가에 매달린 예수가 두 강도들과 평상시 제자들에게 설교하던 모습으로 대화하는 것으로 묘사한다. 십자가에 달린 두 강도 중 한 명이 "예수여 당신의 나라에 임하실 때에 나를 기억하소서"라고 예수에게 부탁 하니 예수가 "내가 진실로 네게 이르노니 오늘 네가 나와 함께 낙원에 있으리라" 고 대답한다. 이의 출처는 이사야서(53:12)의 "그가 많은 사람의 죄를 담당하며 범죄자를 위하여 기도하였느니라" 라는 구절임이 분명하다. 이사야서의 "그가 죽은 후에 부자와 함께 있었다"라는 구절은 결국 예수의 장례에 '요셉'이라는 인물의 등장으로 엮어진다. 이런 점을 토대로 할 때 두 예수의 십자가 처형과 이에 등장하는 두 강도의 이야기도 마가의 창작에서 시작하여 그 위에 이어지는 다른 복음서의 저작들에 이어져 발전되었을 것으로 짐작할 수 있다.

예수의 십자가처형의 메시지

빌립보서와 비슷한 시기에 역시 바울의 저작으로 알려진 골로새서는 십자가를 승리로 규정한다. 즉 "통치자들과 권세들을 무력화하여 구경거리로 만들고 십자가로 그들을 이겼다"(2:15). 예수의 죽음은 예수의 최후가 아니라 예수의 승리라는 것이다. 바울의 십자가에 대한 이러한 해석은 결국 '부활'의 의미를 한 단계 더 승화시켜야 하는 과제를 던진다. 그래서 바울(고전 15:14~15)은 "그리스도가 만일 다시 살아나지 못했으면 우리가 전파하는 것도 헛것이요 또 너희 믿음도 헛것이며 또 우리가 하나님의 거짓 증인으로 발견되리니 우리가 하나님이 그리스도를 다시 살렸다고 증언하였음"이라고 말한다. 바울은 빌립보서와 골로새서를 쓰기 3~4년 전쯤 쓴 고린도전서에서 부활을 승리의 확증 즉 십자가 사건이 예수의 승리라는 것을 확증하는 단계로 기술했다.

기독교에서는 이 기간을 '승리의 기간', '승리와 확증의 기간'이 아니라 '고난 주간(Passion week)' 또는 '성 고난 주간(Holy passion week)'으로 부른다. 처음에는 큰 일주일이라는 뜻의 '대주간(Great week)'으로 불렀다. 예수의 3년간의 공생애 끝에 예수의 예루살렘의 입성에서 십자가처형까지의 일주일 사이에 전개된 일련의 드라마틱한 사건들 가운데 예수의 고난을 중심으로 고난주일로 기념하는 것이다. 고난주일은 초대교회부터 시작된 것으로 보이지만(고린도전서 11:23~26) 기독교의 공식적 기념일로 정해진 것은 콘스타티누스 대제의 신앙 자유령이 포고된(AD 313) 이후다.

복음서의 저자들은 예수의 죽음에 대해 예수가 이미 죽음과 부활을 예견하고 그를 준비해 온 것으로 예언적으로 기술한다. 그러나 예수의 처형과 최초의 공관복음인 마가복음의 등장은 40여 년 간의 시차를 두고 있다. 성서의 저자들은 이미 예수의 처형의 결과를 알고 있는 상황이다. 현재에서 과거를 미래의 예언으로 기술한 것이다. 성서에서 말하는 미래는 현재에서 미래의 일을 말한 것이 아니라 이미 거쳐 간 과거의 일들을 토대로 한 미래다. 성서의 저자들에게 예수의 행적에 대한 현장의 취재파일이 있는 것도, 확인 할 수 있는 증언이 있는 것도 아니다. 예언이 현실적이지 못한 일이라고 전제하면 예수가 예언한 것이 현실화 되었다기보다는 이미 현실화된 일을 놓고 그 이전에 이처럼 예언한 것으로 기술한 것이다.

성서는 또한 예수의 죽음을 오히려 목적적으로 해석하기도 한다. 하느님의 뜻을 성취하기 위해 일부러 죽음을 맞았다는 것이다. 예수는 자신의 언행이 자칫 죽음에 이르는 길이라는 것을 알아차렸을 것이다. 죽음에 대한 각오도 되어 있었을 것이다. 이것은 결과지 목적은 아니다. 예수는 성서에서 말하는 하느님의 의도에 의해 희생된 것이 아니라 당시의 상황에서 그가 추구하던 일과 그가 처한 상황으로 인해 처형을 당한 것이다.

성서는 그럼에도 예수의 죽음을 목적으로 해석하면서 '예수의 죽음'을 종착역이 아니라 간이역으로 규정한다. 그 다음에 부활이라는 화려한 또 다른 역이 준비되어 있다. 종착역은 예수가 다시 이 땅에 오는 것 즉 재림이다. 성서에서는 부활을 현실로 받아들여진 예언인 동시에 성취된 목적으로 다룬다. 이 부활은 물론 비현실을 현실화한 것이다. 현실적으로 일어날 수도 없는 일, 그렇기 때문에 결코 일어났을 리가 없는 일을 일어난 것으로 인식하고 믿는 것이다. 예언이 현실로 나타난 것이 아니라 인식된 현실을 바탕으로 거꾸로 구성된 기술(記述)이다. 성서의 저자들은 상상을 통한 은유, 구약성서를 바탕으로 한 예언 그리고 이들을 토대로 하는 기대와 믿음을 역사적 현실로 변화시켰다. 성서는 3년간 말한 모든 예언들이 3년 내에 모두 이루어진 것으로 기록한다. 다만 예외가 있다. 예수의 재림은 2천년이 지나도 현실이 되지 않고 있다. 이 '재림'은 기독교의 계속 공급되는 자양분이다.

예수의 모든 예언이 예수의 공생애, 즉 예수가 살았던 3년의 기간과 예수의 죽음에서 3일 이내에 부활까지 이어지고, 그 다음에 다시 재림까지 이루어졌다면 기독교는 희망과 기대가 담긴 미래의 종교가 될 수 없었고, 성서는 계시가 아니라 과거의 신화로 전락될 수밖에 없었을 것이다. 따라서 '재림'은 바로 기독교를 미래로 이어가는 자양분인 것이다. 현대사회에서 이 자양분은 거센 도전을 받기 때문에 언제까지 효능을 지속할 수 있을 것인지는 의문시된다. 화려한 종착역에 장엄하게 도착하는 환상이 깨어지는 순간 승객들은 현재의 정차 역에서 내릴 수 있는 것이다.

구약성서를 따른 장례묘사

십자가에서 처형된 예수의 시신은 어떻게 처리되었을까? 마가복음은 아리마대 사람 요셉이라는 "존귀한 공회원이요 하느님의 나라를 기다리는 자"(15:43)가 빌라도로부터 예수의 시체를 받아 세마포를 사서 예수를 내려다가 그것으로 싸서 바위 속에 판 무덤에 넣어 두고 돌을 굴려 무덤 문에 놓는(마가 15:46)과정으로 안치한다. 바위를 파내어 시체를 안치하고 여러 사람들이 들락거릴 만큼(마가 16:5)의 무덤을 만들려면 당시의 기술로는 상당한 기간이 필요하다. 성서대로라면 예수가 재판과정을 거쳐 처형되기까지는 불과 이틀이 넘지 않는다. 바위무덤의 준비는 물리적으로 불가능하다. 마가복음의 저자는 그럼에도 고관대작의 바위무덤을 예수에게 무모하게 연계시킨다.

예수를 안장한 요셉의 정체는 각 복음서마다 미묘하게 다르다. 마가복음은 아리마대 사람으로 "존귀한 공회원이요 하느님의 나라를 기다리는 자"(15:43), 마태복음(27:57)에는 "아리마대 부자요 예수의 제자"다. 마태복음의 저자는 이사야서(53:9)의 "그가 죽은 후에 부자와 함께 있었다"라는 구절에서 힌트를 얻었을 것이다. 누가복음은 마가의 묘사를 그대로 따른다. 다만 요셉이 유대인이라는 것을 적시하는데 공회의원은 이스라엘사람이기 때문이다.

　신약정경은 요셉에 관한 기사를 여기에서 끝내지만 신약 외경인 『니고데모의 행전』 제12장에는 요셉이 이일로 유대인들로부터 고통을 당하는 내용이 나타난다. 유대인들이 피신한 요셉을 붙잡아 창문이 없는 건물에 가두고 문을 봉인한 뒤에 보초들을 세워 지키게 한다. 그리고 요셉을 죽이기 위해 문을 열어 보았으나 요셉을 발견하지 못했다는 것이다. 요한복음은 그를 예수의 "비밀제자"로 나타내면서 니고데모를 등장시킨다. 예수의 십자가처형에 니고데모는 "몰약과 침향 섞은 것을 백 리트라쯤 가지고 온다" (요한 19:39). "몰약"은 예수의 탄생 때 동방박사들이 가져온 예물에 포함된 적이 있다(마태2:11). 요셉은 자칫 험하게 방치될 예수의 시체를 매장하기 위해 필요한 인물로 등장했을 것이다. 성서연구가들은 요셉이 처음에 마가에 의해 창조된 인물로 본다.4)

　예수의 십자가 처형을 전제로 할 때, 예수는 밤이 되기 전에 매장되었을 것이다. 예수의 안장이 다음과 같은 구약성서의 내용을 따르고 있기 때문이다.

> 사람이 만일 죽을죄를 범하므로 네가 그를 죽여 나무 위에 달거든 그 시체를 나무 위에 밤새도록 두지 말고 그 날에 장사하여 네 하나님 여호와께서 네게 기업으로 주시는 땅을 더럽히지 말라 나무에 달린 자는 하나님께 저주를 받았음이니라(신명기 21:22~23).

　신명기에는 처형되어 죽은 사람의 사체는 매단다. 이것은 비단 유대인들에게만 있는 것은 아니다. 우리에게 효시(梟示) 또는 효수(梟首)라고 알려진 형벌이다. 효시는 중죄인의 목을 베어 매달아 군중 앞에 공시함으로써 대중에게 경각심을 심어주려는 것이다. 구약성서의 효시는 목이 아니라 시체다. 효시는 목을 상당기간 매달아 놓는데 비해 구약성서에서는 그 시체를 매달았다가 밤새도록 두지 말고 그날 장사지내도록 한다.

---

4) 크로산, 『예수』, p. 251; 펑크, 『예수에게 솔직히』, p. 356; 스퐁, 『만들어진 예수 참사람 예수』, pp. 178-179.

예수의 십자가 사체를 그대로 매달아 놓는다면 하늘을 나는 까마귀밥이 될 수 있다. 땅에 사체를 방치하면 짐승들의 먹이가 된다. 시체를 어떻게 처리해야 하나. 가능성은 매장이다. 만일 매장을 한다면 십자가형을 집행하기 위해 동원된 군인들이 주도할 것이다. 이 군인들이 조롱의 대상인 예수의 시체를 정성스럽게 매장할리는 없다. 예수의 추종자들에게 예수의 이런 최후는 상상만 해도 끔직한 일이다. 이런 허망한 예수를 어떻게 믿고 그에 의한 구원과 재림을 기대할 수 있겠는가! 여기에서 사도들은 그리스도인들에게 위안과 자부심 그리고 기대를 갖도록 만들 수 있는 소재가 필요했을 것이고 그 기능을 요셉이라는 인물을 등장시켜 수행하도록 하고 귀족의 무덤처럼 묘사했을 것이다. 성서의 저자들은 예수를 로마시대의 방식에 따라 처형된 것으로 묘사하면서도 신명기에 따라 밤새 매달아 놓지 않고 시체를 매장하는 전통을 취한다. 로버트 펑크도 예수의 수난이야기들을 구약의 예언에 들어맞도록 짜 맞추었으며 기독교의 선전을 위한 측면도 고려해야 한다고 강조한다.[5]

마가로부터 시작된 예수 시체의 안장이야기는 마태와 누가가 자신들의 입장에서 각색하고, 이를 토대로 요한은 예수의 무덤을 동산에 놓는다. 3~4명의 여인들만 지켜보는 가운데 십자가 위나 땅에 방치되거나 기껏해야 흙 속에 아무렇게나 버려질 뻔 했던 예수의 사체에 대해, 성서의 저자들은 요셉을 등장시켜 왕처럼 대우한다. 임금처럼 향료처리 해 그곳의 "동산"(요한 19:41)에 "바위를 파서 만든 무덤"(마태 27:60)에 안장하는데 "아직 아무도 장사지내지 않은 무덤"(누가 25:53)에 묻히게 된다.

성서의 저자들은 예수의 죽음이 비록 십자가의 처형이었지만, 이스라엘의 왕 혹은 유대인의 왕으로 묘사한 내용과 걸 맞는 위상을 예수의 사체처리와 무덤에 안장하는 장면에서 극명하게 드러낸다. 만일 예수의 사체가 훼손되고 부패되며 유기되는 순서를 밟는다면 유대인의 왕으로서의 예수

---

5) 펑크, 『예수에게 솔직히』, pp.339-340.

에 대한 이미지와 예수의 부활단계에서 예수를 어떤 모습으로 그려내야 할지 부담스러운 과제를, 성서의 저자들은 이런 구성으로 해결해 간다.

존 도미닉 크로산의 다음과 같은 설명은 매우 흥미롭다.[6] 즉 그는 1)예수의 가까운 추종자들은 도망쳤기 때문에 예수가 십자가에 처형되었다는 사실만을 알았을 뿐이라서 후에 세부사항에 관해 증언해 줄 사람들이 없었고, 오히려 예수의 죽음이 예수가 가르쳤고 행동했던 모든 것, 그들이 받아들였고 믿었던 모든 것들을 부정하는 것인지의 여부의 문제와 같은, 훨씬 더 심각한 문제들에 관심을 갖고 있었으며 2) 매우 학식이 뛰어나고 전통의 흐름을 잘 알고 있었던 집단이, 쿰란에서 사람들이 했던 일과 비슷하게 (구약)성서를 열정적으로 뒤져, 예수의 수난 이야기 전체에 적용할 수 있는 (구약)성서의 구절들과 이미지들을 찾아냈지만, 그 자세한 사실들은 그들의 기억 속에 없었기 때문에, 자세한 사실들에 대해서는 그런 이미지들을 찾아낼 수 없었고 3) 그 개별적인 성서구절들과 (수난 사건을) 연관시킨 것과 구체적인 예언이 성취된 것으로 찾아낸 것들이 앞뒤 조리가 서며 순서가 들어맞는 이야기로 만들어 졌고 4)일단 그런 이야기가 만들어진 다음에는, 보다 정확한 세부사실들을 통해 다듬어졌다는 것이다.

크로산은 수난 이야기가 1) 역사적 수난(historical passion) 2) 예언적 수난(prophetic passion) 3) 이야기 수난(narrative passion)의 세 단계들을 거치며 발전되었다고 주장한다. 첫째 역사적 수난은 최소한의 지식들, 즉 요세푸스나 타키투스에 의해 기록된 것과 같이 일반적인 사실들만 알려져 있었다는 것을 나타내고 둘째, 예언적 수난은 여러 개의 (구약)성서 구절들이 암시하는 것들로 이루어졌으며, 개방된 틀을 중심으로 그 위에, 그 아래, 그 옆에 성서 구절들을 적용시키는 것으로 발전했다는 것이고, 셋째, 이야기 수난은 위의 과정에서 여러 방향에서 별도로 진행시킨 작업들이 하나의 순서를 이루어 결합된 것이다. 이 이야기 수난은 베드로 복음 속에 삽

---

[6] 존 도미닉 크로산,『역사적 예수』, pp. 595-596.

입되어 있는 십자가 복음으로부터 흘러나온 전승의 한 흐름에 지나지 않으며, 그 흐름이 그 후 마가복음 속으로 흘러들어가고, 그 다음에 함께 마태, 누가복음으로 흘러들어가, 나중에는 모두 함께 요한복음 속으로 흘러들어간 것이라고 주장하는 것이다.

장례에 나타나지 않은 제자들

성서는 예수의 사체를 바위 속에 판 무덤에 안치하고 큰 돌을 굴려 무덤의 문을 막는다. 대제사장들과 바리새인들은 빌라도에게 무덤을 사흘까지 지키도록 요청하면서 파수꾼이 무덤의 문을 봉인한다. 예수가 생전에 사흘 후에 다시 살아나리라고 한 말을 의식했기 때문이라는 이유도 곁들인다. (마태 27:57~66)

예수의 무덤 앞에 앉아 무덤을 지키는 사람은 성서마다 약간 다르다. 마가복음은 "막달라 마리아와 또 작은 야고보와 요셉의 어머니 마리아와 또 살로메다"(15:40) 마태복음은 "막달라 마리아와 다른 마리아"(마태 27:61)로 모호하게 넘긴다. 누가복음은 갈릴리로부터 따라온 여자들로(누가 23:49), 요한복음에는 그 모친과 이모와 글로바의 아내 마리아와 막달라 마리아가 서 있는 것으로 기술한다.

공관복음은 예수가 처형되었는데도 예수의 어머니의 행적에 대해서는 언급이 없다. 특히 마태복음과 누가복음은 성령으로 예수를 잉태한 입장이다. 초대교회 신도들은 마리아에 대해 궁금하게 여겼을 것이고, 특히 예수의 처형장에 모습을 나타내지 않은 점을 의아해했을 것이다. 요한복음의 저자가 이점을 발견한 것 같다. "예수는 자기의 어머니와 사랑하는 제자가 곁에 서 있는 것을 보고 자기 어머니께 여자여 보소서 아들입니다"(19:26~27)라고 말한다. 요한복음은 뒤 늦게 예수의 어머니 마리아를 등장시키고, 예수 스스로 "아들"이라고 말한 배경을 짐작할 수 있게 해준다. 다른 마리아는 예수의 어머니 마리아가 아니라 야고보와 요셉의 어머니 마리아(마 27:56)다. 무덤 곁의 여인들의 이름을 적시한 3개 복음서에 공통적으로 등장하는 막달라 마리아는 갈릴리 서쪽 막달라 출신의 여인이다. '일곱 악령(귀신)'에 시달리던 그녀는 예수가 귀신을 쫓아내 준 뒤에 예수의 열렬한 추종자가 된 뒤에 일편단심 예수를 따른다(마 27:55).

초기 그리스도교의 신학자인 테르툴리아누스(Tertullianus, 155/160~220)는 "여자는 지옥으로 가는 문"이라면서 여성을 경계했다. 그로부터 천년의 세월이 흐른 뒤에도 셰익스피어(William Shakespeare, 1564~1616)가 "여자의 마음은 갈대와 같다"고 말한 것으로 전해진다. 그런데 막달라 마리아는 시종일관 예수를 따른다. 흔들리지 않은 갈대인 것이다. 그녀는 단순한 제자인가?

미국의 작가 댄 브라운은 『다빈치 코드(2003)』라는 제목의 예수에 관한 소설을 출간했다. 6,000만부 이상이 팔린 것으로 알려진 이 소설은 예수가 마리아와 결혼해 후손을 남겼다는 내용으로 인해 교황청 등의 분노를 산 바 있다. 그런데 하버드대 카렌 킹 교수가 '예수의 아내'에 대해 최초로 언급된 파피루스 문서 파편을 찾았다고 뉴욕타임스(2012. 9. 18)가 보도했다(한국일보 2012. 9. 19). 이것은 소설이 아니다. 물론 그 여성이 막달라 마리아인지는 아직 알 수 없다. 교황청은 이에 대해 그 문서는 "가짜"라고 반박했다(파이낸셜뉴스 2012. 9.29). 예수에게 아내가 있었는지의 여부, 그렇다면 그 여인이 막달라 마리아였는지의 여부는 앞으로 더 연구의 과제다.

예수를 따르던 제자들은 예수가 체포되는 순간 "예수를 버리고 다 도망"(마가 14:50)가 버렸다. 제자들의 모습은 도대체 왜 보이지 않는가. 제자들은 이미 예수로부터 기대에 부푼 약속을 들었다. 베드로가 예수에게 "우리가 모든 것을 버리고 주를 따랐은즉 우리가 무엇을 얻으리까"(마태 19:27)라고 묻자 예수는 "내가 진실로 너희에게 이르노니 세상이 새롭게 되어 인자가 자기 영광의 보좌에 앉을 때에 나를 따르는 너희도 열두 보좌에 앉아 이스라엘 열두 지파를 심판하리라"(마태 19:28) 고 말한다. 누가복음의 말은 더 명확하고 더 기대에 부푼 내용이다. "너희는 나의 모든 시험 중에 항상 나와 함께 한 자들인즉 내 아버지께서 나라를 내게 맡기신 것 같이 나도 너희에게 맡겨 너희로 내 나라에 있어 내 상에서 먹고 마시며 또는 보좌에 앉아 이스라엘 열두 지파를 다스리게 하려 하노라"
(누가 22:28~30)

예수는 "세상이 새롭게 된다"는 말을 하느님 나라가 온다는 말로 했을지라도 세속적 사고로 받아들이면 당연히 로마의 총독체제가 붕괴되고 이스라엘이 다윗의 시대처럼 독립한다는 의미로 볼 수 있다. 예수가 영광의 보좌에 앉는다는 것은 바로 이스라엘의 왕이 된다는 기대를 갖도록 만들기에 충분하다. 하느님이 나라를 자신에게 맡겼다는 말은 이 생각을 더욱 확신하게 만든다. 하느님 나라는 하느님이 통솔을 맡는 나라다. 그 나라를 예수에게 상속하는 것이 아닐진대, 하느님이 예수를 이스라엘 왕으로 삼을 것이라는 희망을 부풀게 한다. 예수가 생전에 그 제자들에게 죽은 지 사흘 후에 다시 살아난다고 말했다. 대제사장들도 이 말이 거슬려 무덤의 문을 봉인하고 지키라고 했다. 그런데 예수의 말을 믿고 따르던 제자들은 이 말을 잊었는가, 아니면 처음부터 믿지를 않고 외면했는가? 제자 집단이라는 구성 자체가 허구인가?

성서들은 예수가 체포되자 제자들은 혼비백산했고 공회에 예수를 따라갔던 베드로는 예수를 모른다고 부인했으며 나머지 제자들은 예수의 처형장에도 나타나지 않는 것으로 묘사한다. 이 책 9장에서 이미 기술했지만, 예수는 제자들과 이른바 성만찬을 갖고 "떡을 떼어 제자들에게 주며 이것이 내 몸이라 하고 또 잔을 주면서 나의 피 곧 언약의 피"(마가 14:22~24)라고 비장하게 결의를 다졌다. 그 비장한 결의는 고린도전서(11:23~24)에서 바울에 의해 먼저 제기된 것이다. 오늘날 교회에서 이루어지는 의식이다.

주 예수님께서는 잡히시던 날 밤에 빵을 들고 감사를 드리신 다음, 그것을 떼어 주시며 말씀하셨습니다. "이는 너희를 위한 내 몸이다. 너희는 나를 기억하여 이를 행하여라". 그들이 음식을 먹고 있을 때에 예수님께서 빵을 들고 찬미를 드리신 다음, 그것을 떼어 제자들에게 주시며 말씀하셨다. 받아라. 이는 내 몸이다. 또 잔을 들어 감사를 드리신 다음 제자들에게 주시니 모두 그것을 마셨다. 그때에 예수님께서 그들에게 이르셨다. "이는 많은 사람을 위하여 흘리는 내 계약의 피다"(고린도전서 11:23~24).

예수의 고난과 죽음에 대한 이야기는 교회에서 예배를 의식화(ritualization)하는 토대가 될 정도로 비장하다. 그럼에도 예수의 고난에 이런 결의는 무용지물이었다. 이런 만찬의식이 이루지지 않았나, 아니면 고난의 과정이 없었나? 성서가 존재하는 대상이나 역사적 사실보다는 그리스도교를 다지고 전파하는데 필요한 내용을 대부분 창작적으로 구성한 것으로 보이지만 그렇더라도 성서에 등장시킨 제자들을 처형장으로 전혀 불러들이지 않는 구성은 아주 이상스럽다.

성서는 예수가 죽은 자를 살려내고 병자를 고쳐주며 귀신들린 사람으로부터 귀신을 쫓아내어 구해주는 등 많은 기적을 행한 것으로 기록한다. 그 당사자들은 예수에게 천추의 은혜를 입었다. 이들은 멀리 시골에 흩어져 있기 때문에 예루살렘에 오지 못할 수도 있다. 예루살렘은 예수의 고향 나사렛에서 북으로 92km, 갈릴리 바다에서는 서남쪽으로 19km, 가나에서는 남쪽으로 13km에 위치하고 있다. 당시의 교통수단으로는 결코 가까운 거리가 아니다. 성서의 저자들이 예수의 십자가 처형이라는 단순한 사실을 왕의 장례처럼 창작적으로 각색했다면, 처형과 장례과정에 유다를 제외한 11명 제자들의 행태를 포함시킬 수 있는 것이 아닌가.

존 쉘비 스퐁은 12제자의 존재 자체를 아예 부정한다.[7] 예수를 추종하는 소수의 제자들이 있었지만 그 수가 반드시 12명이고 그 12명이 고정된 멤버일 가능성은 약하다는 것이다. 12명의 제자라는 착상은 구약성서에 자주 나타나는 12라는 숫자에서 비롯되었을 것이다. 성서에 최초로 12라는 수(數)는 야곱의 12아들이다. 성서에서 야곱은 4명의 아내를 통해서 12명의 아들들과 1명의 딸을 두는데 후에 12아들은 이스라엘의 12지파가 된다. 4권의 복음서들에 나타나는 12제자들의 이름도 각자 제각기다.

존 쉘비 스퐁의 주장대로 12제자의 존재가 허구라고 해도 이미 성서에

---

7) 스퐁, 『만들어진 예수 참사람 예수』, pp. 80-90.

12제자가 등장했기 때문에 예수의 장례과정에 창작적 각색이 가미되었다면, 이미 자결한 것으로 기술된 유다를 제외한 11명의 제자들을 등장시킬 수 있을 것이다. 물론 이것이 예수의 장례과정이 역사적 사실이라는 의미는 아니다. 어떤 이유든 예수의 처형과 장례과정에 제자들에 관한 기술이 제외된 것은 여러 추측을 하도록 만든다.

예수는 무덤에서 살아나왔나?

폭풍우 뒤의 태양이 더 작열한다. 깊은 밤 후에 솟아오르는 해가 더 밝게 느껴진다. 전주곡이 너무 화려하고 감동적이면 본 곡이 맥이 빠진다. 예수의 절망적이고 초라하며 처절하게 내팽겨진 죽음은 바로 부활을 화려하게 만들기 위한 전주곡이었을까. 성서들은 예수의 대 반전을 기도한다. 마가복음이다.

> 막달라 마리아와 야고보의 어머니 마리아와 또 살로메가 … 안식 후 첫날 매우 일찍이 … 무덤으로 가며 … 눈을 들어본즉 벌써 돌이 굴려져 있는데 … 무덤에 들어가서 흰 옷을 입은 한 청년이 우편에 앉은 것을 보고 놀라매 청년이 … 그가 살아나셨고 여기 계시지 아니하니라 … 예수께서 너희보다 먼저 갈릴리로 가시나니 전에 너희에게 말씀하신 대로 너희가 거기서 뵈오리라 하라(마가 16:1~7).

마가복음에는 세 명의 여인이 예수의 무덤을 찾아 "눈을 들어 본즉 벌써 돌이 굴려져 있다". 무덤에 들어가니 한 청년이 있다. 그 청년은 예수가 살아났으나 여기에 없다고 말한다. 마태복음에는 '흰 옷 입은 청년'이 '흰 옷 입은 천사'로 바뀐다. 두 마리아가 무덤에 도착하고, 하느님의 천사가 하늘로부터 내려와 돌을 굴려낸다. 여기에서는 돌을 굴려내는 주체가 확실하다(마태 28:1~7). 이런 일련의 과정은 번개처럼 빨리 진행된다. 헬라어의 성서는 이러한 일련의 과정을 모두 과거시제로 기술하고 있다. 두 마리아가 무덤에 도착하는 것과 일련의 일들이 전개되는 시제가 같다. 이런 점에서 두 마리아는 천사가 돌을 굴려내고 그 위에 앉는 것을 지켜본 것으로 기술하고 있는 것이다. 여인들이 지켜보고 있는 앞에서 돌을 굴려내는 것이다.[8] 그 다음에는 예수가 무덤에서 나와야 한다. 그러나 예수가 무덤에서 나오는 대신에 천사가 여인들에게 "그가 여기 계시지 않고 그가 말씀 하시던 대로 살아나셨느니라 와서 그가 누우셨던 곳을 보라"고 말한다. 무덤을 지키던 여인들은 천사가 돌을 굴려내는 것까지는 보았으나 예수가 살아서 나오는 모습은 목격하지 못한 것이다. 예수는 언제 어디로 어떻게 무덤 밖을 빠져나간 것인가?

누가복음은 여자들이 무덤에 갔을 때 이미 돌이 무덤에서 굴려 옮겨진 것을 보았다고 기술한다. 여인들이 무덤에 가기 전에 예수는 이미 무덤에서 빠져나갔거나 옮겨졌음을 나타낸다. 누가복음은 또한 마가복음의 '한 청년'과 마태복음의 '두 천사'를 성별 구별 없이 '두 사람'으로 표기한다(누가 24:1~6). 여기에서도 예수가 무덤을 나가는 것은 볼 수 없고 찬란한 옷을 입은 두 사람이 있으며 그의 시체가 놓여있던 빈자리만 확인된다 (누가 24: 4). 요한복음(요한 20:1)도 안식 후 첫날 일찍이 아직 어두울 때에 막달라 마리아가 무덤에 와서 돌이 무덤에서 옮겨진 것을 보게 된다.

요한복음에는 막달라 마리아 혼자서 무덤에 가는데 도착해보니 이미 돌이 옮겨졌지만(요한 20:1~10), 예수가 무덤 앞에서 마리아에게 나타난다. 마리아는 무덤 밖에 서서 울다가 뒤로 돌이켜 예수가 서 있는 것을 보았으나 예수인 줄을 알지 못한다(요한 20:14). 마리아가 동굴 안을 들여다보고 있는 사이에 예수는 뒤에 서 있었던 것 같다. 예수가 서있는 곳은 동굴 안이 아니라 동굴 밖인데, 마리아는 예수를 알아보지 못한 것이다. 마리아가 무덤에 도착한 것은 "일찍이 아직 어두울 때"(요한 20:1) 즉 날이 환하게 밝지 않은 새벽이었다. 시몬 베드로와 다른 한 명의 제자가 왔을 때 "시몬 베드로와 … 다른 제자에게 달려가서 말"(요한 20:2)하는 동안 날이 밝아 동굴 안까지

---

8) 타이쎈, 메르츠, 『역사적 예수』, p. 698.

환하게 밝아졌을 것이다. 동굴 안에 들어갔을 때 그들은 "시신이 놓였던 자리에서 세마포가 놓였고 또 머리를 쌌던 수건은 세마포와 함께 놓이지 않고 딴 곳에 쌌던 대로 놓여 있더라"라는 기술을 토대로 하면 동굴 안에서도 모든 물체를 분명하고 정확하게 식별 할 수 있는 상황이다.

그런데도 마리아는 3년 여를 함께 생활한 예수를 얼른 알아보지 못한 것이다. 전혀 생각하지 않는 상황은 낯 설수 있고 그 상황에서 부닥치는 물체들도 생소하게 느껴질 수 있다. 그러나 예수를 충실히 따르는 마리아는 "그가 죽은 자 가운데서 다시 살아나야 하리라 하신 말씀을 아직 알지 못하는 그들(요한 20:9)" 제자들과는 다르고 달라야 한다. 예수가 먼저 "여자여 어찌하여 울며 누구를 찾느냐" 하는데도 마리아는 오히려 예수를 "동산지기"인 줄 안다. 마리아는 "당신이 옮겼거든 어디 두었는지 내게 이르소서 그리하면 내가 가져 가리다"(요 20:15) 고 말한다. 마리아는 이 사람이 예수의 시신을 옮겼을 수도 있을 것이라는 의심을 한다. 예수가 "마리아야" 라며 부른다. 그때서야 마리아는 돌이켜 히브리 말로 "랍오니(이는 선생님이라는 말이라)"하고 부른다(요 20:16). 3년 여를 함께 생활한 마리아가 눈으로는 예수를 알아보지 못하고 대신 음성으로 예수를 알아본 것이다. "예수께서 이르시되 나를 붙들지 말라 내가 아직 아버지께로 올라가지 아니하였노라 너는 내 형제들에게 가서 이르되 내가 내 아버지 곧 너희 아버지, 내 하나님 곧 너희 하나님께로 올라간다 하라"(요한 20:17)고 이른다.

평소 가까웠던 막달라 마리아, 자주 입까지 맞추던(빌립복음서) 마리아에게 예수는 "나를 붙들지 말라"고 말한다. 영어성서(NIV)는 "hold on"으로 번역되어 있고 어떤 성서는 "만지다"로 표기되어 있지만 헬라어의 뜻으로 비추어 개역개정의 "붙들지 말라"가 근접하는 의미로 보인다. 예수의 말은 "아직 아버지께 올라가지 아니하였으니" 나를 여기에 잡아놓지 말라는 의미일 것이다. 그렇더라도 두렵지만 반가워서 자기도 모르게 서로 얼싸안고 서로의 생사, 특히 예수의 생사를 확인하면서 기쁨과 환희의 눈물을 흘려야 하는 장면이 아쉽다.

필자가 무덤의 돌이 언제 굴려졌느냐에 관해 천착(穿鑿)하는 이유는 성서의 기술을 토대로 하더라도, 무덤 안의 예수가 어떻게 살아나왔는지를 가름할 수 있는 열쇠가 되기 때문이다. 여인들이 무덤에 갔을 때 무덤의 문이 돌로 막혀 있었고, 돌이 굴려지는 것을 보았다면, 그리고 예수가 다시 살아났다면 여인들은 예수가 나오는 모습을 당연히 보았어야 한다. 무덤에 도착했을 때 이미 돌이 굴려져 있고, 무덤 안에 예수의 시신이 없다면 두 가지 가정이 능하다. 하나는 예수가 다시 살아나 무덤을 빠져나갔을 가능성과 다른 하나는 어느 누군가가 예수의 시체를 옮겼을 가능성이다.

예수의 시신을 안치했던 동굴의 문을 연 것은 하늘의 천사들이다. 동굴을 막고 있던 돌이 치워지는 순간 예수가 살아서 나오는 것을 목격한 사람은 아무도 없다. 하늘의 천사들이 돌을 치운다는 것은 새로운 상상이 아니라 일반적인 평범한 상상이다. 예수가 연기처럼 또는 빛처럼 동굴에서 나온다는 상상력도 거창한 것이 못된다. 당시의 신화들에 흔히 나오는 내용이다. 동굴에서 육신이 나오는 장면을 상세하게 묘사하는 것은 오히려 예수를 천박하게 만들 수 있다. 이 장면을 뛰어넘은 배경일 것이다.

예수의 부활이야기는 기독교의 핵심적 요소로, 부활은 육신의 부활이다. 예수는 무덤에서 육신으로서 살아나와야 한다. 성서는 이 부분을 구체적으로 기술하지 않기 때문에 육체적 부활은 시작부터 확신을 주지 못한다. 무덤에서 나오는 모습이 보이지 않았던 예수는 그 뒤에 제자들에게 현시하는 것으로 기술되지만 의구심은 해소되지 않는다.

부활현시

4복음서는 예수가 부활하여 나타나는 장면을 각기 다르게 묘사한다. 마가복음(16:9~20)에 나타나는 내용은 마가복음의 최초의 원고들과 다른, 고대 증언들에는 나타나지 않는 내용이다. 마가가 기록한 것 같지 않다는 의심을 받고 있는 부분이다. 마가복음에 살아난 예수는 막달라 마리아에게 먼저 보이고, 두 명의 제자가 걸어서 시골로 갈 때에 예수가 다른 모양으로 그들에게 나타난다. 이어서 열한 제자에게 나타나 자기가 살아난 것을 본 자들의 말을 믿지 않는 것을 꾸짖고 하늘로 올려져 하느님 우편에 앉는다.

마태복음(28:8~18)은 여자들과 11제자가 거기에서 예수를 보고 발을 잡고 경배하는 장면과 예수를 보고 무서워하는 장면이 뒤엉켜 역시 예수의 육체적 모습을 확신하기 어렵다. 누가복음(24:13~51)은 마가복음의 버전을 각색한 것으로 보인다. 마가복음은 시골을 예루살렘에서 25리 되는 엠마오라 하는 마을로 적시한다. 마가복음의 "다른 모양으로 나타나는 예수" 대신 예수가 가까이 동행하지만 그들의 눈이 가리어져서 그를 알아보지 못한다.

특히 요한복음에는 디두모라 불리는 도마가 예수 손의 못 자국과 옆구리에 손을 넣어 보지 않고는 믿지 않겠다고 말한다. 이어 8일 후에, 문들이 닫혔는데 예수가 와서 도마에게 손을 넣어보라고 한다. 그러면서 "믿음 없는 자가 되지 말고 믿는 자가 되라"는 말에 도마가 "나의 주님이시오 나의 하나님"이라고 승복한다. 이 과정에서 도마가 예수의 손에 있을 못 자국에 직접 손을 넣는 동작은 기술되지 않는다. 대신 "너는 나를 본 고로 믿느냐 보지 못하고 믿는 자들은 복되다"라고 말해 믿음에 대한 가이드라인을 제시한다. "보지 못하고 믿는 자가 복이 있다"는 말은 당시에 전승되는 신화적 이야기들에 대한 불신을 사실적 이야기로 믿도록 하는데 유용하게 작용했을 것이다. '유다의 배신', '베드로의 부인'에 이어 '도마의 의심' 이야기는 그리스도인들의 신의와 정체성 확립에 이어 조건 없는 믿음의 초석을 다지는 3대요소로 작용해 왔다.

요한복음은 이 기술만으로는 육체적 부활에 대해 확신을 시키기가 부족하다고 생각했는지 예수를 다시 디베랴 호수의 제자들 앞에 세운다. 여기에서도 처음에는 날이 새어갈 때에 바닷가에 서있는 예수를 제자들이 잘 알지 못하는 것으로 시작해서 예수가 제자들에게 그물 던질 곳을 가르쳐주고 잡은 생선을 가져오라거나 밥을 먹으라고 하는 것으로 예수의 실체를 입증해

간다. 이어 예수는 베드로를 비롯한 제자들과 문답하는 것으로 끝을 맺는다.

  선지자가 하늘로 오르는 이야기는 물론 마가복음과 누가복음 저자의 독창적인 창작은 아니다. 구약성서의 열왕기하(2:11)에는 "두 사람이 걸어가면서 말하더니 홀연히 불수레와 불말들이 나타나 두 사람을 떼어 놓고 엘리아가 회오리바람을 타고 승천"한다는 구절이 나온다. 마가복음의 저자는 이 구절을 당시 그리스도교가 처한 상황에 맞추어 각색했을 것이다.

  하늘로 오른다는 사고는 지구가 평면으로 되어 있고 지구의 밑에는 또 다른 세계 즉 지옥이 존재한다는 인식에서 비롯된 것이다. 지구의 위는 하늘이라는 또 다른 장소가 있다는 생각이다. 코페르니쿠스나 갈릴레오가 지구는 둥글고 자전과 공전을 하고 있다는 생각을 하기 전에는 모든 사람들이 그렇게 생각했다. 현대의 천체물리학의 설명은 지구가 우주 공간의 한 덩이에 불과하고 지구를 떠나 지구의 외기권을 벗어나면 무한의 우주공간이 존재한다. 하늘에 하느님이 존재한다거나 하느님 우편에 앉아 있다는 생각은 하늘을 평평한 땅처럼 생각하는 바탕에서 나온 하나의 상상이다. 유대인뿐만 아니라 고대로부터 현대로 이어지면서 대부분의 인간들은 이러한 상상을 공통적으로 가지고 있었다.

  요한복음에서는 부활한 예수의 마지막 행선지를 말하지 않는다. 다른 복음서에 나타나는 예수가 하늘로 "올려진다"거나 "하느님의 우편에 앉는다"는 내용은 제외한다. 요한복음의 저자가 요한복음을 쓸 당시에는 다른 성서에 나타나는 "하느님 나라의 도래"가 이루어지지 않았다고 판단하고 그 당시의 상황에 맞추기 위해 '예수의 승천'과 '재림'에 대한 이야기를 생략했을 것이다.

ꙮ 예수 부활신화의 정치학적 함의

예수의 부활사건은 예수의 탄생사건과 함께 그동안 기독교의 최대 가치로 여겨져 왔다. 예수는 동정녀로부터 하느님의 아들로 태어남으로서 본래부터 신령을 가지며, 자신의 예언대로 죽어서는 다시 살아났고 하늘로 올라갔으며 하느님과 함께 있다가 역시 그의 예언대로 다시 이 땅에 재림하여 심판한다는 것이다.

'부활(resurrection)'의 '어의(語義)'는 '죽었다가 다시 살아남'을 의미한다. 이때 살아난다는 것은 죽을 당시의 원상을 회복하는 것이다. 개념적으로는 다른 의미를 함의할 수 있다. 어의는 단어의 기본적 뜻이지만 개념은 의도적이고 목적적인 뜻이다. 개념은 개념화는 사람의 의도와 목적이 담겨있기 때문에 하나의 단어에도 여러 개념이 존재하게 된다. 따라서 '부활'의 개념은 '어의'처럼 그대로 다시 살아나는 상태를 의미할 수도, 또는 본질을 유지한 채 다른 상태로 살아나는 상태를 나타낼 수도 있다.

마커스 보그는 부활을 '소생(resuscitation)'과 구별한다.[9] 그는 소생을 예전의 존재를 되찾는 것으로 정의 한다. 즉 한 사람이 죽었거나 죽었다고 믿겨졌다가 다시 살아나게 된 것으로 언젠가는 다시 죽게 되는 경우다. 반면에 부활은 예전의 존재를 되찾는 것이 아니라 새로운 종류의 존재 속으로 들어가는 것이다. 또한 부활한 자는 다시 죽지 않으며 어떤 점에서 시공의 범주 너머에 있는 것으로 이해한다. 예수의 동정녀 출생설이나 하느님의 아들이라는 이야기는 인간의 이성과 과학으로는 현실적 이야기가 될 수 없는 것처럼 부활도 비현실적 이야기일수 밖에 없다. 가사상태의 중환자가 현대의술로 소생하는 경우는 있다. 갑작스런 의식불명의 상태에서 깨어 날 수도 있다. 이런 사례들은 간간히 나타난다. 이런 사건들은 기적이 아니다. 기적은 발생한 사건을 인과적으로 설명할 수 없을 때 붙이는 '설명불능'의 다른 표현이지 신화적인 불가사의한 일이 일어나는 것은 아니다. 예수의 부활은 '설명불능'의 사건이 아니라 원래부터 일어날 수 없는 '발생불가'의 사건이다.

예수의 입을 통한 성서의 부활에 대한 해석은 어떤가? 부활을 부정하는

---

9) 마커스 보그, 톰 라이트, 김준우 역, "부활절의 진실,"『예수의 의미』(서울: 한국기독교연구소, 2010), p. 204.

사두개인들은 당시의 결혼습관을 들어 예수에게 묻는다. "7형제의 맏이가 죽어 그 부인은 둘째아들인 동생에게 그리고 그 다음에는 셋째에게 … 이런 식으로 7명이 모두 죽었다가 이들이 다 부활하면 그 여인은 누구의 아내가 되느냐"는 물음이었다. 이에 대해 예수는 부활 때는 시집장가를 안 간다고 대답한다. 그렇다면 부활의 인간은 전혀 다른 모습으로서 마거스 보그의 정의를 뒷받침한다.

  부활을 예전의 존재를 되찾는 것이 아니라고 한다면 새로운 탄생과의 차이는 무엇인가? 시공의 범주를 넘어선다는 것은 인간의 속성을 넘어서는 것이다. 인간의 속성을 벗어나 어떤 상태나 상황을 상정할 수도 있다. 이것이 바로 마거스 보그가 그의 개념에서 노리는 의도이고 목적일 것이다. 이 개념은 현실적으로 불가능한 상태 즉 예수의 육체적 부활을 상황적 부활로 확대 해석하는 데는 유용하다. 이러한 부활은 성서와 기독교에서 믿는 육신의 상태로서의 부활과는 다르다. 부활의 의미를 이처럼 광의로 정의하면 부활자체의 의미가 모호해 질뿐만 아니라 기독교의 신앙과 부활에 대한 평가와 해석도 혼란스럽게 될 수 있다. 현실적으로 불가능한 예수의 육신적 부활에 매달리는 개념은 신학적으로는 적용될 수 있어도 과학적으로는 적용될 수 없다.

  예수가 처형된 뒤의 이야기들은 예수의 시체를 처리하는데 최대의 예의를 표하는 내용으로 기술되었다. 여기에 요셉이라는 인물을 등장시킨다. 그러나 예수의 시체를 동굴 속에 안치하는 과정에서 돌무덤을 만드는 과정부터 비현실적이다. 예수가 살아서 석굴의 무덤을 나오는 과정에서 제자들 앞에 나타나는 모습 그리고 하늘로 올라갔다는 내용은 현실적으로 일어나기 어려운 일이 아니라 도저히 일어날 수 없는 이들이다. 이것은 2,000년 전 사람들의 사고로 빚어진 창작이다. 단순한 창작이 아니라 기독교, 기독교 교주에 대한 의도된 창작이다.

  사람이 죽은 다음에 다시 살아나 하늘로 오른다는 이야기는 고대사회에서 새로운 이야기는 아니다. 그러면 예수의 부활과 승천이야기의 모티브는 무엇인가. 예수가 부활한 뒤에 최초로 목격했다는 목격담은 예수의 일생을 기록한 공관복음서나 요한복음이 아니라 바울이 52년경 최초로 쓴 것으로 추정되는 신약복음서인 데살로니가전서에 예수의 강림에 대한 내용으로 처음으로 소개된다.

> 우리가 예수께서 죽으셨다가 다시 살아나심을 믿을진대 이와 같이 예수 안에서 자는 자들도 하나님이 그와 함께 데리고 오시리라 … 주께서 호령과 천사장의 소리와 하나님의 나팔 소리로 친히 하늘로부터 강림하시리니 … 항상 주와 함께 있으리라 (데살로니가전서 4:14~17).

여기에는 예수가 다시 살아나 하늘로부터 강림하며 다른 죽은 자들도 예수와 함께 살아온다는 이야기가 나타난다. 그로부터 5년이 지난 후 바울의 편지인 고린도전서에는 데살로니가전서보다 발전된 부활이야기가 등장한다.

> 내가 받은 것을 먼저 너희에게 전하였노니 이는 성경대로 그리스도께서 우리 죄를 위하여 죽으시고 장사 지낸 바 되셨다가 성경대로 사흘 만에 다시 살아나사 게바에게 보이시고 후에 열두 제자에게와 그 후에 오백여 형제에게 일시에 보이셨나니 그 중에 지금까지 대다수는 살아 있고 어떤 사람은 잠들었으며 그 후에 야고보에게 보이셨으며 그 후에 모든 사도에게와 맨 나중에 만삭되지 못하여 난 자 같은 내게도 보이셨느니라(고린도전서 15:3~8).

바울은 예수가 사흘 만에 살아나 게바에게 보였다고 기술한다. "게바"는 요한복음(1:42)에 따르면 "베드로"를 일컫는다. 예수는 "게바" 다음에 열두 제자와 오백여 형제 및 야고보 그리고 맨 나중에 칠삭둥이 자신에게 보였다고 적고 있다. 바울이 전하는 내용은 신약성서의 내용과 잘 맞지 않는 점에서 아마 바울은 다른 전승을 인용한 것으로 보인다. 바울이 예수를 "목격한 것"은 분명히 환상인데도 그는 이것을 이 운동의 원래의 창설자들의 직접 경험과 대등한 것으로 간주한다.[10]

바울이 열두제자라고 한 것은 12라는 숫자의 상징성 때문에 습관적으로

---

10) James D. Tabor, *The Jesus Dynasty*, pp. 231-232.

사용했을 것이다. 바울은 또한 자신에게도 예수가 보였다고 기록하고 있다. 문제는 '보이다'의 의미다. '보다'는 것이 반드시 눈으로 어떤 물체를 보는 것만을 의미하는 것은 아니다. 마음에 떠올리는 것도 본다고 말할 수 있다. 바울에게 보였다는 것도 결국 바울이 육체적 예수를 직접 만났다는 의미가 아니라는 점은 바로 그의 이른바 '다메섹 회심사건'이 말해주고 있다.

바울은 다메섹에 흩어져 있는 그리스도인들을 잡아 옥에 넣기 위해 산헤드린에서 발급한 정식공문을 가지고 다메섹으로 가게 되었는데, 다메섹에 가까이 왔을 때다.

> 사울이 길을 가다가 다메섹에 가까이 이르더니 홀연히 하늘로부터 빛이 그를 둘러 비추는지라 땅에 엎드려져 들으매 소리가 있어 이르시되 사울아 사울아 네가 어찌하여 나를 박해하느냐 하시거늘 대답하되 주여 누구시니이까 이르시되 나는 네가 박해하는 예수라 너는 일어나 시내로 들어가라 네가 행할 것을 네게 이를 자가 있느니라 하시니 같이 가던 사람들은 소리만 듣고 아무도 보지 못하여 말을 못하고 서 있더라 사울이 땅에서 일어나 눈은 떴으나 아무 것도 보지 못하고 사람의 손에 끌려 다메섹으로 들어가서 사흘 동안 보지 못하고 먹지도 마시지도 아니하니라(사도행전 9:3~9).

바울의 다메섹 도시에서 회심의 사건은 사도행전에 3회 기술되어 있으나 회심의 표현은 각각 다르다. 사도행전 9장 7절에는 "동행인이 소리는 들었으나 보지는 못하고", 22장 9절에는 "빛은 보았으나 소리는 듣지 못했으며" 26장 13절과 14절에는 "밝은 빛이 내려와 함께 가던 사람들을 두루 비춘 것"으로 되어 있다. 같은 문서에서 동일한 사건을 놓고 내용이 다르게 기술된 이유는 무엇인가? 사도행전은 누가복음의 저자가 누가복음의 속편으로 80~90년대에 쓴 것으로 알려지고 있다. 사도행전의 저자는 바울의 전도여행의 동반자였을 것으로 추정되어[11] 사도행전의 바울에 관한 이야기는 바울로부터 어떤 경로를 통해 전해들은 내용일 것으로 보고 있다.

전해들은 이야기도 전달과정에서 각색되어 본질과 다르거나 사실대로 전

---

11) 정훈택, 『신약서론』 (서울: 총신대학교 신학대학원, 2006), p. 200 참조.

해진 이야기에 대한 기억도 다를 수 있다. 그 행위를 기술하는 저자가 그 사건에 대해 확실성이 없었기 때문에 기술에도 일관성이 결여될 수 있다. 글은 저자의 의도와 목적, 저자의 가치와 관점에 따라 하나의 사실이 여러 내용으로 각색될 수도 있다. 그럼에도 다메섹사건의 공통적인 것은 모든 것이 소리와 빛으로 이루어 졌을 뿐 어떤 형상을 눈으로 직접 목격한 것은 아니다. 사도행전의 저자는 바울이 부활한 예수를 보았다고 기술하면서도 심정적인 상황을 경험적인 상황으로 인식하도록 기술한다. 오히려 경험적인 증거를 교묘하게 피해가는 노련한 기술로 이어간다. 예수가 바울에게 보인 것도 결국 '실존 예수'라기 보다는 '환영(幻影)' 혹은 '환상(幻像)'이 아닐까? 이러한 환상 혹은 환영이 웃토가 말하는 초월적이고 신비적인 대상에 대한 감정으로서의 "누멘적 감정"[12])에 의해 부활로 인식될 수도 있을 것이다.

바울은 다마스커스로 가는 도중에 환상 속에서도 예수를 보지 못했다. 막달라 마리아도, 두 제자도, 일곱 명의 제자들도 각각 무덤과 길 그리고 바닷가에서 예수를 만났으나 알아보지 못했다. 왜인가? 왜 그들의 눈에는 예수가 보이지 않았을까? 여기에서 예수의 육체적 부활에 대한 현실성의 의심이 담겨있다.[13]) 스퐁 주교가 정리한 예수의 육체적인 부활이야기를 요약하면, 바울은 예수의 부활을 말하지 않으며, 마가에는 부활한 예수가 육체적으로 나타난 이야기가 없다. 마태에는 애매모호하여, 부활한 예수가 육체로 나타는 것 같고 갈릴리에서 제자들에게 나타나는데 환상 같이 보인다. 누가와 요한에 이르면, 예수가 무덤에서 걸어 나와 부활한 몸이 육체적으로 보이는 이야기를 포함하기 시작하는데, 2세기부터는 현재와 같은 일반적인 부활에 대한 이해를 형성한다는 것이다.[14])

누가복음과 사도행전의 저자는 누가복음에서는 부활한 예수의 실체를 기술하지만 사도행전에서 바울의 체험에 대한 기술에서는 '환상'으로 후퇴

---

12) 웃토, 『성스러움의 의미』.
13) 펑크, 『예수에게 솔직히』, p. 397.
14) 스퐁, 『만들어진 예수 참사람 예수』, p. 186.

한다. 동일한 저자로 인식되고 있는 누가복음과 사도행전만을 토대로 한다면 누가복음의 부활사건은 실체가 불분명한 "제자들"에게 나타나는 것이고 사도행전은 실존인물인 "바울"에게 나타나는 것이다. 여기에서 제자들의 실체가 불분명하다는 것은 스퐁의 주장을 토대로 한 것이다. 그는 12명의 남자 제자가 있었다는 것은 바울이 개발한 것이고, 열두제자라는 특별한 집단이 존재한 일이 없었다고 주장한다.[15] 결국 누가복음의 저자는 실체가 불분명한 제자집단에게는 먼저 나온 성서(마가, 마태)를 따라서 부활한 예수의 육신을 등장시켰지만 실존인물인 바울에게는 예수의 육신을 등장시키는 것이 조심스러웠기 때문이었을 것으로 판단할 수 있다.

예수의 부활 전승은 신약성서의 주장을 통해서 시간이 지날수록 확고해졌고 더 나아가 예배의 한 형식으로 자리 잡았다. 마가복음은 예수의 부활 이야기를 구성해냈지만 거기에는 육체적으로 부활한 예수는 없었다. 그러나 마가의 이야기는 30여년 후의 요한복음에 이르러 도마에게 못 자국을 만지도록 하는 육신의 부활로 발전하게 되고 이것이 현실로 굳어지게 된다. 이러한 의구심에도 불구하고 요한복음에 이르면서 점점 더 육체적 부활을 구체적이고 확고하게 발전시키고 있다. 1세기 중 후반에서 시작된 부활이야기가 1세기 말이나 2세기 초에 어떤 방향으로 발전했는지를 보여주고 있는 것이다.

예수의 동정녀 출생이야기는 마태복음에서 시작되어 누가복음에서 끝난다. 그 이상 계속되지 않는다. 즉 다음의 성서 시리즈인 요한복음에는 등장하지 않는다. 그런데 부활이야기는 시간이 흐르면서 새로운 버전의 더 경이적인 이야기로 강화된다. 왜 그럴까? 아마 동정녀출생 이야기보다 부활이야기가 더 반응이 좋았기 때문은 아닐까? 물론 이것이 사실을 인증한 것과는 별개의 문제다.

부활을 믿는 사람들은 역사적 증거를 근거로 믿는 것이 아니라 믿음으로

---

15) 스퐁, 『만들어진 예수 참사람 예수』, pp. 81-96.

서 그 주장을 받아들일 뿐이다. 기적에는 어떤 증거도 있을 수 없다. 역사학자는 어떤 사건이 과거에 일어났을 확률을 결정할 수 있을 뿐이며, 기적은 그 속성상 일어날 확률이 가장 낮은 사건이다.[16] 니체는 말했다. "무엇이든 믿는 사람은 가치를 판단할 줄 모른다. 믿는다 함은 감옥 속에 들어가 있는 상태나 다름없다. 외부세계는 물론 자기 자신조차 알 수 없기 때문이다". 예수의 부활이야기는 예수가 모든 인류를 위해 죽었고 다시 부활함으로서 앞으로 또 다시 재림할 것이라는 신앙을 확립하는데 중요한 요소로 작용했다.

죽은 사람이 다시 살아난다는 것은 확률의 문제나 '가'와 '부'의 문제가 아니다. 예수의 부활도 불가능한 일이다. 이미 앞에서 고찰한 것처럼 예수의 부활이야기는 이미 2천 년 전에 미상의 작자가 초기 그리스도 교인들을 대상으로 그 당시의 인식과 지식 그리고 목적과 필요에 의해 쓴 선교문서다. 기독교인들은 지금도 성서의 내용 특히 예수의 부활을 믿고 재림을 기대한다. 물론 성서의 내용을 토대로 한다. 지금도 믿는 내용을 그 당시, 지금부터 2천여 년 전의 사람들이 믿었을 것이라고 생각하는 것은 아주 쉬운 일이다.

소생은 물리적인 것이 다시 타나나는 것으로, 부활은 소생과 함께 새로운 정신의 재출현으로 구분할 수 있다. 이런 점에서 예수의 부활을 육신의 소생이 아니라 그의 사상의 부활, 그의 삶의 궤적의 부활이라고 본다. 이스라엘의 시골마을인 나사렛에서 태어나 로마제국의 식민통치에서 참혹한 생활을 연명하는 천민들의 권리회복을 종말론적 구원론으로 설파하던 예수는 식민정치권력과 기득권수호의 종교권력에 제물이었다. 그러나 그의 죽음이 그의 비전의 끝이 아니었다. 예수의 추종자들은 초대 그리스도교를 통해서 그의 생전에 대한 모습을 그린 이야기에 심취했을 것이다. 그들은 그들의 공동체에서 예수에 대한 영적 체험이라는 의미의 환상을 체험했을

---

16) 어만, 『예수 왜곡의 역사』, p. 245.

것이다. 이러한 체험은 지금까지 이어지는 역사적 사실이다. 이 과정에서 예수는 신의 위치에 오르게 되었다. 결국 예수는 계속 살아있다는 믿음은 부활이야기로 소급되었을 것이다. 예수를 교주로 하는 그리스도교를 만들어 이스라엘과 로마에서 시작된 예수운동은 이제 2,000년간 전 세계로 전파되었다. 예수의 부활은 바로 이러한 현상과 관계되어야 하지 않은가.

11장
기독교의 탄생과 발전: 종교정치와 정치종교

기독교의 기원

사도행전에 따르면 예수가 부활한 뒤에 "오순절 날이 이미 이르매 저희가 다 같이 한 곳에 모였다"(사도행전 2:1). 오순절은 50일을 나타낸다. 레위기(23:15~22), 출애굽기(34:22), 신명기(16:50)에 따르면 오순절은 무교절이 지난 후에 50일 만에 맞이하는 절기다. 예수가 부활한 뒤에 오순절에 한 곳에 모였다는 것은 예수가 처형된 뒤 53일 째의 일요일에 모였다는 것을 나타낸다. 기독교는 예수가 십자가에 못 박혀 죽은 후 53일이 지난날에 시작되었다고 볼 수 있다.

예수는 유대교 교인이었다. 성서 어느 곳에도 예수가 죽은 뒤에 그리스도교를 창설하라고 말한 구절은 없다. 그리스도교는 예수가 생전에 의도했거나 만든 것이 아니다. 예수가 죽은 뒤에 그 추종자들을 중심으로 유대교의 심장인 이스라엘에서 예수의 부활 스토리와 함께 기독교가 창시된 것이다. 유대교 신자로서 유대교인들에 의해 처형당한 예수를 잇는 기독교가 바로 유대교의 안방에서 탄생한 배경은 무엇인가?

기독교의 구약성경은 바로 유대교의 경전 타나크와 공통적 경전이라서, 많은 사람들은 예루살렘이 있는 이스라엘은 당연히 기독교국가라고 생각하기 쉽다. 그러나 이스라엘에는 예수가 없다.[1] 유대교인들에게는 예수의 부활이 있을 수 없다. 십자가 자체를 배격한다. 이스라엘은 십자가(✝)로 인식될 수 있는 부호 자체를 배격한다. 예수를 십자가에 달리게 한 것도 식민통치를 하던 로마당국이 아니라 오히려 유대교인들이었다.

동일한 경전을 사용하면서 유대교와 기독교가 서로 앙숙관계가 된 것은 구약성경의 이사야서 7장 14절의 "… 보라 처녀가 잉태하여 아들을 낳을 것이요 그 이름을 임마누엘이라 하리라"라는 이른바 '메시아 예언'을 근거로 서로 아전인수식으로 해석하는데서 비롯된다. 유대교에게 예수는 자신들이 기대하는 메시아가 아니다. 유대인들에게는 예수를 교주로 하는 기독교 자체는 의미가 없다.

기독교의 교부들은 이 예언이 예수 그리스도 안에서 이루어졌다며, 예수를 메시아로 믿는다. 물론 교부들의 이런 생각은 신약성서의 관점을 따른 것이다. 전통적인 기독교의 해석은 임마누엘 예언이 오직 예수 그리스도의 성육신 사건에만 관계하는 예언이라고 주장한다. 이사야서의 '알마'가 처녀를 의미하며, 처녀가 낳은 아들이 예수 그리스도 외에는 아무도 없으므로 예수가 그 대상이라는 것이다.

이 구절은 많은 논란을 몰고 다닌다. 자유주의 신학자들은 이 예언이 먼 미래에 관한 것이 아니라 당시의 시대 상황에만 관계되며 메시아 예언 구절이 될 수 없다고 주장한다. 그러나 이 주장은 뒤를 잇는 이사야서 15~18절의 내용을 설명하기가 어려워 많은 개혁주의자들은 처녀가 잉태하여 낳을 아들이 궁극적으로는 그리스도를 가리키지만, 일차적으로는 당대의 인물과 관계되어 당시의 아하스에게 표징으로 작용한다는 견해를 제시한다. 임

---

[1] 김종철, 『이스라엘에는 예수가 없다』.

마누엘 예언은 먼 미래에 올 메시야뿐만 아니라 당대의 인물과도 관계되어야 한다는 것이다. 이런 주장들은 마리아가 동정녀로 예수를 낳았다는 신약을 바탕으로 하고 있다는 점이 간과되어서는 안 된다.

구약의 예언서를 둘러싼 유대교와 기독교의 줄다리기는 유대인들의 역사를 통해서 어느 정도 이해가 가능하다. 유대인들은 4,000년간의 역사 속에서 3,000년간 나라 없는 민족으로 살아오면서도 이국의 문화 속에서 민족의 본질을 유지해 왔다. 이민족의 지배 속에서 살아온 유대인들은 히브리어, 아람어, 아랍어, 그리스어 등을 통해 자신들을 표현했다.

이스라엘 사람들이 기대하던 메시아는 백마 타고 오는 왕자와 같은, 우리나라 정감록에 나오는 정도령같은, 고난의 이스라엘민족을 구원할 위대한 현세적 영웅이었을 것이다. 성서에 따르면 목수의 아들로 나타난 예수는 유대인들의 메시아가 될 수 없었다. 예수는 유대인의 선생을 의미하는 유대인 랍비였으며, 토라의 권위를 인정했던 인물에 불과했다. 예수는 유대인들의 성서를 읽고 연구했으며, 말씀을 해석했고, 지켰으며 율법에 대한 자신의 해석을 제자들에게 가르쳤다. 예수의 제자들도 역시 유대인들이었다. 예수가 섬기는 하나님은 유대인들이 섬기는 하나님이었으며, 예수도 유대관습을 지켰다.[2]

유대인들은 이러한 예수가 정신이 매우 아름답고, 고결하고, 인간들에 대한 사랑과 동정심이 극진하고, 인간 본성을 예리하게 통찰하고, 비유와 경구(警句)의 능력이 탁월하고, 더욱 열정적인 유대인이고, 자기민족의 신앙을 확고히 믿는 인물로 생각했을 것이다. 무엇보다도 유대교의 신앙적, 윤리적 원리들을 헌신적으로 가르친 교사였고, 다만 몇 가지 점에서 유대교 전승과 유대인들이 믿던 모든 것에서 벗어났을 뿐이었다. 물론 유대교는 예수가 들어낸 염세적인 태도, 사회문제와 하루하루 살아가는 일에 관한 무관심, 내세와 메시야 시대에만 몰두하는 태도를 마땅치 않게 생각했다.[3]

---

[2] 바트 어만, 민경식 역, 『성경왜곡의 역사』 (서울: 청람출판, 2006), pp. 54-55.
[3] 스타인베르그, 『유대교의 기본진리』, pp. 145-146.

유대교와 예수는 점점 차이를 들어낸다. 하느님의 이름을 부르는 것조차 불경스럽게 여기던 당시에 예수는 스스로 하느님의 아들로 태어났으며, 하느님이 인간의 모습으로 이 세상에 왔다고 주장한 것으로 성서는 기술한다. 성서에 따르면 예수의 제자들은 예수가 유대인들이 기다리던 메시아로 이해했고, 예수는 모든 사람이 똑같은 하느님의 아들이라고 가르쳤다. 이것은 유대인만이 하느님으로부터 특별한 존재로 여기는 유대교의 정신과 배치된다. 예수는 율법과 공의를 강조하는 유대교의 전통에 반해 하느님에 대한 사랑과 하느님의 왕국이 가까이 온다는 복음을 전한 것으로 성서는 기술한다. 이러한 예수의 활동은 유대교의 비위를 거슬렀을 것이다.

유대교는 예수가 많은 선지자의 한명일 뿐 결코 구세주는 아니며, 구세주는 아직 나타나지 않았다고 믿고 있다. 성서에는 예수가 유대교를 모욕했다는 죄로 공생애 3년 만인 33세에 십자가에서 처형을 당한 것으로 기록되어 있다. 성서에는 예수가 공생애 기간 많은 기적을 보이고 죽은 뒤에는 사흘 만에 부활하여 제자들에게 나타났다가 승천했다고 기록되었다. 예수에게 닥친 이런 사건이후 그의 제자들은 그리스, 로마 등지에서 이 사실을 전파하면서 유대교에 대립하는 기독교를 만들게 된 것이다. 결국 기독교는 이러한 유대교를 배경으로 탄생했다.

기독교의 성립

새로운 종교의 성립은 기존종교에 대한 불만, 비판을 딛고 일어서는 경우가 대부분이다. 기독교의 경우도 예외가 아니다. 유대교의 고식적인 율법주의와 배타적인 선민의식, 형식주의에 대한 불만과 비판을 선도하던 예수의 추종자들을 중심으로 예수가 처형된 이후에 이루어졌다. 예수가 기독교를 만든 것은 아니라고 해도, 예수가 유대교를 극복하고 새로운 종교를 만들 의도가 없었다고 해도, 그의 사후에 새로운 종교 즉 기독교가 만들진 것은 역사적 사실이다.

예수를 추종하는 세력들은 시민들의 모임을 뜻하는 에클레시아(ekklesia)라는 공동체들을 창설해 예수를 교주로 하는 종교를 성립해 나갔다. 에클레시아는 원래 고대 그리스 도시국가의 시의회를 의미하는 정치적인 용어다. 교회라는 뜻으로 사용했지만 원래는 정치적인 용어였다. 이 용어를 사도바울이 교회라는 뜻으로 사용한 것이다. 이 모임들의 주도적 역할은 역시 예수의 소수 추종자들로부터 시작되었을 것이다. 이 과정에서 기독교를 유대교에서 분리하여 독자적 종교로 성립하게 만드는데 결정적 기여를 한 인물은 사도 바울이다.

그리스어로 파울로스(Παυλος), 히브리어 이름은 '사울(Saul)' 또는 '샤울'이며, 가톨릭교회에서는 바오로, 개신교에서는 바울로 불리는데 여기에서는 바울로 사용하기로 한다. 바울은 예수보다 10여년 정도 늦게 태어난 것으로 추정되어 사실상 예수와 동년대에 살았지만, 예수와 대면한 적은 없었으며 오히려 엄격한 유대교 통합주의자로 짐작된다.[4] 그런 바울이 기독교의 초석을 놓은 것은 복음을 전하라는 사명에서 비롯되었다는 것이다 (사도행전 22:21).

기독교가 새롭고 독특한 종교로 등장하게된 것은 몇 가지 중요한 배경이 작용했을 것이다. 첫째, 인적 배경으로 사도인 바울의 역할이 절대적인 몫을 차지했다. 기독교를 바울의 종교라고 하는 것은 바로 이런 연유 때문이다. 기독교가 헬라(Greece)문화의 영향을 받았는지 또는 유대문화에 젖어 있는지에 관해서는 여러 주장들이 있다. 바울을 비롯한 초대 교회의 기독교도들이 유대교도였었다는 점과 헬라문화가 주류를 이루었다는 점에서 두 문화 모두가 기독교를 감싸고 있었을 것이며, 특히 당시에 풍미하던 헬라철학이 기독교로 들어왔을 것은 당연하다. 유대교에서 기독교로 개종한 바울은 기독교 공동체를 유대문화와 분리시켜 자신의 헬라사상과 접목하는데 성공했다고 볼 수 있다.

---

4) 프레데릭 르누아르, 김모세, 김용석 역,『그리스도 철학자』(경기: 연암서가, 2008), p. 125.

둘째, 기독교가 이스라엘의 한 종파(힌두교의 한 파)에서 유럽의 종교로 확장 될 수 있었던 것은 당시의 지정학적 배경과 밀접히 관련된다. 로마제국은 영국을 비롯해 페르시아, 독일, 사하라사막에 이르기까지 거대하게 뻗혀 세계의 로마를 건설하고 있었다. 이스라엘은 로마의 지배하에 있었다. 이러한 상황은 오히려 기독교가 로마제국의 지배권 전역으로 확산할 수 있는 기반이 될 수 있었다.

셋째, 기독교의 교리가 인간과 우주의 본질에 대한 고조되는 관심을 반영하는 헬라문화의 풍조와 상합되었다. 로마제국이 가진 것은 권력이었던 반면에 사람을 실질적으로 지배하는 것은 바로 헬레니즘이었다. 기독교는 소크라테스, 플라톤 그리고 후에 스토아철학을 수용함으로서 모든 사람들과 쉽게 호흡할 수 있었다. 신약성서가 헬라어로 기술된 것은 바로 이런 배경에서 비롯된다. 예를 들면 요한복음 1장 1절은 "태초에 말씀이 계시니라 …"로 시작되는데, 이 "말씀(Word)"은 헬라어의 로고스(logos)를 번역한 것이다. 이 로고스는 '말' 외에도 초월적인 신적 능력이나 자연의 법칙을 의미하는 스토아 철학의 대표적 용어였다.[5]

기독교의 특성

기독교의 본질은 구약성서로부터 신약성서를 관통하는 일관된 교리를 통해서 이해할 수 있다. 기독교가 내세우는 교리를 중심으로 기독교의 특징적인 내용을 요약하면 다음과 같다. 1) 기독교의 세계관은 모세오경으로 분류되는 창세기를 토대로 한다. 창세기의 천지창조를 믿는다. 즉 우주와 우주만물에 존재하는 모든 존재와 사람이 유대교의 신인 야훼에 의해 창조되었다. 2) 하느님이라는 신이 흙으로 빚어 만든 최초의 남성인 아담과 아담의 갈비뼈로 만든 이브라는 여성이 인간의 시조다. 3) 아담과 이브가 에

---

[5] 박용규, 『초대교회사』, p. 47.

덴동산에서 하느님의 명령을 무시하고 뱀의 꾐에 빠져 선악과를 따먹음으로, 여기에서부터 인간은 원죄를 지게 된다. 4) 원죄를 지고 태어나는 모든 인간은 구원을 받아야 하는데, 구원은 하느님의 은혜와 인간의 믿음을 통해 이루어진다. 5) 하느님의 은혜는 인간의 원죄에 대한 심판을 개개의 인간에 지우지 않고, 죄없는 자신의 외아들인 예수가 지도록 했다. 이로써 예수는 인간의 죄를 대속하기 위해 십자가에 못박혀 죽었다. 6) 믿음은 인간들이 죄인임을 인정하고 예수가 죄인인 인간을 대신 처형당했고, 예수만이 유일한 구세주이며, 인간은 자신의 죄에 대한 심판을 피하기 위해 아무 것도 할 수 없다는 점을 인정하고 오직 예수만을 의지하는 행위다. 7) 십자가에 처형된 예수가 생전에 예언한 것처럼, 죽은 뒤 사흘 만에 다시 살아났다는 부활에 대한 믿음이다. 8) 예수는 하느님의 아들로 동정녀 마리에게 성령으로 잉태되어 출산했다는 점과, 하느님과 예수의 관계는 성부, 성자, 성령의 3위일체라는 점이다. 9) 예수의 말씀으로 나타난 "때가 되었고 하나님 나라가 다가왔으니 회개하고 복음을 믿으라"(마가, 1:15)며 "하나님 나라가 가까이 왔다"(마태 10:7, 누가 10:9)고 말한 이 세상의 종말론을 받아들인다. 10) 기독교의 모든 교리들은 구약성서와 신약성서의 내용을 바탕을 한다.

이러한 기독교의 본질은 교회에서 가장 많이 사용되고 있는 신조(creed)인 사도신경(使徒信經, Symbolum Apostolicum)과 기독교의 신인 하느님에 대한 기도의 요체인 주기도문을 통해서 그 교리(doctrine)와 신앙의 목표가 더욱 구체적으로 들어난다.

사도신경

사도신경은 그리스도교도가 믿어야 할 기본적인 교의(敎義)를 간결하게 요약한 성도들의 표준 신앙고백이다. 마태복음(마태 16:16, 28:19)에 기록된 신앙고백을 기초로 한 단편적인 신조는 2세기부터 존재했다. 사도신경에 상징(symbolum)이라는 용어가 사용된 것은 이 당시 이 신조를 기준으로 이단·정통 여부를 가리기 위한 것이었다.6)

오늘날 기독교신도가 고백하는 사도신경은 5세기 말과 6세기 초에 형성되었다. 현재의 사도 신경의 모체는 5세기경 라틴어로 된 '로마 교회 구 신조(the Old Roman Creed)'다. 그 이후 300여 년 동안 서방의 여러 교회들이 사용하면서 자신들의 신조에 맞게 내용을 수정했다. 사도신경은 오랫동안 정식으로 사용되지 못하다가, 칼 대제(742~781년)가 중요한 역할을 하고, 오토 1세(936~937년)가 결정적인 영향력을 발휘하여 로마교회의 예배 때에 사용될 공식적인 신앙고백문으로 채택되었다.

현재의 사도신경과 유사한 후기 사도신경은 6세기나 7세기의 것으로 이때부터 몇 구절이 추가되었다. 즉 "지옥에 내려갔다(He descended into hades)", "우주적 혹은 가톨릭(catholic)", "성도들의 교통(the communion of saints)을 믿으며", "영원한 생명(the life everlasting)을 믿사옵나이다"라는 구절 등이다.

8세기에 현재와 같은 언어로 확정되었고, 12세기에 가톨릭교회에 의해서 공적으로 인준되었다. 루터와 칼뱅은 사도신경을 미사 전례에서 떼어내어 '교리문답서'에 넣었다. 사도신경이 기독교의 본질을 충분히 나타내는 것은 아니지만 핵심적인 특징을 나타낸다.

---

6) 사도신경은 우선 히폴리투스(Hippolytus)의 신앙고백(215년)과 마르셀루스(Marcellus)의 신앙고백(340년)에서 그 기원을 찾을 수 있다. 히폴리투스는 이레니우스의 제자로 『모든 이단들을 논박함(Reputation of All Heresies)』과 『사도적인 전통(Apostolic Tradition)』의 저서를 통해 순수한 믿음과 사도적인 가르침을 보존하려고 애썼다. 마르셀루스는 니케아 신조적 견해를 지키는 일에 심혈을 기울이면서 그리스도가 하나님과 더불어 동일한 본질에 속하므로 성육신 이후에만 성자로 불릴 수 있다고 주장했다. 그후 루피누스(Rufinus)의 신앙고백(404년)이 지금의 사도신경과 비슷하다. 이태리인으로 수도사, 역사가, 신학자인 루피누스는 사도신경이 예수의 부활 승천 후 10일째 되는 날에 12사도들이 모여 한 구절씩 말하여 만들어졌다고 기술하였으나, 이것은 루피누스 자신의 추측 가설일 뿐 전혀 역사적 근거를 가지고 한 말이 아니었다.

ᎧᎧ 주기도문

주기도문은 주님의 기도 즉 하느님에 대한 기도문이다. 사도신경이 기독교의 본질을 나타낸다면 교회마다 예배 말미에 행하는 주기도문은 기독교신자들이 기독교를 믿는 이유 또는 소망을 잘 나타낸다. "예수께서 한 곳에서 기도를 하시고 마치자, 제자 중 하나가 요한이 자기 제자들에게 기도를 가르친 것 같이 우리에게도 가르쳐 달라"(누가 11:1)는 요청에 "너희는 이렇게 기도하라"(마태 6:9)며 예수가 제시해준 내용으로 예수의 산상설교의 핵심이 요약된 것이다.

공관복음이 예수의 이런 언행을 기술한 것은 새로운 것이 아니다. 유대인들은 이미 오랜 동안 여러 기도문을 사용해왔으며 구약 성경의 시편은 대부분 기도로 구성되어 있다. 한 집단의 기도문은 그 집단의 정체성을 토대로 공통적인 소망을 담아 표현하는 것이다. 예수의 제자들이 독자적인 기도문을 가지려 했다는 것은 예수를 중심으로 한 집단의 독자성과 정체성을 확립할 필요를 느꼈기 때문일 것이다.

예수가 가르쳐준 것으로 기술된 주기도문이 예수의 말이 보존되어 전달되었을 가능성보다는 성서를 기술한 저자들의 생각을 정리했을 개연성이 더 크다. 이 기도문은 거의 모든 단어들이 독실한 유대인이 드릴 수 있었던 기도라는 점에서 전적으로 유대인의 기도라고 할 수 있다.[7] 그렇다면 주기도문의 내용은 마태복음이 만들어질 즈음의 이스라엘의 기독교운동에 참여하던 사람들의 소망을 응집한 것으로 볼 수 있다. 주기도문의 본문은 마태복음(마태 6:9~13)과 누가복음(누가 11:2~4)에 유사한 내용이 들어있다. 마태복음 본문은 초대기독교가 정형화한 주기도문이다.

(마태 6:9~13) 그러므로 너희는 이렇게 기도하라. 하늘에 계신 우리 아버지여! 이름이 거룩히 여김을 받으시오며(9), 나라에 임하옵시며, 뜻이 하늘에서 이룬 것같이 땅에서도 이루어지이다(10). 오늘날 우리에게 일용할 양식을 주옵시고(11), 우리가 우리에게 죄 지은 자를 사하여 준 것같이 우리 죄를 사하여 주옵시고(12), 우

---
7) 존 도미닉 크로산, 『역사적 예수』, p. 473

리를 시험에 들게 하지 마옵시고 다만 악에서 구하옵소서(나라와 권세와 영광이 아버지께 영원히 있사옵나이다 아멘)(13).

하느님의 이름이 거룩하게 된다는 것은 출애굽기(20:7)의 십계명 3항 "하나님 …의 이름을 망령되이 일컫지 말라"와 관련된다.[8] 하느님의 뜻이 하늘에서 이루어지는 것처럼 땅에서도 이루어 질 것이라는 기대와 하느님의 왕국이 올 것이라는 확신은 천년왕국을 기대하는 묵시사상의 발현이다. 마태복음이 1세기 후반에 씌어졌을 것을 생각하면 70년대 초반에 일어난 유대-로마전쟁이 주기도문의 작성과 관계가 있을 것이다. 끌어오르는 반로마의 정서에 대한 우회적 표현으로는 아주 이상적이기 때문이다.

일용할 양식을 달라는 구절은 "하느님의 가르침"[9]을 은유적으로 표현한 것 일 수도 있지만 헬라어의 의미는 '생존을 위해서 필수적인' 의미로, 생존을 위한 최소한의 일상품도 조달이 제대로 안된 그 당시에 민중들이 처절한 삶을 벗어나고자 하는 열망의 표현이다. "우리가 우리에게 죄지은 자를 사하여(용서하여) 준 것 같이 우리 죄를 사하여 주옵시고"의 내용에서 "죄"는 마태복음 저자의 "옵헤일레마(ὀφείλημα)"로 원죄가 아니라 도덕적인 실수, 빚진 어떤 것(debts) 등을 일컫는 말의 번역이다. 유대인들이 남에게 꾸어준 돈의 이자를 받지 않거나 그 부채 자체를 탕감한다는 것처럼 하느님도 우리 공동체 구성원들의 빚진 상황 즉 로마당국과 유대교가 지우는 경제적 부담을 덜게 해 달라는 기원이다.

부채가 죄이고, 동족 유대인 간에 이자를 받지 못하도록 하는 구약성

---

8) 주기도문의 해설에 관한 유용한 문헌은 조철수, 『예수 평전』, pp. 371-416; Musa W. Dube Shomanah, "Praying the Lord's Prayer in a Global Economic Era," *The Ecumenical Review*, Vol. 49, No. 4 (Oct. 1997), pp. 439-450. Musa W. Dube; Shomanah의 글은 한국기독교연구소의 웹사이트(http://www.historicaljesus.co.kr/xe/article/19071)에 동 연구소장인 김준우교수가 번역게재한 내용을 인용한 것이다. 본서에서 Musa W. Dube Shomanah의 "Praying the Lord's Prayer in a Global Economic Era,"는 별도의 표시가 없으면 모두 김준우 번역임을 밝혀둔다.
9) 조철수, 『예수 평전』, p. 389.

서대로[10] 죄를 용서하는 것이 개인적인 금전상의 부채를 면제해주는 것으로 생각하면, "양식과 부채는 단순히 갈릴리의 농민들, 일용노동자들과 엘리트 계층이 아닌 도시민들의 당면하고 있던 두 가지 가장 시급한 문제에 대한 염려를 경감시키는 것으로 하느님 통치의 가장 분명한 혜택이다.[11]

당시에 유대인들은 로마 제국의 식민지 상황에서 부채를 짊어지고 살아가는 가난한 삶에서도 제국세와 성전세를 물어야 했다(마태 22:15~22, 17:24~27). 또한 많은 사람들이 비좁고 불모의 땅에서 살아, 일자리가 없어 빚을 지게 되었다(마태 18:23~35).[12] 빚을 갚지 못해 투옥되는 사람들도 있었다(마태 5:25~26, 18:23~35). 이러한 노예제도사회에서 가난한 이들의 빚을 탕감해주는 것은 매우 큰 선행이며 명예로운 일이었다(마태 18:23~35, 누가 7:39~43, 16:1~8).[13] 많은 사람들은 돈을 벌기 위해 일용직 노동을 해야 한 반면에 다른 특권계급들은 부재지주로 돈을 벌었을 것이다(마태 5:23~25, 18:23~35, 20:1~19, 22:33~41).

이러한 질곡에서 하느님은 우리의 부채, 곧 우리의 죄에 따른 처벌, 혹

---

10) … 가난한 자에게 돈을 꾸이거든 … 변리를 받지 말 것이며(출 22: 25), 너의 형제에게 꾸이거든 이식을 취하지 말라(신명기 23: 20), 도마복음(95)에도 예수가 "만일 너희가 돈이 있으면, 이자를 붙여서 빌려주지 말고 너에게 돈을 돌려주지 않을 이에게 그냥 주라"라는 예수의 말이 있다.
11) John S. Kloppenborg, "Alms, Debt and Divorce: Jesus' Ethics in Their Mediterranean Context," *Toronto Journal of Theology 6*, p. 192; 존 도미닉 크로산, 『역사적 예수』, p. 474에서 재인용.
12) 1세기 이스라엘에서 부채 관계와 경제적인 핍절을 초래한 식민지적 배경에 관해서는 Richard Horsely, *Jesus and the Spiral of Violence: Popular Jewish Resistance in the Roman Palestine* (Minneapolis: Fortress, 1993), pp. 11-38, 254-55를 참조하라.
13) 마태 18:24-35에 보면 일만 달란트를 빚졌던 자가 가까스로 자기 빚을 탕감받고 길을 나서던 중 자기에게 일백 데나리온을 빚진 자를 만나게 된다. 그런데 그는 자기가 받은 탕감의 은혜를 잊고 자기가 입은 은혜에 비하면 아무 것도 아니라고 할 수 있는 액수를 빚진 채무자를 자기 옥에 가두었다가 후일 이 일이 발각되어 자신도 옥에 갇히게 되었다는 비유가 등장한다.

은 제물을 용서하고 또한 로마총독 당국의 가렴주구의 세금을 피하도록 하며 우리는 우리 이웃의 부채에 다른 상환금 혹은 처벌을 용서한다는 의미다.14) 누가복음의 저자는 종교적 본질에 머물렀지만 마태복음의 저자는 종교적 본질에서 사회경제적 측면으로 문제를 확장하고 있다. "시험에 들게 하지 말라"는 구절은 "유혹에 빠지지 않게 해달라"는 기도다. 이브의 실수에서 벗어나고 예수에 대한 믿음에 흔들리지 않도록 하는 것이다. 악에서 우리를 구한다는 것은 기본적으로 하느님과 예수가 가르치는 삶을 살 수 있도록 해달라는 간구다. 이것뿐이라면 다락방에서 해도 된다. 주기도문에 반영한 것은 당시의 상황 즉 예수와 예수를 따르는 민중들을 핍박하는 정치, 경제, 사회체계에 대한 우회적 비판이다. 로마의 지배체계, 당시의 경제체계 그리고 유대교 지도자들의 횡포를 악으로 규정했을 것이다. 이 반민중적체계에서 벗어나도록 해야 한다는 민중의 일념을 반영한 것이다. 주기도문 끝구절인 "나라(왕국)와 권세와 영광이 아버지께 영원히 있다"는 내용은 성경의 원문에는 나와 있지 않은데 우리나라의 성서에만 삽입된 것 같다.

 기도는 인간이 간절히 바라는 것을 이루어지도록 신에게 부탁하는 소망의 표현이다. 기도는 '신'이라는 대상이 존재한다. 기독교의 기도는 기독교의 신인 하느님(또는 예수님)이 대상이다. 주기도문은 하느님에 대한 소망의 결정체다. 주기도문은 그 시대를 살던 사람들이 그 시대를 배경으로 하는 사고를 토대로 신에게 간구하는 내용이라는 점에서 시대가치, 시대정신을 배경으로 하여 이 시대의 가치와 기대를 담은 구전과 이를 토대로 하는 창작의 범위를 벗어날 수 없다.

---

14) 존 도미닉 크로산, 『역사적 예수』, p. 474 참조

주기도문의 배경

예수의 시대에 살던 유대인들이 구약성서의 메시아를 대망하는 것은 당연하다. 메시아가 나타나 해외로 떠돌고 국내에서 질곡에 시달리는 인민들을 구제할 것이라는 굳은 믿음을 가지고 있었다. 이런 상황에서 예수가 출현하고 그의 사후에 그리스도교가 창시된다. 성서에 따르면 예수는 자신이 하느님의 아들이라고 말한다. 하느님이 어떤 사자를 보낼 것으로 기대했던 유대인들에게 예수가 나타나 하느님의 아들이라고 하자 반응은 엇갈린다.

메시아의 도래에 앞서 유대인들의 부흥운동이 여러 갈래로 전개되면서 이 운동의 주도자와 단체들이 출현한다. 세례요한의 부흥운동이 대표적인 예다. 요한은 메시아의 도래가 임박했다면서 '철저한 회개와 헌신'을 요구했고 이에 응한 사람들에게 물로 세례를 준다. 죄를 회개하고 철저하게 율법을 지킴으로 메시아의 도래를 앞당길 수 있다고 생각한 사람들은 쿰란동굴에 은거하여 공동생활을 하면서 신앙생활을 한다. 에세네파로 불리는 이 단체의 성서가 1947년부터 이스라엘의 사해 근처에 있는 쿰란 동굴에서 발견되기도 했다.

이러한 운동단체들은 하느님나라에 대한 각각의 이해와 이상을 담은 기도문을 갖고 있었고 추종자들은 이 기도문을 통해 기도한다. 초대교회는 요한의 노선에서 예수 독자노선으로 새롭게 출발하면서 차별화를 시도한다. 이것이 주기도문으로 나타난다. 예수는 사랑과 용서를 강조하면서 당시의 유대교 율법에 대해 시시비비의 입장을 취한 반면에 요한은 율법의 범위 안에서 회개와 심판을 강조한데서 차별성이 나타난다. 회개와 심판보다는 전쟁과 탄의 상황에 찌든 민중에게 사랑과 용서가 훨씬 마음이 편했을 것이다. 그러나 이러한 사랑과 용서가 부당한 권력에 대한 저항대신에 공존을 위한 적응이나 순종의 의도가 담긴다면 종교는 권력의 변방이나 다른 한 축에 기생하는 정치적 종교로서 정치종교를 피하기 어렵다.

예수운동의 성공은 분명한 메시지가 있었기 때문이다. 천년왕국이라는 분명한 메시지의 전달과 묵시종말적 사고에 예수라는 이미지를 살리지 못했더라면 예수의 운동도 잡다한 분파의 하나에 불과했을 것이고 그리스도교의 차별전략도 빛을 발하지 못했을 것이다. 결국은 요한의 빈자리가 예수의 독무대가 되는 것은 필연이었다. 성서는 예수를 원래 유대교의 근본, 유대교의 전통과 신앙에 충실한 유대교의 신자로 그려낸다. 이를 통해서 유대 역사의 계승자이고 그동안 유대인들의 소망을 실현한 자로 나타난다. 그러나 예수는 단순한 유대교의 계승자나 신봉자가 아니라 유대교의 개혁자로 활동한다. 그는 "율법이나 선지자를 … 완전케 하기 위해 온 것"(마태 5:17)이라고 말했으나 율법 그 자체보다는 율법이 갖는 의미를 더 소중이 생각함으로써 유대교의 지도층을 비판한다. 기독교는 예수를 통해 유대교의 타락과 형식주의에 대한 우회적 비판을 쏟아낸다. 예수는 더 나아가 "회개하라 천국이 가까웠다"(마태 4: 17)고 외친다. 이것은 기독교가 예수를 통해 유대교를 극복하고 새로운 길을 열겠다는 의미일 것이다.

성서가 기술하는 예수의 기적들은 당시의 사고(思考)와 과학 및 의학에 대한 인식의 한계에도 원인이 있겠지만 정신적 공황과 육체적 질병의 고통을 헤어나고자 하는 간절한 소망의 표현일 것이다. 성서는 예수를 하나님의 대행자로 "땅에서 죄를 사하는 권세가 있다"(마가 2:10)고 내세우면서 이를 "신성모독"(마가 2:7)이라며 적대감을 나타내는 반대세력도 절묘하게 등장시킨다.

성서는 예수를 "내 아버지께서 모든 것을 내게 주셨으니 아버지 외에는 아들을 아는 자가 없고 아들과 또 아들의 소원대로 계시를 받는 자 외에는 아버지를 아는 자가 없다"(마태: 11:27)라면서 "누구든지 나를 영접하면 나를 영접함이 아니요, 나를 보내신 이를 영접함이라"(마가 9:37)고 말함으로서 예수를 메시아로 각인시킨다.

주기도문은 초대교회의 위치에서 초대교회 신도들을 비롯한 민중들이 처한 종교적 환경과 정치경제 및 사회적 환경을 배경으로 구성된다. 구약성서의 가르침을 바탕으로 당시의 간절한 소망을 담은 내용을 에클레시아 구성원들이 공유함으로써 공동체의 연대의식이 강화될 수 있는 '정서의 공유' 메시지다. 이 주기도문은 현대 교회에서도 기독교인들에게 기독교의 신앙의미와 목표 그리고 공동체의식은 물론 정체성을 보강해주는 기능을 수행한다.

기독교의 발전

존재하는 모든 것은 진화한다. 진화(進化)는 물론 생물학적 용어다. 생물이 오랜 세월을 거치면서 속성 자체의 변화를 통해 새로운 종(種)까지 탄생되는 것을 의미한다. 사회학적 개념으로는 본질적 변화를 의미한다. 다윈의 진화론을 다시 들출 필요도 없다. 진화는 우리의 지식이고 체험이다. 기독교도 성립되어 2,000여년이 흐르면서 진화했다. 기독교는 성립과정에서부터 여러 종파들이 서로 이단시하며 치열하게 격돌했다. 당시 기독교의 내부 갈등은 대단히 심각한 상황이었다.

> 1세기 말의 유대인 역사학자 요세푸스(Josephus, 37년경~100년경)는 … 기원전 150년부터 서기 70년까지 유대아 지방에 살았던 유대인들을 크게 세 분파로 나누어 그들의 종교관과 생활을 기록했다. 이 세 분파는 바리새와 엣세네와 사두개를 말한다. … 로마정권에 탐닉하는 사두개, 모세법규에 따른 적극적인 사회참여를 주장하는 바리새, 종말론에 입각하여 결별된 생활을 하는 에세네로 크게 대별하여 볼 수 있다. 20년대에 접어들면서 로마정권에 무력으로 대항하여 메시아의 시대를 이루자는 과격한 열심당원들과 예수를 메시아로 믿고 … 종교생활을 영위하는 '예수 공동체' 등 여러 분파로 나뉘어 서로 배척하고 질시하는 매우 혼란스러운 상황이었다.[15]

이러한 파벌들 가운데 메시아의 도래가 곧 이루어 질 것이며 그날을 준

---

15) 조철수, 『예수 평전』, p. 41.

비하여 토라 공부를 열심히 했던 연합체가 엣세네파다. 이들은 마지막 시대에 그들이 기다리는 메시아가 곧 올 것으로 기대했다. 이들은 '세 언약의 공동체'를 자처했는데, 이와 비슷한 공동체 운동이 나사렛 출신의 예수와 그의 제자들에 의해 갈릴리 지역을 중심으로 퍼져갔다. 그들은 예수가 마지막 시대의 메시아라고 믿은 공동체로 형성되었다.16)

이 공동체가 기독교로 발전했다. 초기의 기독교는 여러 종파들이 십자가에 처형된 예수를 중심으로 각기 나름의 주장을 가지고 활동하고 있었다. 2~4세기에 에비온파(Ebionites), 마르시온파(Marcion), 영지주의자 등이 대표적이다.17) 에비오파는 히브리어 ebyon(가난한 사람)에서 그 이름이 유래되었을 것이다. 에비온파는 주로 유대인들로 유대교로부터 개종한 자들로 구성되었다. 이들은 모세율법을 따르면서 예수가 메시아라는 것을 믿는 이른바 유대교와 신흥 그리스도교를 믿는 이중적이고 복합적 사고를 지녔다. 유대교의 전통 속에 있는 이들에게는 야훼라는 유일신사상에 따라 예수는 신이 아닌 인간이었다.

마르시온파는 2세기의 신학자였던 마르시온을 추종하는 종파다. 이들은 모세의 율법이 아니라 예수의 복음이 구원을 가져다준다는 바울의 주장을 수용했다. 이들은 유대의 신인 야훼와 예수를 구분했다. 에비온파와는 정반대의 노선이었다.

영지주의자는 그리스어 '지식'을 뜻하는 그노시스(gnosis)에서 유래한 Gnostic로 믿음보다 지식이 구원을 얻는 길로 주장하는 종파다. 이들은 예수가 구원의 비밀 지식을 알려주기 위해 하늘에서 내려온 신적인 존재라고 믿는다. 이것은 기독교의 유일신 사상에 배치된다.

이러한 종파들은 각기 나름의 성서를 가지고 서로 자신들의 믿음을 관철시키기 위한 종파적 투쟁을 전개했다. 역사가 아미아누스 마르첼리누스

---

16) 조철수, 『예수 평전』, pp. 51-52.
17) 이에 관한 구체적인 내용은 바트 D. 어만, 박철현 역, 『잃어버린 기독교(Lost Christianities)』 (서울: 이제, 2008), 제5장을 참조할 것.

(Ammein Marcellin, 330~400)은 『역사』에서 그리스도인들이 "마치 야수들처럼" 서로서로 싸우고 있다고 개탄했다. 어만은 이 당시 기독교 내 각 파들의 갈등에 대해 다음과 같이 평가한다.

… 기독교 내부에서 주도권을 둘러싸고 이전투구한 결과는 중요한 역사적 의미를 지니고 있다. 싸움에서 승리한 뒤 스스로를 정통이라고 선언한 기독교 공동체는 내부조직을 정비하고 신조를 만들고 정경화 작업을 하는 등 제국의 종교로서 면모를 갖추어 나갔다. 만약 결과가 달랐다면 아마 기독교 교회사뿐만 아니라 역사 전반에 걸쳐 큰 변화가 일어났을 것이다.
… 여기에서 전투의 패배자는 혹독한 대가를 치러야만 했다. 그리고 그 전투는 치열하고 지리한 싸움이었다. 전투가 종결되었을 때 승리자는 어떤 내용을 기록으로 남겨야 하고 또 어떤 내용을 기록으로 남기지 말아야 하는지를 선택할 수 있게 되었으며, 어떻게 그 전투를 기록할 것인지에 대한 결정권을 쥐었다.[18]

그중 대표적인 것이 로마 가톨릭교로 발전한 이른바 정통파 기독교와 최근 나그함마디 등 새로운 문헌이 발견되면서 활발한 연구대상이 되고 있는 영지주의에 속한 교파들이다. 정통파 기독교는 구원이 '믿음(faith)'을 통해 가능하다는 견해를 가진 반면 영지주의에서는 '앎(gnosis)'을 통해 가능하다는 견해로 갈렸다.

기독교는 100년 전후부터 기독교의 교회를 가톨릭(그리스어로 katholicos, 보편된, 누구나 믿을 수 있는)교회라고 불렀다. 이 말이 처음 쓰인 것은 이그나티우스가 죽기 얼마 전인 106년 스미나르(Smyrne)의 주민들에게 보낸 편지다. 그러나 이스라엘을 지배하고 있던 로마 제국은 공인된 종교 외에는 인정하지 않았다. 특히 보이지 않는 하나님을 숭배하는 기독교인들을 무신론자로 낙인찍었을 뿐만 아니라 박해를 가했다. 무엇보다도 기독교인들을 핍박한 가장 큰 이유는 황제숭배를 거부했기 때문이다.[19]

기독교는 여러 잡다한 성경들 가운데 AD 200년경까지 현재 사용되고 있

---

18) 어만, 『잃어버린 기독교(Lost Christianities)』, pp. 337-341.
19) 박용규, 『초대교회사』, p. 69.

는 성서들을 정경으로 채택했는데, 현재에도 가톨릭은 개신교가 배제한 일부 문헌을 정경에 포함시키고 있다. 특히 새로 발견된 영지주의 문서들을 둘러싸고 성경 자체에 대한 본질적 논쟁이 가열되고 있는 실정이라서, 하나님의 영감설을 무색하게 만들고 있다.

기독교는 초기에 오랜 세월 정치권력의 박해 속에서도 음성적으로 신앙을 지켜왔다. 249년부터 251년까지 군림한 로마의 데시우스황제는 기독교에 대한 극심한 탄압과 함께 모든 국민들이 로마 신을 섬기라는 칙령을 공포하면서 로마의 주교가 처형당하는 등 그리스도교는 박해에 처한다. 데시우스에 이어 발레리아누스호아 황제로 이어지던 박해는 갈리에누스(259)대에서 약간 완화되었으나 디오클레티아누스(303~311)에 이르러 다시 원점으로 회귀된다.

이 과정에서 기독교는 여러 교부들의 주도로 사상적인 기반을 확보해 나갔으나 한편으로는 예수의 존재를 놓고 치열한 공방이 이어졌다. 특히 테르툴리아누스(Tertullianus, 약 155~230)는 예수의 탄생, 부활 등을 "불가능한 일이기 때문에 확실하다"는 등의 변증으로 기독교를 옹호했으며, 이 과정에서 기독교는 다른 종파들을 제압했다. 초기 기독교인들은 예수의 위상을 놓고 격론을 벌였다. 각 종파에 따라 예수가 신이라는 입장과 신이 아니라는 입장으로 대별되었다. 에비온파는 신은 하나이기 때문에 예수는 신이 아니라는 입장인 반면에 마르시온파에게 예수는 인간이 아니라 신이었고 영지주의파도 예수를 신으로 생각했다.

만일 예수가 신이 아니라면 하느님 즉 야훼의 아들이라는 의미가 무색해진다. 예수가 신이라면 두 명의 신이 존재하게 된다. 이것은 유대교에서 물려받은 유일신사상과 배치된다. 따라서 각 종파를 제압한 이른바 정통파는 신 즉 하느님은 한분이라는 교리에서 출발했다. 그렇다면 예수는 어떤 존재인가? 이른바 양태론(modalism)은 예수가 땅에 내려온 하느님의 성육신으로 설정된다. 하느님의 성육신은 하느님 아버지의 성육신이니 하느님의 아들 또한 하느님 아버지가 되어 아버지(성부)와 아들(성자)이 같은 존재이며 결국 하느님은 동시에 여러 양태를 갖는다는 것이다. 이런 주장의 대표적 인물은 시벨리우스(Sabellius, 215년경 활동)였다.

테르툴리아누스는 양태론에 대해 성부의 고통이라는 의미의 '성부 수난설'로 부르며, 그렇다면 십자가에 처형된 것도 결국 아들로 나타난 하느님이라는 의미라고 공격했다. 그는 아버지와 아들 그리고 성령이 각각 존재의 양태가 다른 하나의 별개의 위격이지만, 본질에서는 같은 하나의 하느님이되 다만 아버지와 아들의 위계만 있을 뿐이라고 주장하면서 이를 '삼위일체'라는 용어로 표현했다.

이러한 설명에도 불구하고 하느님과 예수가 모두 하나의 하느님이라는 논리는 쉽게 수용되기 어려웠다. 이의 돌파구를 찾은 것이 아리우스(Arius, 250 또는 260~336)다. 그는 예수를 신과 유사한 존재지만 신은 아니며 유일신에 종속된 제2의 신으로 설정했다. 아리우스의 이런 주장에 도전한 신학자가 아타나시우스(Athanasius, 293~373)다. 그는 예수와 하느님이 본질적으로 같으며 완전히 동등한 위치에 있다고 주장했다. 결국 양측의 논쟁은 유사성(homoiousias)과 동질성(homoousias), 그리스어에서 'I'라는 글자를 두고 다투는 듯한 양상이었다.[20]

기독교는 313년 콘스탄티누스 1세(Constantinus, 272~337)에 이르러 운명적인 전환점을 맞는다. 기독교는 당국으로부터 밀란칙령(the Eidct of Milan)을 통해 공인된다. 콘스탄티누스는 로마 근처의 밀비안 다리에서 막센티우스 군대를 물리친 승리가 태양신 때문이라고 믿고 이 이 칙령을 통해 종교의 자유 즉 기독교를 인정했다는 것이다.[21]

그는 태양신 숭배에 토대를 둔 전통종교의 신봉자였지만, 당시 로마의 지배자 막텐티우스와의 결전에서 승리한 배경이 그리스도 신의 덕이라고 믿으면서 기독교에 대한 호감을 갖고 더 적극적으로 그리스도인을 보호하고 심지어는 제국의 관리로 임명하는 우대정책을 펴면서 상류층의 개종이 확산되었다.

---

20) 어만, 『예수 왜곡의 역사』, p. 347.
21) 박용규, 『초대교회사』, pp. 106-109.

콘스탄티누스는 '외부주교'라는 지위를 차지하였고, 기독교 교회도 그를 기독교군주로 인정하고 사도를 의미하는 '이사포스톨로스(isapostols)'라는 호칭도 부여했다. 이 과정에서 콘스탄티누스가 교회 부흥에 상당한 기여를 한 것은 분명하다. 그러나 콘스탄티누스가 기독교에 대한 신앙심으로 이런 정향을 보였다기보다는 정치적 배경이 더 강했던 것으로 보아야 한다. 로마제국을 통일한 그는 로마의 정치사회에 대한 쇄신과 제국에 대한 공고한 통치의 기반을 기독교에서 찾고자 했던 것이다. 즉 공고한 신앙과 조직을 갖는 기독교 지도자 즉 성직자들의 충성을 바탕으로 로마제국을 통치하고자 했던 것이다. 기독교와 정치의 만남으로 기독교가 정치화되고 정치가 기독교화 되는 정치종교와 종교정치의 시발점이다. 기독교는 정치라는 말을 타고 정치는 기독교라는 말을 타게 되는 시발점이 된다.

기독교의 교리논쟁은 기독교의 내분으로 번지고 이는 결국 로마제국의 통합에 장애가 되었다. 콘스탄티누스 황제는 325년 기독교주교들을 니케아로 불러 교회가 아닌 황궁에서 이른바 니케아 공의회가 한 달 이상의 긴 격론으로 이어진다. 회의는 아타나시우스의 의견과 아울러 아리우스의 주장을 강하게 부정하는 "삼위일체적 신비에 중점을 둔 니키아 신경"[22]을 채택한다. 이로부터 교회의 공동 신경(信經)이 탄생하고 사도신경으로 이어진다.

아리우스파의 반격과 아타나시우스의 유배 그리고 콘스탄티누스의 사망과 그의 후계자에 이르러 교리논쟁은 다시 가열된다. 콘스탄티누스가 죽으면서 로마제국은 콘스탄티우스 2세가 동로마를, 콘스탄티누스 2세는 서로마, 그리고 콘스탄스는 북부를 지배하면서 황제가 지지하는 교리에 따라서 동로마제국은 아리우스의 주장을, 서, 북로마는 니케아파 지지로 양분된다. 콘스탄티누스 2세가 콘스탄스군대와 전투에서 사망하면서(340년) 로마제국은 다시 서로마의 콘스탄스와 동로마의 콘스탄티우스2세의 동로마로 양분되었다.

---

22) 프레드릭 르누아르, 강만원 역, 『신이 된 예수』(서울: 창해, 2010), p. 278.

니케아파인 콘스탄스가 350년 죽고 동로마가 서로마의 지배권을 확장하면서 아울러 아리우스의 주장도 확산되었다. 콘스탄티우스 2세가 죽고 (361) 줄리안이 계승하면서 삼위일체의 유사성과 동질성의 논쟁은 새로운 국면으로 접어든다. 줄리안이 기독교 교리논쟁을 이이제이 전략으로 대하면서 양측의 갈등도 고조기에 이른다. 니케아파 그리스도인이 된 데오도시우스가 379년에 동로마의 황제가 되면서 이번에는 아리우스파가 밀리고 니케아파가 득세하게 된다. 380년 동서로마가 공동으로 서명한 '데살로니카 칙령'을 공포하여 로마제국의 공식종교로 정하는데 여기에는 니케아파 교리만 인정한 것이다. 이듬해 콘스탄티노플 공회가 궁정에서 개최되고 기존의 니케아 신경에 성령의 형식을 추가하는 신앙고백이 결정됨과 아울러 국교가 된다.

> 우리는 한분 하느님, 전능하신 성부, 보이는 것이나 보이지 않는 천지만물의 창조주이신 하느님을 믿습니다. 또한 한 주 예수 그리스도를 믿으며, 이는 하느님의 독생자, … 성부와 동질임으로 믿으며 … 우리의 구원을 위하여 하늘로부터 내려와 성령과 동정녀 마리아에게서 성육신하셨고 … 장사지낸바 되었다가 … 3일 만에 살아나시어 하늘에 오르사 … 아버지 우편에 앉아계시다가 산자와 죽은자를 심판하기 위해 영광으로 다시 오실 것이며 … 또한 성령을 믿으며 몸이 다시 사는 것과 내세의 영생을 믿습니다.[23]

이로부터 로마제국은 기독교의 길을 밟으면서, 그리스도의 부활과 탄생이 제국의 축제가 되고 일요일은 거룩한 주일이 된다.[24] 로마의 역사가 타키투스의 표현으로 '치명적인 미신'에서 시작된 기독교는 이제 중대한 전환점에 선 것이다. 기독교는 이후에서 수없는 교리논쟁을 거듭하지만 이때 내린 뿌리는 지금까지 기독교를 세계 5대종교의 하나로 지탱시켜주고 있는 것이다.

유대교의 한 분파로 치부되던 그리스도교가 이로부터 명실상부하게 하나의 새로운 교단으로 독립하여 유럽의 종교를 향한 거대한 출발을 시작한 것이다. 더 나아가 그리스도교는 로마의 지정학적, 권력적 위치로 인해 유

---

23) 르누아르, 『신이 된 예수』, p. 309; 박용규, 『초대교회사』, pp. 362-363.
24) 르누아르, 『신이 된 예수』, pp. 251-254.

럽의 패권적 종교로 자리하게 된다. 그리스도교가 로마지배의 이스라엘을 벗어나, 로마의 국교로 인정된 후 유럽으로 전파하게 된 것은 이미 기독교가 성립되기 300여 년 전에 그리스를 중심으로 유럽과 중동, 아시아까지 원정을 통하여 문화교류와 교역의 길을 닦아 놓은 알렉산더의 역사적 유산이다. 로마 제국의 건설과 그리스도교가 세계종교로 보급된 것, 비잔티움이 오랜 기간 존속한 것들은 모두가 어느 정도는 알렉산더가 이룩한 업적의 결실이라고도 볼 수 있다.

마케도니아의 알렉산더 대왕(Alexander the Great, BC 356~BC 323)은 수십 년간 원정의 정복전쟁을 통해서 소아시아, 아시리아, 레반트, 이집트, 메소포타미아, 메디아, 페르시아와 오늘날 아프가니스탄과 파키스탄 일부 지역, 중앙아시아 초원 지대를 망라해 지배했다. 비록 성공하지는 못했으나 인도까지 침공했다.

그의 정복이 남긴 유산은 정치권력의 확장이라기보다는 문화전파였다. 그의 지배와 그의 제국은 단명하였으나, 그의 정복에 따른 문화적 영향은 수백 년간 이어졌다. 이 과정에서 알렉산더의 동서 융합 정책은 동방과 서방문화를 융합시켜 불교 미술에도 영향을 끼쳤으며, 이로 인해 간다라 미술이라는 새로운 미술 양식이 만들어졌다. 그리스의 문화가 동방에 유입되어 새로운 헬레니즘 문화를 일으켰다. 헬레니즘 문명은 고대 그리스 세계와 중동, 서남아시아의 문화가 융합된 산물이다.

'헬레니즘'은 그리스인 자신을 지칭하던 Ἕλλην(H llēn)에서 유래한다. 이 용어는 독일의 역사학자 요한 구스타프 드로이젠(Johann Gustav Droysen, 1808~1884년)의 사용으로 일반화되었다. 그는 1833년 자신의 저서 『알렉산더 대왕의 역사』에서 알렉산더가 정복과 함께 광범위한 지역에 그리스 문화를 전파하여, 그리스적 정신과 동방 정신이 융합한 범세계적 문화를 일컬어 그리스적 문화, 즉 헬레니즘 문화라 명명했다. 이 시대는 그리스의 영향력이 절정에 달했기 때문에 이를 가리켜 헬레니즘 시대라고도 부른다.

헬레니즘시대에 그리스의 영향권은 더욱 넓었다. 그리스 본토 상당수와 도서지역 그리고 이탈리아 남부와 소아시아 일부지역에 이르렀다. BC 250년 창건되어 BC 125년까지 중앙아시아의 박트리아와 소그디아나를 지배했던 그리스-빅토리아 왕국은 기원전 180년 북인도로 뻗어가 인도-그리스 왕국을 세웠고 이는 서기 10년까지 지속되었다. 이 기간 인도 북서부 지역에 헬레니즘의 확산을 촉진했다. 이 세계는 광범위한 무역과 사회적 교류의 길이 열려 있었고 상당한 정도의 공통적 문명을 지녔다. 또한 그리스어와 인도어의 문자가 조합되었으며 그리스 철학과 인도의 불교 및 힌두교의 혼합현상이 나타났다.

헬레니즘 문명은 로마가 그리스의 정복지를 지배하게 되면서 로마 시대로 넘어간다. 그러나 로마 시대에도 그리스 문화, 예술, 문학은 로마 사회에 스며들어, 로마의 지도층은 라틴어와 마찬가지로 그리스어를 구사했다. 기독교는 이로부터 로마제국 아래서 당시의 문화적 주도 세력이었던 희랍 문화 및 사상의 영향에 부딪치게 된다. 이 문화적 영향은 교부들에 의해 유대교적 특성이 희랍적 특성으로 변화되도록 한다.

그리스인들이 논리적 사고방식을 갖고 있다면 유대인들은 심리적 통찰력을 갖고 있다. 특히 유대인은 음악에 소질이 있고 아름다운 말 및 글 솜씨를 아끼는 백성이다. 그래서 은유, 환유, 비유 등 많은 수사법을 동원한다. 또 강조내지 과장법을 즐겨 쓴다. 성서는 바로 이러한 유대인의 특수성과 사고의 표현이라는 점에서 많은 사람들의 관심을 끌만 하다. 구약의 40%가 설화체로서[25] 유대민족의 애환과 꿈을 담은 이야기이다. 이러한 구약의 성서는 교회권력을 통해 과학적 판단과 합리적 비판을 억압해오면서 사실처럼 인식되어 왔다. 지금도 이 신화들은 상당수의 교회에서 사실로 강조되고 있다.

기독교는 교주인 예수가 유대인으로 유대교인이었고, 예수의 존재를 유대교의 성서에 등장하는 메시아와 일체화시키기 때문에 유대교의 성서가 구약이라는 이름으로 기독교 성서의 한 부분을 이루는 것은 불가피한 상황이

---

25) 고든 D. 피. 더글라스 스튜어트, 오광만 역, 『성경을 어떻게 읽을 것인가』 (서울: 한국성서유니온선교회, 2005), p. 129.

었다. 이러한 관계는 결국 유대인의 성서에 나오는 창세기의 의미를 강화하는 중요한 배경이 된다. 특히 기독교가 유럽의 봉건국가의 국교가 되고, 다른 종파는 이교로 배제되면서 창세기의 내용은 유럽문화의 토대가 되었다.

교회의 중심은 '로마교회'였다. 로마는 그리스도교의 공인 후에 로마제국의 수도를 로마에서 콘스탄티노플로 옮겼고, 이후 로마교회와 콘스탄티노플 교회는, 동유럽(콘스탄티노플)과 서유럽(로마)에 위치하여 지역적 차이로 문화, 언어, 표현, 등등의 차이점을 보였으나 1054년도에 서로 갈라져 콘스탄티노플 교회는 스스로 '정교회=비잔틴교회'라고 부르기 시작했다. 기독교는 이른바 면죄부를 판매하는 등의 부패 속에서 독일에서는 루터, 프랑스에서는 칼빈(칼뱅), 영국의 녹스, 쯔빙글리 등등이 나타나 종교개혁을 주도했다. 이들은 교회 개혁과 관련하여 교회의 지도부와 마찰을 하여 "교황에게 반항하였다"는 뜻에서 프로테스탄트(반항자)라고 불렀는데, 1592년 루터에 의해 신교로 갈라져, 루터에게서 루터교가, 캘빈, 녹스 등에게서 장로교가 생겼다. 영국의 왕 헨리 8세는 왕위를 계승할 아들이 없자, 교황에게 이혼을 요청하였으나 거절당하자 로마가톨릭교회와 인연을 끊고, 영국의 교회는 교황이 아닌, 영국의 왕이 최고의 지도자라고 칭하면서 토마스 모어를 비롯한 많은 기독교인들이 희생되었으며 이 과정에서 성공회가 탄생했다. 또한 영국 성공회 신부였던 J 스미스(1554~1612)가 침례교를 만들었으며, 마찬가지로 영국 성공회 신부였던 웨슬리(1791년 사망)가 죽은 후 그 제자들이 미국에서 감리교를 설립했다.

세계의 5대 종교의 하나인 기독교인들에 예수는 하나님의 아들 또는 하나님 그 자체로 인식되고 있다. 기독교의 경전인 성서는 가장 많은 독자를 가진 책 중의 하나다. 그러나 유대교인들에게 인정되지 않는 기독교가 거의 2,000년이 흐른 후에 바로 유대인 칼 마르크스에 의해 부정되었다는 것은 역사의 아이러니다. 마르크스가 부정한 것은 물론 예수가 아니다. 그는 종교자체를 혐오했다. 그런데 마르크스의 주변에 있던 종교는 기독교였고, 결국 마르크스가 부정한 것은 예수가 된 것이다. 예수를 부정한 마르크스는 그동안 공산권에서는 예수나 다름없는 추앙의 대상이었다는 점에서 공산권국가에서 기독교가 성장하지 못한 것은 결국 마르크스의 영향이다.

 19세기에 열병처럼 번지던 마르크스의 이론들이 산불이 타고 지나간 자리처럼 스산하게 변해지고 있다. 물론 아직도 불씨는 남아있고, 자칫 그 불씨가 다른 형태로 다시 치솟을 지도 모른다. 기독교는 이미 계몽주의의 파장 속에서 방위벽이 허물어지기 시작하면서 기반이 점점 좁혀지고 있다.

12장
결론

 종교의 경전을 토대로 그 종교의 교리의 내용과 교주의 행적을 신학이 아닌 정치학의 관점에서 접근하여 이해하는 것은 아주 조심스런 일이다. 그러나 그 목적이 그 종교에 대한 폄하나 비판이 아니라 그 종교에 객관적으로 접근하여 실체에 더 다가가기 위한 것이라면 오히려 긍정적인 일이다. 그러나 종교들은 교주나 교리의 문제를 토론의 장에 놓는 것 자체를 달가워하지 않는다. 그대로 믿는 깊은 신앙심과 그대로 따르는 순종을 좋아한다. 각각의 종교 신도들은 나름의 어떤 생각을 가지고 있으면서도 겉으로 드러내기를 꺼리는 경우가 많다. 비신자들도 종교의 문제는 비켜가려고 한다. 가까운 사이일수록 정치와 종교문제는 대화에서 제외시키라는 말이 금언처럼 돌고 있는 실정이다. 어느 방송에서 어느 특정 종교의 문제를 다루는 프로그램을 방영하자 신도들이 집단적으로 항의하는 일까지 벌어진 일도 있다.
 건강검진은 귀찮은 일이다. 예방주사는 번거롭다. 수술은 고통스럽다. 약은 입에 쓰다. 그러나 이 과정을 거쳐 건강을 유지하고 생명을 연장한다. 종교도 마찬가지다. 자유로운 토론, 건전한 비판을 통해서 그 종교의 심원에 더 다가가고 이를 통해 깊은 신앙의 삶을 영위할 수 있다.
 모든 인간은 천부적으로 나름의 욕망을 가지고 태어난다. 다만 그 욕망을 어떻게 관리하고 절제하느냐의 차이가 있을 뿐이다. 욕망을 잘 관리하면 바람직한 야망이 된다. 공적으로 합리화하면 사회를 위한 동기가 된다. 그러나 그 욕망이 이기적으로 강화되면 탐욕이 된다. 모든 인간은 또한 천부적으로 나름의 두려움을 가지고 태어난다. 다만 그 두려움을 어떻게 관리하느냐의 차이가 있을 뿐이다. 두려움을 잘 관리하면 용기가 된다. 두려움에서 벗어나면 안정감을 얻는다. 공포심에 노예가 되면 겁을 먹고 비굴해진다.

인간은 욕망과 두려움을 종교의 신에 의존하는 경우가 많다. 이러한 인간들의 신은 초능력자이어야 한다. 신이 초능력을 소유할수록 자신들의 욕망이 이루어지고 두려움에서 벗어날 수 있을 것으로 믿는 것은 당연하다. 인간의 이러한 본성은 종교의 교주를 점점 더 초능력의 신으로 만들어 왔다. 교주는 갖가지 신비성으로 치장되어 인간은 범접할 수 없는 아득한 곳에 존재하는 것으로 되었다. 이런 신이 과연 종교에 바람직한 교주인가?

유대교와 힌두교는 특정 인물을 중심으로 창시된 종교가 아니라서 특정 인물의 교주가 없고 상징적 신 또는 신들이 존재할 뿐이다. 이러한 신들에 대해서는 신에 대한 인식에 따라 판단되기 때문에 교주의 정체성에 대한 고심이 필요 없다. 그러나 기독교와 불교는 예수와 싯다르타라는 인물을 교주로 하여 창시된 종교다. 예수는 기독교에서 신의 자리에 있다. 불교도 본질은 인간이라면서도 살며시 신으로 포장되고 있다.

1790년대 초 프랑스혁명 당시에 혁명군의 사상주입을 "정치종교"라는 용어로 불렀다. 이어 190년대에는 공산주의, 파시즘, 나치즘을 정치종교로 부르기도 했다. 이제 정치종교는 종교의 세속화 즉 종교의 정치화와 정치의 종교화를 나타내는 용어다. 정치가 종교처럼 신성한 의식과 언어를 동원해 유권자들을 모으고 조종하는 종교적 정치행태다. 정치는 이를 통해 유권자들을 흥분시켜 자기 망각의 열정 속으로 몰고 간다. 한편 종교의 정치화는 종교가 정치권력을 배경으로 하여 영향력이나 정치권력을 행사하는 것이다.

정치종교현상은 사실 프랑스혁명이나 전체주의 출현보다 훨씬 더 거슬러 4세기까지 올라간다. 정치권력의 탄압과 기존종교의 비판에 숨죽여 있던 기독교는 4세기에 정치권력이 벌린 팔에 안기게 된다. 정치권력은 통치에 기독교를 이용하기 위해 종교를 정치의 품으로 끌어안았고, 종교는 삭풍설한의 탄압현장에서 훈훈한 정치권력의 안방으로 진입했다. 정치는 종교를 이용했고 종교는 정치권력을 등에 업고 권력을 행사했다. 기독교와 정치권력의 밀월관계는 18세기까지 이어지다가 계몽주의를 통해 전환점을 맞았다.

계몽주의는 기독교를 새로운 관점에서 접근하면서 기존의 신성불가침의 기독교교리를 신학적 관점에서 종교학적 관점으로 접근하는 여지를 마련했다. 그러나 1500여 년간 정치권력을 배경으로 다져진 기독교의 교리는 기독교 지배권 인민들의 삶을 덮는 문화로 굳어져 이어지고 있다. 이것은 과학과 이성에게는 하나의 견고한 장벽이다.

종교에 대한 각각의 신학적 접근은 종교의 입장을 토대로 한다. 문화로 굳어진 기독교 교리의 장벽 안에서 머문다. 그러나 정치학적 접근은 이를 객관화하려는 시도다. 과학과 이성으로 장벽을 허물려는 노력이다. 신적인 요소를 최대한 배제해야 본질에 근접할 수 있다. 이러한 접근이 종교적 관점에서는 종교에 대한 비판이나 폄하로 보일 수 있다는 점에서 종교의 당사자나 접근자 모두 건전하고 객관적 인식이 필요하다.

기독교의 공관복음에 기술된 내용을 중심으로 신학이 아닌 정치학 관점의 접근은 분명 종교에 대한 새로운 이해의 출발이다. 기독교의 당사자들에게는 의아스럽고 불편하며 동의할 수 없는 내용들일 수도 있다. 그러나 종교의 정치학적 접근은 종교를 통해 정치현상에 대한 이해의 폭을 더 넓힐 수 있는 단초를 얻게 된다. 아울러 종교도 종교라는 담을 넘어 인간사회를 더 폭넓게 조망할 수 있는 계기가 될 수 있다. 더 건강한 신체를 위해 우리가 우리 몸을 들어 내놓고 예방접종하고 검진받으며 수술하고 약을 먹듯, 종교도 허심탄회하게 본 모습을 들어 내 놓아야 한다. 그리고 토론하고 적응하고 발전시켜야 한다. 이 책이 종교 특히 이 책이 대상으로 한 기독교가 인간의 신앙생활에 더 가까이 다가서는 작은 계기가 되기를 바란다. 나의 이 조촐한 여정은 이제 불교로 향할 것이다.

참고문헌

Almond, Kurt et al, *The Greek New Testament(3d ed.)*. New York: United Bible Societies, 1975.
Albert, Schweitzer. *The Quest of the Historical Jesus* New York: Macmillan Publishing Co., 1968.
Archibaid M, Hunter . *Interpreting the Parables*. London: SCM PressF LTD, 1981.
Asad, Talal. *Genealogies of Religion: Discipline and Reasons of Power in Christianity and Islam*. Msaaschusetts.: Johns Hopkins University Press, 1993.
Carr, E. H. *What is History?*. New York: Random House, 1963.
Cassirer, Ernst. *An Essay on Man: An Introduction to a Philosophy of Human Culture*. New York: Doubleday & Company, Inc., 1970.
Comstock, W. Richard. *The Study of Religion and Primitive. Religions*. New York: Harper & Row, 1971.
Dube. Shomanah Musa W. "Praying the Lord's Prayer in a Global Economic Era." *The Ecumenical Review.* Vol. 49, No. 4, Oct, 1997.
Durkheim, Emile. Joseph Ward Swain trans. *The Elementary Forms of the Religious Life*. New York: The macmillan, 1915.
Freud, Sigmund W., D. Robson-Scott trans. *The Future of an Illusion*. New York: Doubleday, 1965.
Freke, Timothy and Peter Gandy. *The Jesus Mysteries* (New York: Three Rivers Press, 1999), 송영조 역. 『예수는 신화다』. 서울: 미지북스, 2009.
Geertz, C., D. Tracy. *The Anagogical Imagination: Christian Theology and the Culture of Pluralism*. New York: 1981.
Horsely, Richard . *Jesus and the Spiral of Violence: Popular Jewish Resistance in the Roman Palestine*. Minneapolis: Fortress, 1993.
Johnstone, Ronald L. *Religion in Society 8th ed*. New Jersey: Pearson Prentice Hall, 2007.
Jung, Carl. *Psychology and Religion*. New Haven: Yale University Press, 1938.
Kloppenborg, John S. "Alms, Debt and Divorce: Jesus' Ethics in Their Mediterranean Context." *Toronto Journal of Theology 6*.
Klosinski, Lee Edwar. *The Meals in Mark* . Ann Arbor, MI: University Microfilms

International, 1988.
Kuhn, Thomas S. *The Structure of Scientific Revolutions*. Chicago: The University of Chicago Press, 1970.
Leeuw, Gerardus Van Der. J. E., Turner trans. *Religion in Essence and Manifestation, Vol. 2*. New York: Harper and Row, 1963.
Nickelsburg, George W. E. *Jewish Literature Between the Bible and the Mishnah*. Philadelphia: Fortress Press, 1981.
Pannenberg, Wolfhart. *An Introduction to Systematic Theology*. Grand Rapids: Eerdmans, 1992.
Phillips, Graham. *The Moses Legacy: The Evidence of History*. Oxford, London: Pan Books, 2003.
Russell, Bertrand. *Why I am not a christian*. New York: A Touchstone Book, 1957.
Schurer, Emil.(trans. & edited by Geza Vermes et al) *The History of Jewish People in the Age of Jesus Christ(175 B.C-A.D 135)*, 3 Vols. Edinburgh: Clark, 1973-87.
Smith, Wilfred Cantwell. *The Meaning and End of Religion*. New York: Mentor Books, 1964.
Spong, John Shelby. *Jesus for the Mon Religious*. New York: Harper Collins Publishers, 2007.
Steinberg, Milton, 최명덕 역.『유대교의 기본진리』. 서울: 도서출판 한글, 2004.
Tabor, James D. *The Jesus Dynasty*. New York: Simon & Schuster Paperbacks, 2006.
Wilhelm Nietzsche, Friedrich. *Die FrÖhliche Wissenschaft*, 박준택 역.『즐거운 지식』. 서울: 박영사, 1985.

강성모,『유다복음: 그 허구성을 밝힌다』. 서울: 나눔사, 2006.
게르트 타이쎈, 아네테 메르트, 손성현 역.『역사적 예수』. 서울: 다산글방, 2005
게리 윌스, 권혁 역.『예수의 네 가지 얼굴』. 서울: 돋을새김, 2009
고든 D. 피. 더글라스 스튜어트, 오광만 역.『성경을 어떻게 읽을 것인가』. 서울: 한국성서유니온선교회, 2005.
권수영.『프로이트와 종교』. 서울: 살림출판사, 2005.
권호덕. "그리스도와 신비한 연합의 시각으로 본'예수의 역사적 실재성과 그 의미',『한국개혁신학』. 2003.
김기석.『종의 기원 신의 기원』. 서울: 동연, 2009.
김종철.『이스라엘에는 예수가 없다』. 서울: 리수, 2010.
김진,『종교란 무엇인가』. 울산: 울산대학교 출판부, 2008.

김희권, "예수의 역사적 실재성과 그 의미-구약신학의 관점에서," 『한국개혁신학』 제 14, 2003.
도양술. 『사도바울의 신학』. 서울: 기독교문서선교회, 1992.
드니 프리게르, 최애리 역. 『예수』. 경기: 웅진 지식하우스, 2007.
로버트 벨라, "종교와 사회과학의 관계", 김승혜 편, 『종교학의 이해』. 서울: 분도출판사, 2007.
로버트 펑크(김준우 역). 『예수에게 솔직히』. 경기: 한국기독교연구소, 2006
루돌프 옷토. 길희성 역. 『성스러움의 의미』. 서울: 분도출판사, 2009.
루트비히 포이에르바흐. 강대석 역. 『종교의 본질에 대하여』. 서울: 한길사, 2006.
리오넬 오비디아, 양영란 역. 『종교』. 서울: 웅진지식하우스, 2007.
마거스 보그, 톰 라이트, 김준우 역. "부활절의 진실."『예수의 의미』. 서울: 한국기독교연구소, 2010.
맥스 디몬트, 김재신 역. 『유대민족사』. 서울: 크리스챤 다이제스트, 1994.
바트 어만, 강주헌 역. 『예수 왜곡의 역사』. 서울: 청림출판, 2010
바트 D. 어만, 박철현 역. 『잃어버린 기독교(Lost Christianities)』. 서울: 이제, 2008.
바트 어만, 민경식 역. 『성경왜곡의 역사』. 서울: 청람출판, 2006.
박용규. 『초대교회사』. 서울: 총신대학교 출판부, 1994.
박이문. 『종교란 무엇인가?』. 서울: 도서출판 아름나무, 2008.
새뮤얼 노아 크레이머, 박성식 역. 『역사는 수메르에서 시작되었다』. 서울: 가람기획, 2000.
스티븐 호킹, 전대호 역. 『위대한 설계』. 서울: 까치, 2010.
에두아르트 로제, 박창건 역. 『신약성서배경사』. 서울: 대한기독교출판사, 2005.
윤원철 역, 종교의 탐구: 방법론의 문제와 원시종교』. 서울: 제이앤씨, 2007.이재창. 『알기 쉬운 불교경전개설』. 서울: 불교시대사, 2005.
이철헌. 『붓다의 근본가르침』. 서울: 도서출판 문중, 2009.
일레인 페이걸스, 류점석, 장혜경 역. 『아담, 이브, 뱀』. 아우라, 2009.
정승우. 『인류의 영원한 고전-신약성서』. 서울: 아이세움, 2007.
정승우. 『예수, 역사인가 신화인가』. 서울: 책세상, 2006
정훈택. 『신약서론』. 총신대학교 신학대학원, 2004년.
제임스 D. 타보르, 김병화 역. 『예수왕조』 (서울: 현대문학, 2006), p. 66.
조셉 캠벨, 빌 모이어스, 이윤기 역. 『신화의 힘』. 서울: 고려원, 1992
조철수. 『예수 평전』. 서울: 김영사, 2010.
존 도미닉 크로산, 조나단 리드, 김기철 역. 『예수의 역사』. 서울: 한국기독교연구소, 2010.

존 도미닉 크로산, 김기철 역.『예수』. 경기: 한국기독교연구소, 2007.
존 도미닉 크로산, 김준우 역.『역사적 예수』. 경기: 한국기독교연구소, 2012.
존 쉘비 스퐁, 이계준 역.『만들어진 예수 참 사람 예수』. 경기: 한국기독교연구소, 2009.
죠지 캠벨, 이윤기 역.『천의 얼굴을 가진 영웅』. 서울: 민음사, 1999.
카렌 암스트롱, 정영목 역.『축의 시대』. 서울: 교양인, 2010.
토머스 홉스, 최공응, 최진원 역.『리바이어던』. 서울: 동서문화사, 2009.
프레드릭 르누아르, 강만원 역.『신이 된 예수』. 서울: 창해, 2010.
프레데릭 르누아르, 김모세, 김용석 역.『그리스도 철학자』. 경기: 연암서가, 2008.
필립 프런드, 김문호 역.『창조신화』. 서울: 정신세계사, 2005.
허버트 크로즈니.『유다의 사라진 금서』. 서울: YMB si-sa, 2006.

저자 약력

최한수

최한수는 충남홍성 중·고, 건국대, 서울대 대학원(MD), 건국대 대학원(Ph.D) 미국 Connecticut대 대학원(Post D), 총신대 대학원(중퇴), 조계종 불교대(봉은사), 불교대학원(불광사)에서 공부했다. CBS (아나운서, 정치부기자, 객원해설위원), KBS(정치부기자, 객원칼럼이스트)에 재직했다. 건국대 정치외교학과 교수로서 홍보실장, 학생처장, 정치대학장, 국제대학원장, 언론홍보대학원장, 미국 Illinos대 객원교수를 역임했으며 건국대 명예교수이다.

신한국당 송파(병)지구당위원장(15대 국회의원선거출마), 한나라당 송파(을)지구당위원장(16대국회의원선거출마), 이회창대통령후보 정무특보(15,16대 한나라당, 17대 무소속),한나라당 대통령선거 기획위원 및 TV토론대책팀장, 정치개혁특별위원회자문단장, 이명박대선경선후보정책특보, 자유선진당 창당 기획위원, 준비위원, 전략기획위원장, 한국정치학회상임이사, 민주평통상임위원, 민주화운동관련자명예회복 및 보상심의원위원회위원 및 백서편찬위원장을 역임했다.

저서

『현대정당론』(을유문화사),『한국선거정치론』(대왕사),『한국정당정치변동 1』(세명서관),『정치학연구방법론』(대왕사),『민주주의와 민주정치』(대왕사),『자유와 평등』(동명사),『한국정치의 이해』(건국대학교출판부),『한국정치의 새도전』(대정진), 『대통령 수상 준대통령』(인간사랑), 『한국정당정치론』(공저, 법문사), 『세계화와 국가전략』(공저, 건국대학교출판부), 『현대사회와 여론』(공저, 건국대학교출판부), 『21세기 APEC의 비전』(영문, 공저, 프레서), 『경제위기 극복을 위한 새로운 체제관리방안』(공저, 북코리아), 『Modern Political Parties(ed.)』, 『현대비교정치이데올로기』(역서, 신유), 『미국정당정치론』(역서, 신유), 『현실정치 교과서 정치(언론 발표 평론집)』(대정진), 『어느 정치학교수의 산과 삶의 언어들(언론 발표 에세이집』(신유) 외 다수